ENQUÊTE

sur

L'ÉVOLUTION LITTÉRAIRE

ÉMILE COLIN — IMPRIMERIE DE LAGNY

A

MONSIEUR VALENTIN SIMOND

DIRECTEUR DE « L'ÉCHO DE PARIS »

dont la libérale autorité m'encouragea en cette tentative de reportage expérimental.

Son dévoué,

JULES HURET.

JULES HURET

ENQUÊTE

sur

L'ÉVOLUTION LITTÉRAIRE

CONVERSATIONS
avec MM. Renan, De Goncourt, Émile Zola,
Guy de Maupassant,
Huysmans, Anatole France, Maurice Barrès,
Jules Lemaître, Stéphane Mallarmé,
Paul Verlaine, Jean Moréas,
Saint-Pol-Roux-le-Magnifique,
Maurice Mæterlinck, Octave Mirbeau, Rosny,
Joseph Caraguel, Bonnetain, Abel Hermant,
Leconte de Lisle, Catulle Mendès,
François Coppée, Vacquerie, Claretie, etc., etc.
Lettres de Jean Richepin, Ponchon,
Édouard Rod, Joséphin Péladan, etc., etc.

PARIS
BIBLIOTHÈQUE CHARPENTIER
11, RUE DE GRENELLE, 11

1891

AVANT-PROPOS

Depuis que la presse, qui, déjà, parlait de tout le monde, s'est résignée à s'occuper aussi des faits et gestes des littérateurs, le public, friand de toutes les cuisines, s'est immiscé de lui-même dans les querelles intestines de l'art, s'en faisant le juge avec une autorité que lui donne l'habitude des ordinaires potins. Le succès, — sans précédents, pourquoi le taire? — obtenu dans un journal quotidien (1) de soixante-quatre interviews de nos écrivains autorisés ou non, fournit une preuve irréfutable de cette curiosité récente. Mais le public des journaux a la grande habitude de la hâte des informations du reportage et ne souffre

(1) L'Écho de Paris du 3 mars au 5 juillet 1891.

pas outre mesure de leur insuffisance. C'est pourquoi je juge prudent, en offrant mon enquête à une catégorie de lecteurs plus rassise et exigeante, de leur expliquer les conditions imparfaites dans lesquelles j'ai dû la mener, et par là de lui ouvrir des vues sur les résultats qu'elle se proposait et qu'elle n'a pu qu'incomplètement atteindre.

Si, au lieu d'informations recueillies au jour le jour, sous la pression et selon les hasards de l'actualité, j'avais voulu classer, en vue d'un livre de documentation rigoureuse, les forces littéraires de ce temps, j'aurais eu à choisir entre deux méthodes d'investigation : ou consulter les auteurs sans leur faire connaître l'opinion de leurs confrères, ou les consulter en communiquant à chacun les résultats d'ensemble. Nul doute que la partie esthétique n'eût gagné au premier procédé, et que nous n'eussions de la sorte obtenu une confession libre et spontanée des préférences artistiques de nos écrivains. Nul doute encore que le second procédé ne nous eût valu une combativité raisonnée, montré toutes les ressources de la dialectique critique à travers la généralisation de la bataille...

Les exigences du journal m'ont forcé à adopter un système dont je ne peux me dissimuler l'insuffisance, et, à certains égards, la partialité. Il m'a fallu, tout d'abord, partir d'une actualité, de quelques-uns des faits littéraires dont le public lettré déjà s'occupait. Dans la circonstance, deux livres ont été la raison de mon Enquête, le *Jardin de Bérénice*, de M. Maurice Barrès, le *Pèlerin passionné*, de M. Jean Moréas, le premier complaisamment accueilli des Psychologues, l'autre réclamé, dans tous les sens du mot, par les Symbolistes-Décadents. Ces livres, on s'en souvient peut-être, furent l'occasion, le prétexte, si l'on veut, à la jeunesse littéraire, de se faire jour dans la vie aux dépens de ses maîtres et de ses aînés. De là, dans les premiers interviews, ce résultat : apologie des tentatives nouvelles, éreintement des œuvres consacrées ; — ce qui m'amenait à offrir aux écoles assaillies l'occasion de se défendre et d'injurier à leur tour.

A vrai dire, l'actualité dont j'ai été l'honnête héraut pendant quatre mois, nous a déployé la bataille des Psychologues contre les Naturalistes, et des Symbolistes contre les Parnassiens. Si j'y ai ajouté l'opinion de certains esthètes et de quelques indépendants, ç'a été pour donner une indication des ressources, des richesses de notre littérature, mais une indication seulement.

Il ne faut donc pas voir, dans l'Enquête que je soumets au public, une étude générale de notre littérature pendant une période caractérisée par des concomittances, des affinités intellectuelles et morales comme l'ont été le romantisme et le naturalisme, comme le seront peut-être le symbolisme et le psychologisme. Elle offre, plus simplement, sous l'inquiète lorgnette de l'actualité et dans le champ clos d'un journal, le spectacle, pour la première fois, Mesdames et Messieurs, d'artistes présentés en liberté et mal embou...lés, qu'on se le dise afin que n'en ignore la foule dont la férocité se complaît en toutes les arènes. Trouvera-t-on facile ma besogne de reporter-impressario? J'assurerai qu'elle fut lassante, — au point que je n'ai pu suivre toutes les péripéties de la lutte. C'est qu'on ne se battait pas que dans l'arène, pour mon plaisir et le vôtre, on s'assommait jusque dans le torril, pour l'amour désintéressé des coups. C'est ainsi que M. Jean Moréas a, entre le commencement et la fin de mon Enquête, immolé ses maîtres et amis du symbolisme aux prémices de sa dernière-née, l'*École Romane*, tenue, m'assure-t-on, sur les fonts baptismaux d'un modeste concurrent du café Voltaire, l'église, jusqu'ici, de toutes les chapelles.

Mais cette déception d'un reporter haletant en vain après l'actualité n'est pas la seule dont il me plaise de convenir. A franc parler, elle n'est que la plus extrême de la série, et les métaphores de plus haut ne sont que l'aveu indirect de la défaite subie par moi. De mon programme, en effet, c'est à peine si j'ai pu suivre, oh! pas toujours! l'ordre des interviews. Quel, mon étonnement, quand j'ai vu, au lieu de la lutte courtoise où je conviais les écoles, ces pugilats et ces estafilades d'assommeurs et de spadassins ! Car j'avais rêvé de causeries malicieuses dans le laisser-aller d'un fauteuil, au pis-aller de dissertations graves. Voici, d'ailleurs, les questions que je prétendais poser : si oratoires qu'on suppose les gestes, on verra qu'elles ne comportaient pas de tels coups de poing au bout.

Je demandais aux *Psychologues* :

— Quelle est la portée et l'avenir de la réaction présente contre le naturalisme ? N'y a-t-il pas correspondance entre vous et les symbolistes actuels, ceux-ci faisant suite aux Parnassiens, vous succédant aux naturalistes ? N'y a-t-il pas, d'ailleurs, une parenté entre les Parnassiens et les Naturalistes ? Des deux parts, l'impassibilité voulue de l'auteur, le pessimisme, la grande probité de style, le dédain de la thèse oratoire, les préoccupations plastiques et le souci des réalisations concrètes ?

L'un devait me dire s'il croyait qu'une des manifestations du nouveau mouvement serait un renouvellement de la littérature dramatique, l'autre s'il y distinguait des tendances à l'expression de l'âme moderne et à sa moralisation, ou bien s'il n'y voyait que de simples didactismes de lettrés se désintéressant de la vie et n'ayant d'autre préoccupation que de réaliser la symbolisation de la beauté?

Aux *Symbolistes-Décadents*, je demandais :
— La définition de leurs étiquettes, leur filiation, leurs rapports avec les Parnassiens, leur influence personnelle dans le mouvement, surtout la preuve de l'originalité de leurs tentatives et la justification de leurs procédés esthétiques; si contrairement aux écoles parnassienne et réaliste, qui traduisaient la vie par des directes sensations imagées, ils voulaient s'en tenir à en interpréter, par des métaphores ésotériques, *vulgo* des symboles, les abstractions essentielles.

Aux *Parnassiens*, je demandais s'il n'y avait pas identification entre eux et les naturalistes pour les raisons dites plus haut, et si la fin du naturalisme ne coïncidait pas fatalement avec l'épuisement du Parnasse. —. Considérez-vous le symbolisme comme issu de vous ou comme une réaction contre vous? — Et le procès des techniques nouvelles.

Des *Naturalistes*, je voulais savoir :
— S'ils acceptaient leur déchéance criée sur tous les toits par les arrivants du symbolisme, et les arrivés du psychologisme; si la décrépitude de leurs doctrines coïncidait avec la lassitude des

maîtres; si MM. Huysmans et Maupassant ont réellement évolué ou seulement changé de sujets et d'étiquette; si les jeunes d'avenir (j'entendais Octave Mirbeau, Rosny, Caraguel, Bonnetain, Abel Hermant, etc.), allaient accepter l'héritage avec ou sans bénéfice d'inventaire, si leur psychologie amplifierait les faits suggestifs à la Flaubert de l'analyse directe à la Benjamin Constant; si leur style atténuerait le pittoresque du rythme et de la couleur au profit de l'entier développement des idées; aux jeunes et aux aînés, leur opinion : sur le symbolisme et le psychologisme, sur la carrière du naturalisme au théâtre.

Des *Indépendants* je voulais tirer le procès des Écoles en général, et des théories sur l'individualité ou l'éclectisme artistique.

A tous, et particulièrement aux philosophes, j'aurais voulu demander s'ils croyaient que les tendances nouvelles l'emporteraient sur les anciennes, pour quelles raisons, par quels moyens; si leurs manifestations esthétiques se liaient à des mouvements de l'ordre social, si elles s'inspiraient d'idées religieuses et philosophiques.

On se rendra compte qu'il fut assez peu répondu à ces questions qui me semblaient intéressantes. En dirai-je la raison? Tout d'abord, la plupart se révélèrent inaptes aux abstractions, aux développements ou même au simple langage des idées. Ensuite, les idées ne semblaient les préoccuper que secondairement; ils n'en usaient que comme des armes de combat, des épées ou des cuirasses, mais d'un usage utile seulement pour parer leur gloriole et pourfendre les vanités rivales. Le romancier consacré ne voyait dans le naturalisme que l'étiquette sous laquelle s'était achalandé son talent, et le poète symboliste, dans le symbolisme, que la bannière où s'affichait son génie. Et, de la sorte, on a pu voir ménager les amis du camp adverse en même temps qu'égratigner ou mordre les camarades du même bord; on se taisait sur l'un pour lui faire expier la dignité de sa vie; on blaguait celui qui avait eu des succès d'estime, et on ne pardonnait pas à celui qui avait obtenu des succès d'argent; on faisait valoir des inconnus dont on ne redoutait pas le talent, pour ennuyer ceux qui déjà connaissaient le succès!

De là ce résultat inattendu, mais dont je me félicite pour les lecteurs (car il faut bien me féliciter de quelque chose), que si mon enquête n'offre pas à l'histoire littéraire de théorisations suffisantes, elle révèle à l'histoire générale les passions foncières, les dessous d'esprit, les mœurs combatives d'un grand nombre d'artistes de ce temps. La besogne accomplie, de la sorte, malgré moi, si le esthéticiens la peuvent à bon droit dédaigner, sera, je n'en doute pas, précieuse aux psychologues autant qu'aux moralistes.

Car il sera visible à tout esprit tant soit peu renseigné qu'il y a un écart sensible entre l'importance réelle de certains auteurs et celle qu'ils ont prise dans mon enquête, importance dont on pourra se rendre compte en additionnant les « mentions » notées à l'*Index* alphabétique de ce volume. Et c'est presque un hasard, par exemple, qu'il y ait concordance entre la valeur consacrée de M. Zola et celle qui lui est attribuée par cet Index. De même, la légitime autorité de MM. Edmond de Goncourt, Leconte de Lisle, Catulle Mendès, Anatole France, sans être aussi bien partagée, n'a pas été trop sacrifiée par les incidents de la polémique. Il n'en va pas de même, grâce aux raisons que j'ai indiquées plus haut, pour la plupart des autres interviewés.

C'est ainsi :

Que M. Mallarmé, dont la haute personnalité littéraire ne se révèle que les mardis soirs à quelques personnes choisies, a pourtant groupé plus de *nominations* que Victor Hugo, la plus populaire des gloires de la France moderne ; encore faudrait-il ajouter que, sur les quarante-trois citations du poète national, dix au moins lui viennent de

M. Auguste Vacquerie, son exécuteur testamentaire ;

Que M. Maurice Barrès occupe une place qui, si pareille enquête avait été faite il y a cinq ans, aurait certainement été celle de M. Pierre Loti, nommé tout juste trois fois ;

Que M. Bernard Lazare, qui débute à peine dans les *Entretiens littéraires* (et très brillamment d'ailleurs), est nommé presque autant de fois que M. Jules Lemaître, dont la situation est si justement prépondérante ;

Que M. Jules Laforgue, probablement parce qu'il est mort, a recueilli 18 mentions, tandis qu'Emile Hennequin, parce qu'il est mort aussi, n'en a recueilli que 3, alors qu'il y a deux ans à peine, il était unanimement reconnu le plus considérable des jeunes ;

Que M. Henri Lavedan, avec son unique mention, n'a pas du tout bénéficié de sa situation dans la vie parisienne ;

Que si M. Jean Moréas, avec ses 54 voix, dépasse ses maîtres Verlaine et Mallarmé, il paraît le devoir aux appréciations généreusement défavorables de ceux de ses camarades qui lui ont offert un banquet en février dernier;

Que M. Emile Michelet, qui a d'ailleurs été injustement négligé, a cependant une voix de plus que Jules Michelet qui n'en a qu'une;

Que M. Georges Ohnet, M. Sarcey, M. Sardou, et le général Boulanger, sont à peine nommés, de même que Tolstoï, Ibsen, Taine et Henri Becque;

Que M. Jules Case n'a pas gagné, une fois de plus, — ou du moins une seule voix, celle de l'amitié un peu répandue de M. Paul Margueritte, — à sa quasi-homonymie avec le regretté Robert Caze, sur laquelle M. Havard spécule depuis tant d'années;

Qu'Ernest Hello, qui fut oublié toute sa vie, le serait encore sans la voix de M. Huysmans;

Et que, d'une façon plus générale, furent très omis dans les considérations de mes 64 interlocuteurs, la plupart des grands noms de ce siècle : Chénier, Gœthe, Chateaubriand, Benjamin Constant, Shelley, Lamartine, de Vigny, Gérard de Nerval, Edgar-Poë, Mérimée, Sainte-Beuve, Gautier, Musset, Banville, George Sand, Heine, Dostoiewsky, d'autres encore.

Ces comparaisons prouvent que les indications de l'actualité n'ont qu'un rapport très lointain avec la gloire des gens, et même avec leur simple notoriété. Ce sont là tout bénéfice et toute joie du reporter, que ne lui envieront pas les historiens, d'avoir pu mettre en lumière, en même temps que des valeurs réelles, des vanités dont la postérité fera peut-être fi...

Et tandis que je faisais ces comparaisons, auxquelles se complaisait sans doute mon infimité littéraire de reporter, d'autres rapprochements se sont présentés pour enfin m'éjouir d'une besogne qui ne fut pas toujours gaie, catégorisant mes interviewés, non d'après leurs intérêts et leurs doctrines, mais selon les attitudes d'esprit manifestées sous mes yeux. (Et ma prétention qu'ils le croient bien, ne va pas plus loin.) Me pardonnera-t-on de présenter en un tableau cette récréation anodine dont le lecteur pourra, pour s'amuser à son tour, vérifier la justesse.

BÉNINS ET BÉNISSEURS

Bouchor.	Paul Margueritte.
Claretie.	Pierre Quillard.
Abel Hermant.	Henri de Régnier.
Paul Hervieu.	Auguste Vacquerie.
Jean Jullien.	Gabriel Vicaire.

ACIDES ET POINTUS

Jean Ajalbert.
Paul Bonnetain.
Anatole France.
Jules Lemaître.

Charles Morice.
Laurent Tailhade.
Paul Verlaine.
Charles Vignier.

BOXEURS ET SAVATIERS

Paul Adam.
Paul Alexis.
G. Albert Aurier.
Joseph Caraguel.
François Coppée.
Lucien Descaves.
Rémy de Gourmont.
Edmond Haraucourt.
J.-M. de Hérédia.
J.-K. Huysmans.

Gustave Kahn.
Leconte de Lisle.
Octave Mirbeau.
Jean Moréas.
Joséphin Péladan.
Adrien Remacle.
Jean Richepin.
J.-H. Rosny.
Camille de Sainte Croix.
Émile Zola.

VAGUES ET MORFONDUS

Victor Cherbuliez.
Jean Dolent.
Léon Hennique.

Guy de Maupassant.
Papus.
Edouard Rod.

IRONIQUES ET BLAGUEURS

Maurice Barrès.
Émile Bergerat.
Gustave Guiches.

Raoul Ponchon.
Ernest Renan.

THÉORICIENS

Madame Juliette Adam.
Jules Bois.
Henry Céard.
Gustave Geffroy.
René Ghil.
Edmond de Goncourt.
Charles Henry.
Pierre Laffitte.
Maurice Mæterlinck.
Stéphane Mallarmé.
Catulle Mendès.
Ernest Picard.
Saint-Pol-Roux-le-Magnifique.
Armand Silvestre.
Sully-Prudhomme.

(Je supplie, encore une fois, mes soixante-quatre interlocuteurs ainsi classifiés, de ne considérer ce graphique de mes impressions que comme éminemment arbitraire et provisoire en ce qui les concerne chacun personnellement.)

Pour finir, je m'expliquerai sur le reproche qu'on me fera d'accompagner de désinvolture l'adieu d'une besogne qui me fut profitable. Qu'on tienne compte qu'ainsi et avant tout, je ménage mon amour-propre, car je n'ignore ni l'ironie qui persifle le reporter à peine les talons tournés, ni le mépris dont accablent « ce petit reportaillon » les prétentions qu'il néglige d'interviewer. Et ne pourrais-je me couvrir d'excuses plus recommandables ? Peut-être mon irrespect dissimule-t-il mal les désillusions si souvent éprouvées au contact de personnalités dont je n'avais jusqu'alors pratiqué que l'esprit. Peut-être avais-je trop voulu croire jusqu'ici qu'à défaut des dons du génie, le moindre des écrivains possédait l'enthousiasme et l'amour désintéressé de l'art? Ai-je besoin d'ajouter, puisqu'on en retrouvera le témoignage, que mon Enquête m'a laissé aussi des impressions de sympathie et d'admiration d'autant plus vives qu'elles ont été plus rares. Si les déprimantes constatations l'emportent, c'est, hélas! que le métier littéraire n'échappe pas à la loi féroce de la concurrence vitale, et que là, comme en toute carrière, les intérêts matériels priment et tyrannisent les appétences spirituelles. Force m'était donc de noter, sous les apparences hautaines d'une lutte pour l'art, les âpres et douloureuses et basses nécessités de la lutte pour la vie.

JULES HURET.

Août 1891.

ENQUÊTE

SUR

L'ÉVOLUTION LITTÉRAIRE

LES PSYCHOLOGUES

J'ai cru devoir commencer cette enquête par les écoles, qui attirent présentement l'attention générale. Je me suis tout d'abord adressé à celle de ces écoles qui a le plus de véritable action sur le public, en même temps, d'ailleurs, qu'elle se rattache à des formes de pensées intensément nationales. Dans la littérature de ce moment, les psychologues qui s'illustrent dans ce siècle des noms de Benjamin Constant et de Sainte-Beuve, semblent, après une certaine défaveur, reconquérir la prédominance dans la sympathie du monde littéraire.

M. ANATOLE FRANCE

Quand, avec une bonne grâce charmante, le maître critique se fut livré à mon indiscrétion, je lui demandai :

— 1º Le naturalisme est-il malade ?

— Il me paraît de toute évidence qu'il est mort, me répondit-il. Je le constate sans une joie démesurée, mais aussi sans l'ombre d'un regret. On m'a souvent prêté à tort une antipathie de parti-pris contre le réalisme. Je reconnais, au contraire, que Flaubert et les Goncourt ont inauguré magistralement ce procédé de littérature méthodique et que Zola, avec l'*Assommoir* et *Germinal*, a fortement continué l'œuvre commencée. Mais il était aisé de prévoir l'inévitable réaction. Quand on les eut lus, et que l'on se fut dit : « Tout cela est vrai, très vrai, mais aussi c'est triste, et cela ne nous apprend rien que nous ne sachions... », on aspira à autre chose. Sans compter qu'il arriva quelquefois que cette prétendue vérité devint du parfait mensonge, et du mensonge peu estimable. La *Terre*, par exemple, n'est pas tant l'œuvre d'un réaliste exact que d'un idéaliste perverti. Ne voir dans les paysans que des bêtes en rut, c'est tout aussi enfantin, aussi faux et aussi maladif, que de faire de la femme un être désexué, livré au vertige du bleu. Les paysans ne sont pas libidineux pour deux raisons : d'abord ils n'ont pas le temps, ensuite cela les fatiguerait... nous le savons bien... Le pape Alexandre VI, simplement pour avoir passé une nuit au spectacle des filles de la banlieue de Rome accouplées aux porte-faix, ne put dire sa messe le lendemain ; Zola, lui, nous montre des paysans, levés à l'aurore, travaillant comme des chevaux, et, malgré cela, s'adonnant à une fornication perpétuelle. Non. Pour se donner la peine d'inventer, on pourrait vraiment inventer mieux.

Et puis, il y a une autre cause à la mort, — provisoire, je veux bien — du naturalisme. Il n'y a presque plus que les femmes qui lisent le roman, c'est un fait, les hommes n'ont pas le temps. Eh bien ! les femmes n'arrivaient pas à concilier les préjugés mondains qui ne sont pas favorables aux œuvres réalistes avec leur amour de la lecture, et le plaisir qu'elles ont à consacrer les réputations littéraires. Avouez qu'il était impossible, dans les salons, même les salons bourgeois, de démontrer qu'on connaissait la *Terre* sur le bout des doigts, et de se passionner pour ou contre, en invoquant des arguments? Aussi, dès les premiers livres de Bourget, vous avez vu l'empressement des femmes vers le roman psychologique. En effet, en même temps qu'elles purent afficher leur auteur favori, elles y trouvèrent matière à controverse sur les sujets qui les intéressaient le plus, elles y virent le souci d'elles, un souci d'*amoureux*. Car, puisque nous réglons le compte du naturalisme, nous pouvons ajouter cette conclusion aux autres : le naturalisme est mort en même temps de *saleté* et de *chasteté !* En effet, s'ils peignirent les bassesses et les immondices de la vie — et par là s'aliénèrent les dégoûtés — s'ils furent sales, en un mot, jamais ils ne furent voluptueux, et leur clientèle se clairsema vite des tendres et des sentimentaux. Il n'y a pas un amoureux parmi les naturalistes. Cela vous étonne ? ce n'est pas Zola, qui ne vit et ne montra jamais que la bête, ce n'est pas Daudet, ce n'est pas Goncourt qui excelle surtout dans les peintures des déviations du sens voluptueux. Alors...

— 2° Le naturalisme pouvait-il être sauvé ?

— Les deux Goncourt auraient pu sauver le naturalisme et assurer sa durée, s'ils s'étaient décidés à faire du naturalisme mondain, c'est-à-dire s'ils avaient dirigé leur objectif vers les sphères mondaines. La réalité est aussi bien là qu'ailleurs, et les passions d'une femme du monde sont aussi intéressantes et fécondes en observations que celles des laveuses de vaisselle et des filles. Mais ils y ont pensé trop tard, sans doute, et *Chérie* reste, dans cette voie, un tâtonnement.

Quand Zola arriva à l'apogée de sa renommée, en même temps que triomphait définitivement la décratie, les grands salons se fermaient, et il n'eut guère, ce semble, l'occasion ou plutôt l'envie de fréquenter les femmes du monde. Sans cela, peut-être qu'étant alors encore souple, il se fût décidé à changer de matière d'expérimentation, et peut-être eût-il réussi ? Je dis : peut-être, car, au temps où tous deux vivaient encore, les Goncourt, avec leur finesse aristocratique, leur esprit délicat et raffiné, me paraissaient plutôt indiqués pour cette besogne subtile.

A ce moment, une petite fille de huit ou neuf ans entre dans le cabinet où nous causons. Ses longs cheveux flottent, elle est vêtue d'une robe rouge.

— Qu'est-ce que c'est ? dit le père doucement.

La petite fille répond :

— Je venais t'apporter un crayon, tu n'en as jamais !

Et elle s'en va, sautillante.

— 3° Par quoi sera remplacé le naturalisme ?

— Par ce qui, déjà, lui a succédé, par le roman psychologique dont Bourget a repris la tradition. D'ailleurs, le mouvement est si bien marqué que même les disciples de l'école qui finit se mettent à la psychologie ! Maupassant, dans ses derniers romans, s'y adonne de tout son cœur ; Hennique avait dès longtemps lâché ; Huysmans n'avait, lui, jamais pris pied dans la vulgarité naturelle. Et il n'y a guère plus de jeunes écrivains de talent qui fassent autre chose : Maurice Barrès, cette jeune et si brillante intelligence, ce de Maistre, moins le dogmatisme, Pierre Loti, Rod, Jules Lemaître, M. de Vogüé, que sais-je !

— 4° Le symbolisme est-il un résultat parallèle de cette évolution ?

— A n'en pas douter. C'est également une réaction contre l'absence d'âme, le parti-pris d'impassibilité et de sécheresse des Parnassiens ; je sais bien que le Parnasse a cette croyance que l'impression de beauté doit venir de la pureté et de la noblesse des formes ; mais à côté de la Vénus de Milo, — non, ne parlons plus de la Vénus de Milo ! — à côté de la Victoire de Samothrace, par exemple, n'y a-t-il pas de place, comme le disait si bien Henri Heine, pour l'émotion des lignes vivantes, au besoin désordonnées ? A côté du vers parnassien qui, avec Leconte de Lisle, Catulle Mendès, de Hérédia, Silvestre, est resté presque classique, n'est-il pas permis de chercher un vers plus libre, plus élastique, plus vivant ? Ce qui m'a fait, en somme, prendre la défense de la jeune école, c'est ce bizarre et peu généreux parti-pris que leurs prédécesseurs ont mis à les combattre. Tout ce que les Parnassiens reprochent, en somme, aux symbolistes, leur avait été reproché, à eux, Parnassiens, dans le temps où ils luttaient eux-mêmes, je parle pour de Hérédia, surtout, et Leconte de Lisle, ou

Mendès, quoique aussi peu métaphysique qu'eux, a l'esprit plus ingénieux, plus ouvert et moins sectaire. Mais ils me font l'effet de ces vieillards qui trouvent que les femmes ont cessé d'être jolies précisément depuis qu'eux-mêmes ont cessé d'être jeunes, et qui conservent tous leurs trésors d'adorations et d'hommages pour les jeunes filles de leur temps. C'est très humain, mais c'est peu raisonnable. Eh bien! eux, c'est comme si on insultait la mémoire d'une vieille amie! Ils disent qu'ils ont apporté aux jeunes un outil savant, parfait, avec des rimes sonores et une langue riche et pure, et ils trouvent outrageant que ces jeunes refusent de s'en servir, voulant en créer un nouveau et bien à eux. D'ailleurs, c'est une règle constante que les petits-enfants délaissent ce qui a fait la joie des grands-pères, et il est non moins prouvé que les grands-pères ne s'expliquent jamais ce phénomène.

C'est comme la jalousie qu'on prête à Verlaine. Mon Dieu! pourquoi s'en étonnent-ils? N'est-ce pas bien naturel, bien humain? Ce pauvre Verlaine, plein de talent, mais inquiet, mais *double*, pour ainsi dire. Vous souvenez-vous qu'autrefois on voyait, dans tous les bals masqués, un *diplomate Peau-Rouge*? C'était un monsieur en habit noir, très correct, qui avait la figure tatouée, et, sur la tête, des plumes de perroquet. Eh bien! Verlaine m'a toujours rappelé ce déguisé. Au temps où il était Parnassien, il s'efforçait, comme les autres, de faire des vers impassibles; l'habit noir paraissait, puis le sauvage s'en débarrassait; puis, de nouveau, une crise de correction; tour à tour croyant et athée, orthodoxe et impie, à la manière des poètes religieux de Louis XIII; et ainsi de suite jusqu'à ce que, l'habit noir enfin usé, il ne lui est plus resté que le tatouage et les plumes de perroquet....

— En résumé, vous admettez le vers nouveau, avec toutes ses libertés et tous ses archaïsmes, tel que le présente Moréas?

— Je trouve que, lorsque Coppée a écrit un vers conformé de cette façon (je ne vous réponds pas des mots, mais de la contexture):

Je suis la froide et la méchante souveraine,

c'est-à-dire depuis qu'il a mis la césure entre l'article et le substantif, il a supprimé l'hémistiche classique, et qu'on avait absolument le droit de mettre la césure au milieu d'un mot. Quant à la règle de l'hiatus, on ne peut la trouver que bête, quand on pense qu'elle défendait de dire dans un vers : *tu aimes*, et qu'elle autorisait d'écrire : *au haut* de l'escalier! Les autres entraves, l'élision de l'*e* muet proscrivant : je *prie* Dieu, l'alternance des rimes, etc., etc... ne se soutiennent pas davantage. Reste le nombre illimité des syllabes... Je sais bien que cela équivaut à faire de la prose rythmée, mais quand elle est faite par un artiste, j'y vois assez de charme. L'obscurité? oui, en effet, c'est un tort; si on ne comprend pas maintenant, que sera-ce dans cent ans? Je sais bien que la poésie n'est pas un art de vulgarisation que chacun doit pouvoir goûter sans effort; mais c'est égal, je ne suis pas pour l'obscurité. Les archaïsmes? Je préférerais, en effet, la langue moderne avec laquelle on peut tout dire, quand on a du talent. Jean Moréas, d'ailleurs, en a beaucoup. C'est un artiste charmant, qui manie la vieille langue comme un linguiste, avec beaucoup de grâce. Je connais moins ses émules.

La charmante enfant de tout à l'heure entrait de nouveau.

— Je vais déjeuner avec Jacques.

— Pourquoi? Hier déjà tu m'as manqué, beaucoup manqué à déjeuner.

— C'est pour aller faire faire la photographie après...

Et elle regardait dehors le soleil.

Très doux, mais sur un ton sincère, M. France dit :

— Tu me désespères.

L'enfant le regarda à demi-touchée, à demi-moqueuse.

— Va, je suis désespéré.

Mais elle, l'embrassant :

— Eh bien! non, je n'irai pas.

Je me levai pour partir. Et je pris congé, m'arrachant littéralement au charme de cet accueil et à la séduction de cet esprit.

M. JULES LEMAITRE

— Mais comment voulez-vous, — me jette le distingué critique des *Débats*, — que je vous donne mon opinion là-dessus! Il faudrait huit jours pour préparer quelque chose de seulement présentable...

— Excusez-moi, répondis-je, je croyais que ces idées étaient dans l'air, et, comme M. Anatole France, M. Barrès, M. Rod m'avaient répondu...

— Vraiment? ma parole, je ne sais pas comment ils font... Mais, sérieusement, tenez-vous beaucoup à mon avis?

— Beaucoup, en effet! vous êtes l'un de ceux que l'on a, jusqu'ici, considérés plutôt comme des idéologues que comme des réalistes, et je tiens particulièrement...

— Heu! voyons vos questions. « Le naturalisme est-il fini? » Bien sûr! « Pourquoi?... » Est-ce que je sais, moi! Parce qu'il a fait son temps, parce que, en art, comme en tout, il n'est qu'action et réaction. « Si les erreurs du naturalisme proviennent plutôt doctrines que des hommes qui l'ont incarné? » Mais, pour moi, c'est la même chose... Les doctrines sont le reflet du tempérament des hommes, et, par conséquent, héritent de leurs défauts. Et puis, le naturalisme, c'est Zola, Zola tout seul. Daudet est en dehors, et pourtant, c'est lui qui a le mieux appliqué les théories du naturalisme, ce qui n'empêche pas que le naturalisme, c'est Zola, Zola tout seul. Que voulez-vous que je vous dise?... Quant aux Goncourt, ce ne sont pas des naturalistes, ce sont des artistes précis, délicats, rien moins que des naturalistes...

M. Lemaître avait, devant lui, la lettre que je lui avais écrite la veille et qui contenait toutes mes questions. Il poursuivit, lisant :

— « Qui remplacera le naturalisme? » Eh bien! ce sera... D'abord, il y a une telle anarchie dans toutes les manifestations de l'art, qu'on ne peut plus s'en rapporter aux étiquettes; les étiquettes, ça se colle comme on veut! Mais enfin, on a fait un tel abus de mots et de couleurs qu'on arrivera fatalement à une littérature plus sobre, plus synthétique pour ainsi dire, avec des impressions brèves, comment dirai-je, comme piquées (l'extrémité du pouce et de l'index joints, M. Lemaître fait, de l'avant-bras, le geste menu de lancer des fléchettes), et que l'on comprendra sans explication, sans détail.

— Les psychologues ?

— Les psychologues?... il n'y en a qu'un, c'est Bourget.

— Pourtant, dis-je, Anatole France, Barrès...

— Anatole France, c'est un moraliste. Barrès, c'est un humoriste, comme Sterne, un ironique Un psychologue, c'est un écrivain qui étudie l'âme des autres ; Barrès, lui, n'étudie que la sienne. Barrès est très curieux. Il a fait d'adorables pastiches de Renan, et qui sont mieux que des pastiches. Ses trois volumes sur la culture du moi sont le développement de certaines idées de Renan. Développement demi-sérieux, demi-ironique. On dirait que Barrès ne sait pas exactement lui-même où commence et où finit son ironie : c'est très particulier.

M. Lemaître continue la lecture des questions.

— « Si le mouvement symboliste est concordant ou contradictoire avec le mouvement psychologiste ? »

— Les symbolistes... ça n'existe pas... ils ne savent pas eux-mêmes ce qu'ils sont et ce qu'ils veulent ; c'est quelque chose qui est là, sous terre, qui remue, qui grouille, mais qui n'affleure pas, comprenez-vous ? Quand, à grand'peine, ils ont produit quelque chose, ils veulent bâtir, autour, des formules et des théories, mais comme ils n'ont pas le genre d'esprit qu'il faut pour cela, ils n'y arrivent pas. Ainsi la seule chose qu'ils montrent jusqu'ici, le *Pèlerin passionné*, de Jean Moréas, qu'on nous présente comme un livre d'école en quelque sorte, c'est en grande partie incompréhensible, à part une demi-douzaine de petites pièces charmantes qui sont d'adorables chansons populaires; en vérité, faut-il tant de bruit pour arriver par le plus long aux chansons populaires? Car, je le répète, le reste ne se comprend pas. Je suis sûr qu'ils ne sont pas vingt à se comprendre. Non, voyez-vous, ce sont des fumistes, avec une part de sincérité, je l'accorde, mais des fumistes. Et vous en verrez plus d'un, d'ici quelques années, aboutir à la *Revue des Deux-Mondes*, comme Wyzéva et Barrès, qui ont été des leurs, en somme!

Voici ma dernière question :

— Croyez-vous que l'évolution aboutisse à une littérature abstraite se rapprochant de notre littérature classique?

— Ce dont je suis sûr, c'est que les nouvelles générations littéraires se ressentiront des changements de programmes universitaires, de l'affaiblissement des études latines. Dans ces conditions il n'est pas probable que la littérature se rapproche de la forme classique. Je suis persuadé que les modifications de la langue vont être beaucoup plus rapides qu'elles n'ont été depuis deux siècles.

Je me levai alors pour partir. M. Jules Lemaître me reconduisait jusqu'à la porte, en causant de Barrès. Et comme j'écartais la portière avant de disparaître, M. Lemaître dit encore, avec un geste plein d'une grâce élégante et précieuse et le sourire de ses lèvres serrées :

— Barrès, voyez-vous, c'est la dernière efflorescence, délicate et légère, avant la pourriture, du renanisme.

M. ÉDOUARD ROD

Genève, 24 février 1891.

Monsieur,

Je suis vraiment très embarrassé de vous exposer en quelques lignes mon opinion sur toutes les questions que vous voulez bien m'adresser. C'est toute la philosophie de la littérature contemporaine qui pourrait seule répondre à votre questionnaire.

Je crois que la littérature naturaliste, sans être finie, a passé son heure : non seulement à cause des excès de quelques-uns de ses adeptes, mais surtout parce qu'elle a été l'expression littéraire de tout un mouvement positiviste et matérialiste qui ne répond plus aux besoins actuels. Le coup d'œil le plus superficiel sur l'état du monde nous montre que, dans tous les domaines, nous sommes en pleine réaction. Cette réaction a emporté le naturalisme. Est-elle une erreur d'un instant ? Est-elle, au contraire, le commencement d'une ère de certitudes et de solidité politiques, morales et religieuses ? Je n'en sais rien : nous le verrons ou nous ne le verrons pas.

Il me semble évident, d'ailleurs, que le naturalisme a été fort utile à son heure : il a introduit la précision dans le roman et la vie dans le style narratif, ce qui est bien quelque chose ; sans parler des libertés et des hardiesses qu'il a introduites dans les lettres, et qui, grâce à lui, sont maintenant acceptées. Aussi, à ce qu'il me semble, y a-t-il une filiation directe entre le naturalisme et le *psychologisme*, malgré les différences apparentes.

Je ne me hasarderai pas à prophétiser l'avenir de la littérature actuelle. Les psychologues et les symbolistes me semblent des frères, à peu près jumeaux ; les différences qui les séparent tiennent surtout, je crois, à des différences de tempérament et d'imagination.

Les poètes sont symbolistes ; les esprits précis se contentent d'être psychologues. Peut-être sont-ce les symbolistes qui rendront à la littérature le signalé service de la sauver de l'abstraction classique. A coup sûr elle en est menacée. Mais elle a des chances d'éviter l'écueil, pour cette raison que rien ne se recommence exactement.

La question : où allons-nous? demeure donc absolument réservée. Dans le gâchis des opinions contradictoires, des écoles tâtonnantes, de toutes les idées qui se remuent dans les couches supérieures de la littérature, celui qui voudrait distinguer un chemin plus clair que les autres serait bien téméraire. Pour ma part, je vous l'ai déjà dit, je crois à la *réaction*, dans tous les sens que ce mot comporte. Mais jusqu'où ira cette réaction ? C'est le secret de demain.

. . . .

Recevez, etc...

M. MAURICE BARRÈS

Petit hôtel Renaissance, rue Legendre, 12. On monte quatre étages ; le quatrième palier est barré par une porte en chêne à claire-voie ; un bouton électrique ; le domestique vous ouvre cette porte, on monte encore quelques marches : on est enfin introduit dans un élégant cabinet à cheminée monumentale de chêne sobrement sculptée ; petites vitres plombées, rideaux de soie bisc s'ouvrant à l'intérieur comme des portes, la tringle montée sur une charnière. Divan oriental, cabinet italien ébène et ivoire, peintures moyen-âgeuses aux murs, bureau de chêne, grands fauteuils Louis XIII. Sur le bureau, paperasses, cigarettes, vase élancé où se penchent des anémones envoyées par la mère de Marie Bashkirtseff, comme chaque semaine, de son jardin de Nice

Accueil amical, sourire bienveillant que des gens s'entêtent à voir ironique.

Les cigarettes allumées et les questions posées, voici la marche de l'entretien :

— Oh oui ! *ce qu'on a appelé le naturalisme* est une formule d'art qui est aujourd'hui bien morte. Mais remarquez comme c'est toujours le besoin de la vérité qui fait les évolutions en art. Une esthétique se fait jour : peu à peu la beauté qu'elle a innovée devient une formule, et fait des adeptes ; une école est née, elle vit, s'épanouit ; puis, les disciples étriquent de plus en plus la formule ; et, à partir de ce moment, c'est un art mort. Le naturalisme a passé par ces phases ; mais il ne faut pas oublier les services qu'il a rendus. Il est venu à un moment où la littérature à l'eau de rose d'Octave Feuillet était à la mode ; il y avait là un parti pris de voir avec une certaine beauté conventionnelle les gens du monde, et de ne voir qu'eux, contre lequel les naturalistes ont heureusement réagi ; ils ont élargi le cadre des préoccupations du romancier, ils ont dégoûté même les gens du monde de cette beauté poncive. Mais enfin, à leur tour, fatalement ils ont subi la loi commune, et je les crois bien finis aujourd'hui.

D'ailleurs, lorsque je vous parle de naturalisme, j'ai en vue la formule d'Emile Zola et de ses disciples immédiats ; car on ne peut pas dire que les Goncourt, par exemple, soient des naturalistes purs ; ce sont surtout de prodigieux artistes et des raffinés; par leurs études d'art, ils s'éloignent, au contraire, du naturalisme, et même leur roman *La Faustin* ne peut être rapproché d'aucune des œuvres de l'école. Et pourtant j'ai la conviction que l'œuvre de Zola est un monument puissant qui restera, mais auquel je n'ai jamais pu m'intéresser.

— A qui, selon vous, a profité cette défaite du naturalisme ?

— Je crois que c'est un fait, elle a profité aux psychologues. Leur grande vogue vient de ce qu'ils ont eu des préoccupations trop négligées par les naturalistes. Ceux-ci avaient fait de minutieuses et pittoresques descriptions des aspects extérieurs et des gestes, des passions, des appétits humains. Ceux-là, au contraire, Bourget, par exemple, ont voulu considérer ces appétits comme le ferait un savant d'une plante qu'il étudierait, en considérant toutes ses racines, la terre où elle pousse et l'atmosphère où elle se développe. En outre, de même que les naturalistes, par réaction contre l'ancienne convention mondaine, s'étaient cantonnés dans la vulgarité, les psychologues ont cherché des milieux autres que des milieux de médiocrité et des âmes différentes des âmes vulgaires. Il doit y avoir plus de luttes et d'intéressants débats dans l'âme, par exemple, d'une impératrice détrônée qui a connu toutes les gloires et toutes les ruines, que dans d'une femme de ménage dont le mari rentre habituellement ivre et la bat, ou dans celle d'un Sioux attaché au poteau de guerre !

— A côté, dis-je, du mouvement psychologiste, il paraît y avoir un autre mouvement en réaction contre le naturalisme : le symbolisme... Puis-je vous demander si vous êtes symboliste ?

— Je fais des livres où de mes amis, en effet, veulent voir des symboles ; et, vraiment, j'ai le goût de faire dire à mes personnages des choses d'un sens plus général que le récit des menus faits de leur existence : dans ce sens, je serais donc symboliste. D'ailleurs, c'est là un terme bien vague ; il est certain que, de tout temps, l'art a été symboliste et que, seuls, peut-être, les naturalistes ont affiché le parti-pris de se tenir dans le fait-divers, dans le cas exceptionnel, dans le particulier étroit, sans vouloir admettre les généralisations. Tous les personnages de Molière, ceux de Shakespeare et de nos auteurs classiques, sont en même temps des cas particuliers et généraux, des êtres vivants et des *types* : Tartufe, Roméo, Béatrice, par exemple.

Ceux qu'on appelle aujourd'hui symbolistes n'ont guère encore produit qu'un livre : *le Pèlerin passionné* de Jean Moréas. Vous savez que j'aime beaucoup Moréas et que je fais grand cas de son talent ; c'est un artiste qui joint aux préoccupations du symbole le plus grand souci de la forme de la langue qu'il voudrait renouveler ; et en cela il prolonge les Parnassiens.

Personnellement, puisque vous me parlez de moi, je dois vous dire que je ne consacrerais pas volontiers mon existence à ciseler des phrases, à rénover des vocables. J'aimerais mieux relire certaine préface que M. Boutroux a mise à l'*Histoire de la philosophie allemande* de Zeller, — ou les pages de Jules Soury, sur la *Délia de Tibulle* ou les *Rêveries d'un païen mystique*, de Louis Ménard. Il n'y a pas à dire, les gens ayant une intelligence un peu vigoureuse sont tout de même plus intéressants que les « artistes » attitrés. Et puis, savez-vous que Henri Heine n'est un poète si émouvant que par les qualités qui font en même temps de lui un des plus profonds penseurs de ce siècle ? Il a la culture et la clairvoyance... Même en art, voyez-vous, il y a intérêt à ne pas être un imbécile.

— Pensez-vous qu'il y ait entre les psychologues et les symbolistes des principes communs, ou représentent-ils deux formules contradictoires et incompatibles ?

— Ils représentent, les uns et les autres, des tempéraments très divers qui ont toujours existé dans la république des lettres...

J'interrompis :

— République ? Y a-t-il donc égalité ?

— Mettons : dans le monde des lettres, répondit

M. Barrès en souriant. Mais je ne crois pas du tout que ces diverses tendances soient contradictoires.

Il me semble que l'on pourrait écrire des psychologies qui différeraient des études de Bourget, par exemple, en ce qu'elles ne s'appliqueraient pas à analyser des cas particuliers, mais chercheraient à exprimer des vérités plus générales, à donner aux idées et aux conceptions modernes des choses et de la vie une *expression passionnée*. Ce serait faire, en quelque sorte, de la psychologie symbolique. Vous rappelez-vous que Paul Hervieu, dans *Diogène le Chien*, fit de ce tour des morceaux adorables de malice et de force élégante ?

Avec des tempéraments divers, il y a beaucoup de jeunes écrivains qui tâchent à trouver du nouveau, en n'écoutant que leur personnalité. Vous connaissez cet étrange livre, honni je ne sais pourquoi par la critique, sauf par Anatole France, *Candeur*, d'André Maurel ; vous avez lu les articles de Georges Bonnamour, qui est un chroniqueur brillant, en même temps que le romancier de *Fanny Bora* et de *Représailles*. Maurice Beaubourg a fait un bon départ avec ses *Contes pour les assassins*, et ses amis en attendent des bizarreries supérieures encore. Et puis, lisez-vous *André Marsy*, d'Émile Hinzelin? Mais si vous avez ouvert les *Cahiers d'André Walter*, publiés sans nom d'auteur par André Gide, et si vous soupçonniez *l'Entraîné* de Maurice Quillot qui va paraître, vous connaîtriez les plus récentes poussées de l'évolution littéraire. Je voudrais qu'à chaque janvier on saluât un nouveau prince de la littérature. Dans le volume de Quillot, il y a des petits chapitres délicieusement intitulés *Psychoses* qui sont du goût le plus neuf... Dame ! je cite, mais leur vrai critique c'est Charles Maurras, et le « sceptique en dernier ressort », celui qu'il leur faudra attendrir pour conquérir une gloire un peu solide, c'est Francis Chevassu.

— Faites-vous entrer vos livres dans cette formule que vous indiquiez tout à l'heure de psychologie symbolique ?

— J'y tâche. Le *Jardin de Bérénice*, qui vient de paraître, est le dernier volume d'une série de trois ouvrages où j'ai essayé d'exprimer ce que j'appelle et ce qu'on a assez appelé : *La Culture du Moi*. C'est la monographie, c'est une théorie de l'individualisme. *Sous l'œil des Barbares* montre la difficulté qu'a un jeune homme à se connaître, à se développer et à se défendre. L'*Homme libre* est un traité de la gymnastique du moi : comment, avec les procédés d'Ignace de Loyola et de la Vie des saints, on peut arriver à faire éprouver par son moi tout ce qu'il y a d'émotion au monde. Le *Jardin de Bérénice* est, d'une part, un traité pour concilier les nécessités de la vie intérieure avec les obligations de la vie active, et, d'autre part, un acte de soumission devant l'Inconscient qu'on peut appeler le Divin.

J'avais épuisé mon questionnaire et nous causions de choses à côté, des gens en place, des esprits réfractaires à toute nouveauté, quand, par hasard, le portrait du général Boulanger, placé sur la cheminée, à côté de la photographie du maître de céans, d'après un tableau de Jacques Blanche, frappa mon regard. Et je dis à Barrès :

— Les symbolistes ne seraient-ils pas, au fond, les boulangistes de la littérature ?

Il sourit imperceptiblement de ses grands yeux tendres, et répondit sans broncher :

— Oui, en effet, il y a bien du vrai, tout au moins en concevant le boulangisme comme vous le paraissez faire au cas particulier.

Sa voix s'enfla un peu jusqu'au ton du discours et il continua :

— Le personnel littéraire aujourd'hui en place ne laissait pas assez vite accès aux jeunes gens qui, sortis de leurs cabinets (où ils sont les plus désintéressés des hommes), retrouvent, à se fréquenter, certaines ambitions (d'ailleurs des plus légitimes). En même temps qu'ils servaient la cause de l'art, peut-être se laissèrent-ils aller à soigner leurs intérêts ; les bons éditeurs et les forts tirages les attiraient. Pour y parvenir, avec des opinions littéraires diverses, ils firent la *marche parallèle*. Ils essayèrent de donner l'allure précipitée d'une révolution à l'évolution littéraire que désirait le pays. Ils soudoyèrent les petits journaux ; le *Temps*, les *Débats* refusèrent, d'abord, toute transaction ; seuls des journaux à l'affût de l'opinion, tels l'*Echo de Paris* et le *Figaro*, laissèrent certains de leurs rédacteurs entrer dans le courant nouveau. Je ne vous rappellerai pas les manifestes nombreux que les symbolistes lancèrent au pays ; nous y déployâmes une activité de propagande qui, hélas ! irrita un grand nombre de littérateurs en place, mais rallia tous les mécontents... Il ne vous échappera pas que nous avons choisi les environs du 27 janvier pour porter le grand coup sur la population parisienne : le banquet Moréas...

M. Barrès avait débité tout ce discours très sérieusement. Mais, à la fin, n'y tenant plus, il partit à rire, de ce franc rire bon enfant qui éclaire et pour ainsi dire humanise l'apparente sécheresse de cette nature compliquée.

M. CAMILLE DE SAINTE-CROIX

M. Camille de Sainte-Croix, dont plusieurs m'ont parlé, au cours de mon enquête, avec beaucoup d'estime et d'affection, appartient à la génération littéraire qui a bifurqué moitié vers le symbolisme, moitié vers le roman psychologique. Ses débuts dans le roman, avec la *Mauvaise aventure*, ont été fort remarqués par la critique.

Il est actuellement à la tête de la *Bataille littéraire*, qu'il publie chaque lundi.

En ce moment en province, il m'a écrit, à ma demande, la consultation que voici.

Il m'a paru qu'au lendemain de la réclame de rajeunissement tentée ces temps derniers autour d'une formule déjà vieille, cette consultation ne manquait pas de piquant. Qu'on en juge :

— En 1884, j'ai publié mon premier roman, la *Mauvaise Aventure*, qui fit quelque bruit, et portait pour sous-titre : *Histoire romanesque*.

En 1887, j'émis dans la préface de mon second roman, *Contempler*, une fois pour toutes, le principe de mes idées sur le roman que je ne conçois qu'essentiellement *romanesque*.

Je ne prévoyais pas alors que le mot dût servir en 1891 au commerce d'un M. Marcel Prévost, jeune homme industrieux qui économise son propre tabac en refumant les vieux bouts de cigarettes qu'a laissé traîner George Sand. A mon sens, le romanesque était une tournure particulière du tempérament et j'estimais que seuls les esprits romanesques étaient aptes à créer des romans curieux. M. Marcel Prévost est un bon bourgeois qui, trouvant que l'étiquette *naturaliste* n'est plus utilisable chez les éditeurs, que l'étiquette *symboliste* est d'un placement trop rare, a pris cette étiquette *romanesque* que je n'eusse pas à songé à faire breveter, et tout simplement en marque ses produits absolument quelconques.

C'est dommage, car voilà une fois de plus un beau mot d'artiste gâté par l'usurpation d'un indélicat philistin. Je n'en crois pas ma destinée brisée, ni la gloire de M. Marcel Prévost mieux assurée. Je renonce simplement à ma décoration puisqu'un balourd me l'a fanée, mais je continuerai à faire des romans romanesques (sans les qualifier) parce que... c'est dans ma nature.

Dans cette préface de *Contempler* à laquelle il me faut revenir, je raillais surtout la mode grave adoptée par les farceurs contemporains de traiter scientifiquement toute affaire littéraire.

« Pourtant ils ne peuvent faire qu'un roman soit autre chose qu'une histoire feinte, écrite en prose, où l'auteur cherche à exciter l'intérêt, soit par le développement des passions, soit par la peinture de spéciales mœurs, soit par la singularité des aventures. A quelque jargon qu'ils aient recours pour avantager l'importance de leurs productions, quel que soit leur besoin de laisser croire qu'ils continuent Darwin ou Spinosa, il sera toujours facile de ramener là tous nos conteurs. Les qualités de profondeur ou de distinction que nos modernes prétendent qu'on leur reconnaisse, sont des qualités inhérentes au caractère même de l'individu ; quiconque n'en est originalement doué ne les devra jamais à la couverture de ses livres, ni à la coupe de ses formules.

« Il est accessible à tout scribe de maniérer des sentences, et ce n'est là qu'une sorte de calligraphie ; mais il lui sera toujours interdit d'écrire avec sens.

« Les pauvres gens, comme ils discutent ! Ils n'ont donc autour d'eux rien qui passionne leur existence ? ni chaleur d'amour ? ni haine, qui leur donne la colère, la transe ou le plaisir ?... puisqu'ils sont réduits à se repaître de tels soucis... C'est un pauvre mets en carton qu'une théorie ; c'est un plat qu'on laisse aux figurants de la vie en leur donnant à boire du vent dans des verres peints ; tandis que les vrais écrivains sont de vrais hommes dont le génie est né d'une ardeur et vit de s'épancher.

« *Ecrire*, ce n'est pas un métier ; ce n'est pas un art ; ce n'est pas une science ; c'est... la Vie elle-même.

« Ce peut être douloureux, ce peut être sinistre ; ce n'est jamais... grave. La gravité n'est que le masque laid que s'impose l'homme d'étude ou de diplomatie qui veut éloigner tout contact et s'isoler dans sa recherche ou sa combinaison. Or, qu'y a-t-il à rechercher ou combiner pour écrire ?

« Du jour où le poil vous pousse, ne se sent-on pas un homme prêt à s'ébattre avec toute la force de ses instincts parmi les hommes ?

« Alors, qu'est-ce que cette attitude extraordinaire qu'on voit à certains ? Qu'est-ce que ces *dangers de la fin de siècle ?* ces *conditions fatales de l'art actuel ?* cette *intelligence douloureuse du mauvais moment où l'on vit ?*

« Pour l'homme organisé, pour celui qui agit, pense et s'exprime, cette vie n'a d'autre effet que de le passionner. C'est l'amour de la vie qui forme les écrivains. Ni pédants, ni farceurs ne trouveront leur voie dans les traverses.

« Un romancier ne compte comme écrivain qu'autant qu'il vaut comme homme, grand écrivain s'il a de grands sentiments — petit écrivain, s'il a de petits sentiments, — nul, s'il n'en a pas. S'il possède les dons qui constituent tout grand caractère, il n'a nul besoin de se livrer à tant d'acrobaties pour que ce qu'il signe soit distingué. Qu'il prenne sa plume : à quelque suggestion personnelle qu'il obéisse en écrivant spontanément des imaginations, toujours elles porteront, puisqu'elles émanent de la vie même, le beau signe de Vérité. Et c'est là tout ce qui peut intéresser quiconque les lira sans parti-pris. De ceux que nous apprenons amoureusement, nous n'avons jamais songé à recevoir de doctrine pédagogique. Il a fallu M. Taine pour qualifier Stendhal psychologue ; et si Gérard de Nerval a fait du symbolisme, c'est bien sans s'y forcer.

« Leurs œuvres sont hautes montagnes ou claires

vallées ; non point des édifices. L'écrivain est un terrain où la pensée pousse en fleurs de style, larges, hautes et sauvages. Ceux-là qui font œuvre de serre demeurent des bourgeois de banlieue, horticulteurs ou rocailleurs. »

Voilà, mon cher confrère, quelles sont mes déjà vieilles idées sur le roman — romanesque, puisque roman. Je regarde aujourd'hui l'intelligent M. Prévost essayer de s'en faire des rentes et le renvoie pour complément d'instruction à mon volume de *Mœurs littéraires* (*Les Lundis de la Bataille*), qui paraît demain chez Savine...

M. PAUL HERVIEU

Ç'a été d'abord un analyste de cas singuliers de morbidesse intellectuelle dans lesquels excelle Dostoiewski, et que vient d'aborder si brillamment Auguste Germain dans son roman *l'Agité*. Il s'est, dans ses plus récentes productions et tout en conservant ses qualités de pénétration et de finesse, adonné à la peinture des élégances et des distinctions de la société parisienne. Son dernier livre, *Flirt*, dont la critique s'est beaucoup occupée, correspond un peu aux élégances délicates jusqu'à la gracilité de l'américanisme anémique du peintre Jacques Blanche.

— Puisque vous le voulez bien, nous allons parler des Écoles...

— Pardon, nous admettons d'abord, n'est-ce pas? que toute préoccupation d'école reste en dehors de l'esthétique? Le rôle de l'école est de servir comme de nationalité protectrice à des écrivains qui n'acceptent de s'y assujettir, lors de leurs débuts dans les lettres, que pour le bénéfice d'en réclamer un appui solidaire à l'occasion. En somme, ce qu'on appelle une École devrait porter le nom du chef qui l'a proclamée ou qu'on lui reconnaît. Mais tel qui accepte de faire du naturalisme refuserait peut-être de s'intituler zoliste; et c'est un ménagement, envers les adhérents, qui fait adopter une désignation impersonnelle et d'allure plus générale.

— Alors, parlons des méthodes?

— La méthode naturaliste et la méthode psychologique me semblent avoir l'inconvénient pareil d'avoir enseigné trop visiblement leurs procédés, de trop montrer leur trame, et d'établir, à l'usage de tous, un canevas à livres, sur lequel il n'est pas nécessaire d'être un *littérateur* proprement dit pour y broder son petit roman. Il suffirait d'être intelligent; mettons : très intelligent.

A tout homme de belle intelligence, qui a de la mémoire, et un peu l'expérience d'avoir déjà vécu vingt ou vingt-cinq ans, les naturalistes et les psychologues sont venus démontrer qu'il pouvait faire un roman.

« Voyons, tu as été petit garçon, collégien, militaire. Tu es carabin ? employé de ministère ? canotier ? vélocipédiste ? Raconte ce que cela t'a fait voir, sentir, aimer ou haïr. Essaie de bien te rappeler, de tout te rappeler. Raconte-toi. Tout ça, c'est de la littérature ; c'est la littérature. »

Certes oui, c'est ordinairement de la littérature qui nous est ainsi offerte. Mais il est permis de concevoir une forme plus haute de l'art, une émancipation de la pensée plus large que l'état autobiographique, une façon d'œuvre ou l'artiste, ne laissant point transparaître le secret de ses chemins, nous mène par plus de mystère dans l'émotion ou l'émerveillement.

Je suis trop respectueux de l'effort d'autrui, et d'ailleurs je me sais trop faillible, pour vouloir rechercher ici aucun type de l'écrivain dont je pourrais soutenir qu'il n'aurait eu besoin que d'une grande finesse d'esprit, pour ce qu'il a réalisé d'écrire, et non de ce don indescriptible, mais si sensible, qui constitue le vrai littérateur.

Mais, pour le type de ce dernier, quelques exemples me serviront à le caractériser parmi quelques-uns de ceux qui me semblent continuer le véritable cours de la littérature, et le marquer, dans le temps présent, comme le Rhône se marque dans le Léman.

C'est ainsi qu'il faut avoir dans les veines le plus pur sang de littérature pour engendrer *Zôhar* ou

Grande Maguet, ou la *Femme-enfant*, de l'admirable poète qu'est M. Catulle Mendès.

Des romans, comme *Daniel Valgraive*, de Rosny, comme *En rade*, d'Huysmans, comme le *Crépuscule des Dieux*, d'Élémir Bourges, comme *Un Caractère*, d'Hennique, la *Force des choses*, de Paul Margueritte, ou *Sonyeuse* de Jean Lorrain, ne peuvent éclore que dans les régions surnaturalistes de l'hallucination ou du rêve.

Est-ce qu'aucune persévérance de volonté, aucune ingéniosité d'observation aurait pu mettre Octave Mirbeau sur la voie de trouver ces inspirations souvent géniales, ces visions, ces sources grisantes de passions, d'où sont sortis le *Calvaire*, l'*Abbé Jules* et *Sébastien Roch*?

En conséquence, je ne puis être porté qu'à la sympathie pour les tentatives qui tendent à élever la littérature, même jusqu'à la rendre très escarpée.

— J'entends bien que vous parlez des symbolistes, n'est-ce pas? Comment estimez-vous leurs tentatives?

— J'ai d'abord, pour les symbolistes, l'estime que mérite leur attitude d'exceptionnelle piété envers l'art. Ceux avec qui j'ai le plaisir de causer, et dont je lis un volume ensuite, me font retrouver une sensation semblable à celle que donne un prêtre, cessant avec vous sa conversation, pour aller officier. Il reparait étrange, travesti, lointain, et en même temps impressionnant comme ce qui s'inspire d'une religion.

Toutefois, quant à réussir, les symbolistes me paraissent entrer dans la lutte pour la vie sous des conditions anormales et désavantageuses pour eux. Je m'explique par une comparaison : on a longtemps discuté pour savoir si, dans la nature, c'était le père ou la mère qui faisait l'enfant. Au temps de l'*Homme aux quarante écus*, la physiologie attribuait ce rôle au père. Eh bien ! en littérature, j'ai le sentiment que l'auteur soit le mâle, et qu'il fasse une espèce d'enfant au lecteur. Et ce qui me fait un peu douter que le symbolisme, à moins de perfectionnement, puisse être bien fécond, c'est que je lui trouve des formes gracieuses, mais avec des façons d'échapper qui sont presque de pudeur féminine ; de sorte qu'il ne me semble enfanter l'idée que lorsque le lecteur est lui-même un mâle, quand le lecteur apporte là un tempérament d'auteur.

A propos de cette pudeur symbolique, je me souviens que le délicieux Mallarmé me disait un jour, sur une rive de la Seine, dont la blanche voile de sa yole fait l'enchantement, qu'il ne comprenait pas que l'on se publiât. Un tel acte lui faisait l'effet d'une indécence, d'une perversion comme ce vice qu'on nomme : « l'exhibitionnisme ». Et, au reste, nul n'aura été plus discret de son âme que cet incomparable penseur.

D'autre part, il se produit peut-être aussi, dans la littérature, une autre évolution, dont les Goncourt auraient eu la vue prophétique lorsque, en 1856, après une lecture d'Edgar Poë, ils écrivaient : « C'est la révélation de quelque chose dont la critique n'a point l'air de se douter : de l'imagination à coups d'analyse. Le roman de l'avenir appelé à faire plus l'histoire des choses qui se passent dans la cervelle de l'humanité que des choses qui se passent dans son cœur. »

Ce « quelque chose » a l'air de se dégager puissamment de l'œuvre de M. Maurice Barrès, et d'apparaître aussi chez un nouveau venu, de talent original, dans les *Contes pour les Assassins*, de M. Maurice Beaubourg.

LES MAGES

Avant de passer à l'évolution poétique, il était indispensable, pour faire complète cette enquête, de donner ici l'avis d'une catégorie de prosateurs qui, bien qu'artistes, ont montré cette particulière préoccupation de subordonner la littérature à une conception synthétique de la vie. Les Mages ont apporté un système religieux, philosophique et politique qui donne une pleine satisfaction à ses adeptes et a pour eux cet inestimable avantage de restreindre la part de l'inconnu et de trouver toutes solutions aux problèmes essentiels de la destinée humaine. Pour eux l'art d'écrire devient le moyen le plus commode d'exposer leurs théories ; ces théories et ceux qui les représentent ont une action relative mais indéniable sur la jeune école, leur avis prend donc ici tout naturellement sa place.

J'ai d'abord consulté ceux qui avaient à la fois une notoriété littéraire et un rang dans cette cléricature occulte.

SAR JOSÉPHIN PÉLADAN

Nîmes, mars 91.

Monsieur,

J'ai publié dans l'*Artiste*, il y a quelques années, *la Seconde renaissance française et son Savonarole*, étude comparée de romantisme et du... néant qui lui a succédé. J'ai montré la niaiserie d'une formule littéraire empruntée à une phrase de Claude Bernard, et qui, étendue aux beaux-arts, produirait des... ignominies. Doctrinalement, le naturalisme n'a jamais existé : ses hommes, sans exception, présentent unies l'ignorance de l'histoire littéraire à l'inconscience en matière d'abstrait... Ce sont des sans-culottes, c'est-à-dire des incultivés réduits à leur propre tempérament.

Mais s'il est lyrique, le tempérament suffit à produire des œuvres valables : de même qu'un avocat doué s'appuie d'une cause infâme pour plaider pathétiquement. Je vois dans le naturalisme un synchronisme du suffrage universel, et le protagonisme anti-esthétique de la canaille : l'écrivain fait sa cour à la rue, comme jadis au roi.

Quant au symbolisme, c'est le schématisme hiératique : ce mot n'a qu'un sens religieux, ou hermétique ; le Tarot, voilà un livre symbolique ; le Lingam, voilà un symbole ; extensivement on a appelé symboles les professions de foi collectives. Je ne comprends donc pas l'emploi de ce vocable, désignant tel poète sans croyance ni métaphysique.

Quant au *Pèlerin passionné*, poème de Shakespeare inséré d'ordinaire au même volume que le *Viol de Lucrèce*, *Adonis*, et les Sonnets, que vient-il faire en cette fantaisie habile où de curieux artificiers en métrique et lexique se groupent pour arriver et se nomment bizarrement pour être connus ?

Les psychologues, Monsieur, portent au moins une meilleure épithète, extensible, celle-là, aux génies, de d'Aurevilly et Villiers de l'Isle-Adam, en remontant jusqu'à Balzac et à ce Chateaubriand, le maître de tout le monde en ce siècle.

Ce qui remplacera la grossièreté des peintures et les jongleries de mots et de mètres ? *La prostitution*, Monsieur, car l'écrivain qui, au lieu d'imposer son propre idéal au public, incarne l'idéal courant toujours bas, est un prostitué. Je crois que *l'avenir est aux filles*, en art comme en tout, car je crois à la fatale et imminente putréfaction d'une latinité sans Dieu et sans symbole.

L'avenir appartient aux pollutionnels ; les uns pollueront la bourgeoisie, les autres la plèbe ; il y aura des spécialistes pour spasme décent et titillation nationale.

Vous me demandez ma formule littéraire précise, monsieur ?

Le *Prince de Byzance* a été refusé à l'Odéon, le *Sar Merodack* sera refusé à la Comédie-Française, et comme c'est théâtralement que j'ai le moins mal réalisé, vous m'embarrassez fort.

J'ai restauré la psychologie héroïque, c'est-à-dire créé des entités scéniques aussi différentes des individus vivants qu'un masque tragique grec diffère d'une tête ordinaire.

J'ai, en outre, aux leçons de Bayreuth et sous l'influence des derniers quatuors de Beethoven, restitué l'eumolpée ou troisième mode poétique de la littérature ancienne.

Puis-je, sans manquer de bon sens, vous offrir un fauteuil à une première *Peladane* avant dix ans d'ici ?

Quant à mon éthopée dont les huitième et neuvième romans paraissent ce mois, voici ma formule.

Il n'y a qu'un sujet en art : OEdipe ou Orphée ou Hamlet, c'est-à-dire un héros aux prises avec une énigme morale ou sociale. L'intérêt réside dans la lutte du héros contre lui-même ou l'antagonisme des êtres et des choses.

Dois-je préciser l'héroïsme : l'adhésion à un abstrait, et partant l'incarnation d'une idée, au mépris de l'instinct et du sens commun.

De Mérodack à Samas et Tammuz, passant par Nebo, Adar et Nergal, j'ai maintenu cette formule et la maintiendrai encore une trentaine de fois.

Puisque vous me sollicitez de m'expliquer, je n'admets que l'art pour l'idée et dès lors j'alourdis mes romans de toute la métaphysique que suscite le sujet, méprisant trop le public pour songer un instant à son plaisir : et fémininement satisfait de rester difficile à lire comme à aborder.

Qu'est-ce que le Magisme? dites-vous, Monsieur. C'est la suprême culture, — la synthèse supposant toutes les analyses, le plus haut résultat combiné de l'hypothèse unie à l'expérience, le patriciat de l'intelligence et le couronnement de la science à l'art mêlé.

En outre, le Magisme peut s'appeler le patrimoine des hauts esprits à travers le temps, le lieu et la race, toujours conservé.

Quant à son avenir? monsieur, je viens de lire ceci : « L'autre soir, le Mage Papus convoquait au 29 de la rue de Trévise les Mages de Paris. Combien ont répondu à l'appel? 500. Et la capitale en compte 10,000. »

Le magisme n'a aucun avenir, parce que, en réalité, je connais cinq mages, sans me compter, « l'abbé Lacuria, le marquis de Saint-Yves, de Guaïta, Papus, Barlet. » Le reste est fait de tous les désœuvrements et de tous les insuccès. Anatole France, qu'Hermès le lui pardonne, après m'avoir été louanger m'assimile à un M. Lermina qui fait de la copie marchande toute sa vie et sur le tard se débarbouille avec un volume d'occulte.

Papus, admirable en lui-même, harasse le magisme en le démocratisant : on ne vulgarise pas le mystère, ce semble, sans le blasphémer.

La magie deviendra bientôt, de l'arche sainte qu'elle était, un fourgon d'ambitions personnelles. Elle a déjà ses Albert Wolff comme la critique d'art ! Je m'efforcerai dans un prochain in-octavo, *Comment on devient mage*, de rendre impossible à répéter cette assertion idiote qu'il y a cinq cents mages à Paris. Le *minimum* d'un mage est fait de trois choses : génie, caractère, indépendance.

Votre dernière question (si toute grande littérature doit être imprégnée de l'esprit catholique), se greffe à la précédente : car le premier commandement de Pythagore serait actualisé d'aller à la messe.

« Rends aux dieux immortels le culte consacré. »

« Garde ensuite ta foi : »

Vous avez pu lire une affiche de M. Poubelle, exigeant le caractère le plus élevé, légendaire pour un concours musical, mais interdisant le caractère religieux.

Cette ânerie ou cette lâcheté, en un mot, cette parole de prostitué politique, aucune autre époque que la nôtre ne l'entendit jamais. Les chefs-d'œuvre de chaque race sont les livres religieux de cette race :

inutile, n'est-ce pas, d'énumérer Bible, Vedas, Thorah, Kabbale.

Les deux plus grandes œuvres de cette fin de siècle, *Parsifal* et *Axel*, sont des thèmes catholiques.

Hors des religions, il n'y a pas de grand art et lorsqu'on est d'éducation latine : hors du catholicisme, il n'y a que le néant.

Voilà pourquoi, comme Mage, j'enseigne que le devoir supérieur de l'intellectuel réside tout entier à la manifestation du Divin : voilà pourquoi je juge que la fin de la France n'est plus qu'une question d'années.

J'ai accédé, monsieur, à toutes vos requêtes et je vous salue, sans relire, ayant l'ennui des malles à boucler de la rentrée à Paris.

SAR PÉLADAN.

M. PAUL ADAM (1).

Ce fut un brillant adepte du naturalisme, c'est aujourd'hui un Mage. Tout comme Bonnetain ou Camille Lemonnier il fut poursuivi pour excès de réalisme : *Chair molle*, son premier roman, a passé

(1) Voir Appendice.

par la Cour d'assises ; il serait curieux, si c'était ici le lieu, de rechercher comment cet esprit, qui s'annonçait comme un méticuleux positiviste, en est arrivé à vivre parmi les visions et à se nourrir des plus compliquées spéculations d'un spiritualisme mystique. Ce fut sans doute une étape de cette transformation que son passage parmi les symbolistes décadents.

M. Paul Adam fait avec simplicité son credo d'occultiste, il croit à la réalité du monde hyperphysique, aux influences des planètes, aux traditions chaldéennes, il aime la kabbale, estime la chiromancie, la graphologie, les systèmes de Gall et Lavater et professe une grande admiration pour la science ésotérique de M. de Guaïta et l'occultisme mystique de M. Jules Bois, qui lui paraissent les deux seuls adeptes sérieux que connaisse le monde parisien. Il a dans la main toutes les lignes de la chance, mais de son propre aveu la veine l'a toujours très peu servi, et même il lui a manqué un déplacement de 500 voix pour être élu, en même temps que M. Barrès, député boulangiste à Nancy. C'est un fort aimable jeune homme de vingt-neuf ans, d'une correction londonienne, à la physionomie ouverte et plutôt naïve, éclairée d'un sourire fréquent qui veut séduire. Dandysme et nécromancie.

— Oui, me dit-il, l'œuvre du naturalisme dans l'évolution des idées au dix-neuvième siècle est terminée.

Réaction contre l'hypocrisie de l'École du bon sens de Feuillet et d'Ohnet, le naturalisme a analysé les appétits et les enthousiasmes, les extrêmes de la nature humaine active, extérieure, contingente; les psychologues, depuis Stendhal, par conséquent très antérieurs, analysent les associations d'idées et de sentiments, la vie restreinte et intérieure. Chacune des deux écoles accomplit une œuvre parallèle, analytique et documentaire : elle met en place les éléments de la vie générale de l'homme seul. Le naturalisme étudia davantage l'homme soumis aux influences naturelles immédiates et concrètes; le psychologisme étudie l'individu soumis aux influences psychiques des milieux sociaux; le naturalisme, la domination des instincts animaux sur l'être raisonnable; le psychologisme, les heurts de l'âme raisonnante et formée par l'éducation menteuse contre les aspérités des réalités sociales. Le réalisme de l'une et l'autre école est intense; les analyses d'*Adolphe* sont aussi réelles que les analyses de l'*Assommoir*, les sujets d'expérience diffèrent, voilà tout.

Il n'y a plus grand monde ni dans l'un ni dans l'autre camp. Zola et Alexis restent seuls des naturalistes : Hennique, devenu spirite avec *Un caractère*; Huysmans, dans *A rebours*, s'éloignant également de la formule; Céard passé archiviste, et Maupassant, transformé en conteur pour salons.

— Les psychologues?

— Il leur reste Anatole France, qui est un maître incontestable. Son dernier livre, *Thaïs*, est une des plus belles choses qu'on puisse lire; il y a aussi la camelote de Bourget et les vaniteuses habiletés de M. Barrès, son meilleur élève. Ajoutez-y la critique trop superficielle et errante, mais si agréablement mignarde, de M. Jules Lemaître, et le bilan des psychologues sera fait.

— Quelle part faites-vous au symbolisme?

— Justement toutes ces formules d'analyse différentes étaient pour appeler une synthèse: c'est le rôle du symbolisme de la produire, et je crois que c'est le but qu'il se propose. Il voudrait aussi bien traduire la vie extérieure des naturalistes que la vie intérieure du psychologue, et le masque conventionnel, avec ses influences, de l'école du bon sens. Évidemment ce sont là des théories que peu d'œuvres encore ont appuyées. D'ailleurs les artistes qui se recommandent de l'étiquette symboliste gardent chacun leur personnalité qui n'entre pas toujours exactement dans les bornes de la formule. C'est ainsi que Moréas reste surtout un byzantin épris des orfèvreries du vers et du chatoiement des vocables, que Gustave Kahn demeure un évocateur des architectures orientales et des somptuosités asiatiques; tandis que Viellé-Griffin, le plus rythmique des poètes nouveaux, est toujours le Saxon aux images simples reculées dans les vapeurs légères des horizons septentrionaux, M. Bernard Lazare, dans de très belles évocations en prose, a gardé toute la splendeur hiératique des visions du Sépher. Parmi ceux-là, Henri de Régnier semble le seul à suivre la tradition purement française des grands auteurs classiques.

— Quel ménage font en vous le mage et le symboliste que vous êtes tout à la fois?

— Vous m'embarrassez un peu, me répond en riant M. Paul Adam. J'ai beaucoup d'amis chez les symbolistes, mais j'ai horreur des petites chapelles, j'adore la libre causerie et je crains beaucoup les cafés littéraires où l'orthodoxie est de rigueur, où chacun veut être le premier et tenir cercle, où s'improvisent les formules et s'anathématisent les hésitants. J'ai une formule à moi que je voudrais exercer sans contrôle. L'art, à mon avis, n'a pas son but en lui-même. Je le définirais l'inscription d'un dogme dans un symbole, il est un moyen pour faire prévaloir un système et mettre au jour des vérités. Ce n'est donc pas pour distraire ou pour intéresser que je fais de la littérature; il me serait égal, en principe, de n'être actuellement lu par personne, car j'ai la conviction que dans vingt-cinq ou trente ans, les quinze cents lecteurs qui me comprennent maintenant seront dix mille et ainsi de suite, progressivement.

— Quels sont donc, alors, les dogmes que vous prétendez inscrire dans vos symboles?

— C'est d'abord la réalisation de cette synthèse

nécessaire dont je viens de vous parler. Saisir les rapports des données hétérogènes apportées par les naturalistes et les psychologues, en tirer la raison vitale et essentielle des mouvements humains qui, pour moi, sont très liés aux mouvements de la planète dont l'homme n'est que pour ainsi dire une cellule cérébrale et l'humanité l'encéphale; exprimer ces rapports entre les lois supérieures de gravitation, entre l'inconnu ou *Dieu* et le phénomène conscient du personnage choisi, celui-ci étant une forme passagère où se manifeste, d'ailleurs, l'essence divine et première, — en un mot réaliser dans tout leur ensemble les théories du spinozisme.

J'ai tâché de le faire pour ma part, dans mes livres des *Volontés merveilleuses* qui comprennent *Être*, *En décor*, et *Essence de soleil*. M. Gabriel Mourey publiera prochainement des ouvrages qui me paraissent également devoir instaurer cette synthèse d'art littéraire.

— Il faut donc, dis-je pour terminer, enclore votre littérature dans le cycle magique où se détachent les manifestes du Sar Joséphin Péladan et les vulgarisations de M. Papus?

Mon interlocuteur hoche la tête en souriant du bout des lèvres, mais sans répondre. Je m'aperçois que ce serait sans doute sortir de mon programme que de pousser plus loin mes interrogations sur le magisme; j'ajoute pourtant :

— Il y a, n'est-ce pas, solidarité absolue entre tous les mages, et hiérarchie ? le Sar Péladan...

— Peuh ! tout le monde peut se dénommer Sar, c'est un titre chaldéen sans signification précise, c'est comme s'il vous plaisait de vous intituler le vicaire ou le diacre Huret !...

. . . .

Je vis bien qu'il n'y avait pas solidarité.

M. JULES BOIS

Une danseuse hiératique sur une scène voltige et bondit.

Dans la salle, comme spectateurs, des parnassiens, des naturalistes, des psychologues-égotistes, des symbolistes-décadents, des occultistes.

Cet être fugace, mystérieux et ondoyant, les *parnassiens* le voient d'une façon concrète et dure, détaillé en des charmes précis d'artificielle fleur. Et c'est toute la banalité pailletée dans le factice du décor ; c'est aussi la tentation des rondeurs grasses ; ils s'enthousiasment du sourire figé, vide et peint, du falbala, des étoffes, de tout ce qui est vain, extérieur, passager.

Les *naturalistes* s'arrêteront peu à l'attrait harmonieux et plastique de ce corps et de ces tulles ; ils s'exalteront sombrement à l'odeur des aisselles suantes et du sexe, sous le tutu ils toucheront le flasque pli des maternités avortées, cette bouche si gracieuse devient obscène et fétide. A la sortie, une casquette criminelle l'attend... on se partagera un mauvais coup.

Gestes incohérents, clameurs bégayées, — ce sont les *décadents symbolistes*... cacophonies de sauvages qui auraient feuilleté une grammaire anglaise et un lexique de vieux mots déchus. Si jamais ils surent quelque chose, ils affectent de l'oublier. Vagues, incorrects, obscurs, ils ont le sérieux des augures.

— Mon Dieu, que vous donnez d'importance au rêve, au rien, s'écrie le *psychologue égotiste;* vous parnassien, admirez comme les collégiens, vous naturalistes n'êtes préoccupés que de fonctions physiologiques, vous symbolistes — décadents nous mystifiez en une syntaxe abracadabrante et puérile. Je prends un plaisir détaché à cette petite fille inconsciente qui danse. Moi seul, j'existe, — ceci n'est que la part frivole de mon imagination.

L'occultiste ne s'attarde pas aux mignardises de cette chair, que le Parnassien grossièrement idolâtre; il en sait toutes les faiblesses et toutes les infirmités mieux que les naturalistes, car il voit jusqu'au fond de ses instincts, guidé par les sciences divinatoires. Cette âme, il l'enveloppe mieux que les prétendus psychologues trop pédants. Croyant à la réalité des êtres et de l'univers, l'occultiste peut sortir de son moi pour pénétrer les créatures, elles ne sont pas le reflet maussade de son imagination et de son ennui ; dans cette petite âme de courtisane il aperçoit ce qui lui reste encore de divin. Les draperies qui flottent et jusqu'à cet épiderme et le désir qu'elle inspire, c'est Maïa l'illusoire qu'il faut vaincre, mais dessous il y a une étincelle d'éternité, un pleur d'infini.

Le rythme de cette hiératique danse, le mage le saisit harmonique à celui des sphères ; ces volées racontent l'histoire du monde et les douze signes du Zodiaque sont décrits par la précipitation svelte de ses pas.

(J'ai exprès choisi une danseuse hiératique dont les attitudes ont un sens afin de faire comprendre la valeur *réelle* du symbole et faire aussi passer la gravité de l'enseignement sous une apparente frivolité.)

L'occultisme vrai c'est le secret, l'âme des choses, le divin, l'esprit, la pureté.

L'occultisme agit sur la littérature et l'art par deux éléments.

D'abord par son âme, c'est-à-dire par l'élément divin, Dieu et l'Immortalité, mais sentis avec l'ardeur audacieuse du mystique, compris avec la largeur de l'Initié. Ainsi est écartée la dure cécité matérialiste et le scepticisme à la Renan tandis qu'il ne peut plus être question d'un simple retour au *christianisme extérieur*, lequel, dans notre atmosphère de science, ne saurait être qu'une mode sans durée.

L'art retrouvera la vie par l'occultisme. Il reconquerra les hauteurs perdues de la foi, de la pensée, de l'amour. Pourtant rien d'un nouveau Génie du Christianisme, rien d'un éphémère été de la Saint-Martin des cultes usés.

L'occultisme agit encore par un second élément : le Symbole. Et l'école symboliste n'a rien à y voir. Dans l'occulte le symbole est toujours lié à une série de vérités religieuses, psychologiques, idéales; dans l'école symboliste, il n'est que l'obscurcissement superficiel de la grimace du style.

Pratiquement l'occultisme est un mysticisme actif, un tolstoïsme courageux. Il s'oppose au nihilisme bouddhique.

Les grandes épopées grecques et orientales (Leconte de Lisle les a pillées sans les comprendre), la *Divine Comédie*, certains drames de Shakespeare et de Wagner, des fragments de Rabelais, de Cervantès, de Gœthe, de Balzac, de Hugo, quelques tableaux de Léonard, et certains personnages de Villiers renferment une beauté ésotérique. Parmi les modernes, M. Albert Jhouney paraît être le seul occultiste joignant le sérieux scientifique à la foi.

C'est un solitaire. En art il a mis de l'Albert Durer dans du Shelley; parfois il a l'accent des Prophètes.

Cependant je crois que notre époque réclame une

plus vive synthèse, plus de concentration ardente. Il faut qu'en trente-cinq minutes on puisse prendre connaissance d'un poème lyrique ou épique... quitte à y revenir si l'œuvre a captivé. C'est ce que j'ai tenté dans les *Noces de Sathan*, *Il ne faut pas mourir*, *Prière*. La pompe est morte; l'art nouveau s'affine de sourires.

Comme les casuistes sur un point de théologie, les contemporains se chamaillent sur l'alexandrin et le vers libre. Sans un autoritarisme vain, le rythme ne saurait être fixé pas plus dans le désordre que dans la règle. Chacun, selon son sujet et sa forme d'esprit, adopte ou se crée un rythme.

Certes la spontanéité a une particulière saveur. Avant tout la sincérité. Aussi nous inclinons-nous devant les impulsifs purs tels que Musset, Verlaine, Laforgue, et plus récemment M. Gabriel Mourey. S'ils ne sont pas admirables de tout point, s'il ne faut pas toujours les suivre, — du moins aimons-les beaucoup.

Mais l'occultisme c'est la certitude profonde et durable; il ne connaît ni lassitude ni à-coups. Avec une violence de mâle et une intuitivité de femme, il se précipite à l'Absolu.

M. PAPUS

M. Papus est l'un des Mages que l'on s'accorde généralement, dans les milieux occultes, à considérer comme le plus sérieux et le plus renseigné. C'est un savant en même temps qu'un Mage, et son avis sur l'état et le développement du Magisme, que je devinais désintéressé des influences des chapelles, devait avoir quelque valeur à côté des autres :

— Croyez-vous, lui demandai-je, qu'il y ait une relation entre le développement du magisme et le mouvement littéraire ?

— Certainement. Quoique très philistin au point de vue littéraire, je puis cependant assurer que le magisme répond à une réaction contre les doctrines matérialistes en science, de même que le symbolisme, la psychologie, le décadentisme, répondent à une réaction nécessaire contre le positivisme, dont est issue l'école naturaliste. Joséphin Péladan, le premier écrivain qui ait su exceller dans l'application du magisme à la littérature, Paul Adam, Léon Hennique, et même Maurice Barrès, qui ont depuis appliqué les principes du magisme à des points de vue qui leur étaient entièrement personnels, sont les principaux représentants de cette réaction.

— Y a-t-il d'autres écrivains contemporains qui, consciemment ou inconsciemment, se sont trouvés influencés dans leurs œuvres par les doctrines de la kabbale?

— De tout temps, les littérateurs ont été évidemment initiés aux sciences occultes. Sans remonter jusqu'au Dante, jusqu'à Shakespeare ou Léonard de Vinci, de nos jours Gœthe, Balzac, Edgard Poë étaient des initiés; Victor Hugo (dans son *William Shakespeare*); Dumas fils, élève de d'Arpentigny et de Desbarolles; Zola qui nous donne une leçon de chiromancie à l'acte III scène 10 de *Renée*, Sardou et Flammarion, spirites notoires, se rattachent de près ou de loin à l'ésotérisme. Parmi les jeunes actuels, le poète Albert Jhouney qui a paraphrasé le Zohar en de fort beaux vers; notre maître, Catulle Mendès, qui a écrit les vers superbes d'*Hespérus*, inspiré de Swedenborg, sont, eux, des interprètes conscients de la Kabbale.

— Croyez-vous au développement continu du magisme?

— Je pense que le magisme est un courant de transition qui répond à un besoin actuel de l'esprit humain. Le succès de nos publications nous montre la réalité de cette idée. Quant à croire que ce mouvement doive être continu, je ne le peux pas. La *méthode* de la science occulte appliquée à nos sciences expérimentales, à notre littérature, à notre politique même (comme le fait M. Saint-Yves d'Alveydre), donnera naissance à un courant d'idées nouveau; mais le magisme n'aura été qu'un élément de transition. A mon avis les symbolistes, les psychologues, les décadents, se font illusion en croyant que chacun de leurs mouvements marquera une grande époque littéraire. Ce sont des Malherbe succédant à des Ronsard, mais non des Racine. Un pendule mis en mouvement va d'abord à un point extrême, puis à l'autre, et ne revient à la perpendiculaire qu'après de multiples oscillations : en littérature, les deux points extrêmes auront été, d'un côté le naturalisme, de l'autre le symbolisme; le magisme, lui, essaye de rétablir l'équilibre en ressuscitant une méthode restée longtemps occulte...

Qu'en sortira-t-il ?... L'avenir ou M. Tailhade nous le diront. »

SYMBOLISTES ET DÉCADENTS

Avant de passer à l'étude des formules consacrées, je devais entendre les vœux et les théories d'art de ceux qui, encore discutés, prétendent à la conquête de l'avenir et qui se présentent eux-mêmes comme les vainqueurs de demain.

J'ai commencé par les deux principaux Précurseurs du mouvement symbolo-décadent, MM. Stéphane Mallarmé et Paul Verlaine.

M. STÉPHANE MALLARMÉ

L'un des littérateurs les plus généralement aimés du monde des lettres, avec Catulle Mendès. Taille moyenne, barbe grisonnante, taillée en pointe, un grand nez droit, des oreilles longues et pointues de satyre, des yeux largement fendus brillant d'un éclat extraordinaire, une singulière expression de finesse tempérée par un grand air de bonté. Quand il parle, le geste accompagne toujours la parole, un geste nombreux, plein de grâce, de précision, d'éloquence; la voix traîne un peu sur les fins de mots en s'adoucissant graduellement : un charme puissant se dégage de l'homme, en qui l'on devine un immarcessible orgueil, planant au-dessus de tout, un orgueil de dieu ou d'illuminé devant lequel il faut tout de suite intérieurement s'incliner, — quand on l'a compris.

— Nous assistons, en ce moment, m'a-t-il dit, à un spectacle vraiment extraordinaire, unique, dans toute l'histoire de la poésie: chaque poète allant, dans son coin, jouer sur une flûte, bien à lui, les airs qu'il lui plaît; pour la première fois, depuis le commencement, les poètes ne chantent plus au lutrin. Jusqu'ici, n'est-ce pas, il fallait, pour s'accompagner, les grandes orgues du mètre officiel. Eh bien ! on en a trop joué, et on s'en est lassé. En mourant, le grand Hugo, j'en suis bien sûr, était persuadé qu'il avait enterré toute poésie pour un siècle ; et, pourtant, Paul Verlaine avait déjà écrit *Sagesse*; on peut pardonner cette illusion à celui qui a tant accompli de miracles, mais il comptait sans l'éternel instinct, la perpétuelle et inéluctable poussée lyrique. Surtout manqua cette notion indubitable : que, dans une société sans stabilité, sans unité, il ne peut se créer d'art stable, d'art définitif. De cette organisation sociale inachevée, qui explique en même temps l'inquiétude des esprits, naît l'inexpliqué besoin d'individualité dont les manifestations littéraires présentes sont le reflet direct.

Plus immédiatement, ce qui explique les récentes innovations, c'est qu'on a compris que l'ancienne forme du vers était non pas la forme absolue, unique et immuable, mais un moyen de faire à coup sûr de bons vers. On dit aux enfants : « Ne volez pas, vous serez honnêtes ! » C'est vrai, mais ce n'est pas tout ; en dehors des préceptes consacrés, est-il possible de faire de la poésie ? On a pensé que oui et je crois qu'on a eu raison. Le vers est partout dans la langue où il y a rythme, partout, excepté dans les affiches et à la quatrième page des journaux. Dans le genre appelé prose, il y a des vers, quelquefois admirables, de tous rythmes. Mais, en vérité, il n'y a pas de prose : il y a l'alphabet, et puis des vers plus ou moins serrés, plus ou moins diffus. Toutes les fois qu'il y a effort au style, il y a versification.

Je vous ai dit tout à l'heure que, si on en est arrivé au vers actuel, c'est surtout qu'on est las du vers officiel ; ses partisans mêmes partagent cette lassitude. N'est-ce pas quelque chose de très anormal qu'en ouvrant n'importe quel livre de poésie on soit sûr de trouver d'un bout à l'autre des rythmes uniformes et convenus là où l'on prétend, au contraire, nous intéresser à l'essentielle variété des sentiments humains !

Où est l'inspiration, où est l'imprévu, et quelle fatigue ! Le vers officiel ne doit servir que dans des moments de crise de l'âme ; les poètes actuels l'ont bien compris ; avec un sentiment de réserve très délicat ils ont erré autour, en ont approché avec une singulière timidité, on dirait quelque effroi, et, au lieu d'en faire leur principe et leur point de départ, tout à coup l'ont fait surgir comme le couronnement du poème ou de la période !

D'ailleurs, en musique, la même transformation s'est produite : aux mélodies d'autrefois très dessinées succède une infinité de mélodies brisées qui enrichissent le tissu sans qu'on sente la cadence aussi fortement marquée.

— C'est bien de là, — demandai-je, — qu'est venue la scission ?

— Mais oui. Les Parnassiens, amoureux du vers très strict, beau par lui-même, n'ont pas vu qu'il n'y avait là qu'un effort complétant le leur ; effort qui avait en même temps cet avantage de créer une sorte d'interrègne du grand vers harassé et qui demandait grâce. Car il faut qu'on sache que les essais des derniers venus ne tendent pas à supprimer le grand vers ; ils tendent à mettre plus d'air dans le poème, à créer une sorte de fluidité, de mobilité entre les vers de grand jet, qui leur manquait un peu jusqu'ici. On entend tout d'un coup dans les orchestres de très beaux éclats de cuivre ; mais on sent très bien que s'il n'y avait que cela, on s'en fatiguerait vite. Les jeunes espacent ces grands traits pour ne les faire apparaître qu'au moment où ils doivent produire l'effet total : c'est ainsi que l'alexandrin, que personne n'a inventé et qui a jailli tout seul de l'instrument de la langue, au lieu de demeurer maniaque et sédentaire comme à présent, sera désormais plus libre, plus imprévu, plus aéré : il prendra la valeur de n'être employé que dans les mouvements graves de l'âme. Et le volume de la poésie future sera celui à travers lequel courra le grand vers initial avec une infinité de motifs empruntés à l'ouïe individuelle.

Il y a donc scission par inconscience de part et d'autre que les efforts peuvent se rejoindre plutôt qu'ils ne se détruisent. Car, si, d'un côté, les Parnassiens ont été, en effet, les absolus serviteurs du vers, y sacrifiant jusqu'à leur personnalité, les jeunes gens ont tiré directement leur instinct des musiques, comme s'il n'y avait rien eu auparavant ; mais ils ne font qu'espacer le raidissement, la constriction parnassienne, et, selon moi, les deux efforts peuvent se compléter.

Ces opinions ne m'empêchent pas de croire, personnellement, qu'avec la merveilleuse science du vers, l'art suprême des coupes, que possèdent des maîtres comme Banville, l'alexandrin peut arriver à une variété infinie, suivre tous les mouvements de passion possible : le *Forgeron* de Banville, par exemple, a des alexandrins interminables, et d'autres, au contraire, d'une invraisemblable concision.

Seulement, notre instrument si parfait, et dont on a peut-être trop usé, il n'était pas mauvais qu'il se reposât un peu.

— Voilà pour la forme, dis-je à M. Stéphane Mallarmé. Et le fond ?

— Je crois, me répondit-il, que, quant au fond, les jeunes sont plus près de l'idéal poétique que les Parnassiens qui traitent encore leurs sujets à la façon des vieux philosophes et des vieux rhéteurs, en présentant les objets directement. Je pense qu'il faut, au contraire, qu'il n'y ait qu'allusion. La contemplation des objets, l'image s'envolant des rêveries suscitées par eux, sont le chant : les Parnassiens, eux, prennent la chose entièrement et la montrent ; par là ils manquent de mystère ; ils retirent aux esprits cette joie délicieuse de croire qu'ils créent. *Nommer* un objet, c'est supprimer les trois quarts de la jouissance du poème qui est faite du bonheur de deviner peu à peu ; le *suggérer*, voilà le rêve. C'est le parfait usage de ce mystère qui constitue le symbole : évoquer petit à petit un objet pour montrer un état d'âme, ou, inversement, choisir un objet et en dégager un état d'âme, par une série de déchiffrements.

— Nous approchons ici, dis-je au maître, d'une grosse objection que j'avais à vous faire... L'obscurité !

— C'est, en effet, également dangereux, me répond-il, soit que l'obscurité vienne de l'insuffisance du lecteur, ou de celle du poète... mais c'est tricher que d'éluder ce travail. Que si un être d'une intelligence moyenne, et d'une préparation littéraire insuffisante, ouvre par hasard un livre ainsi fait et prétend en jouir, il y a malentendu, il faut remettre les choses à leur place. Il doit y avoir toujours énigme en poésie, et c'est le but de la littérature, — il n'y en a pas d'autres, — d'*évoquer* les objets.

— C'est vous, maître, demandai-je, — qui avez créé le mouvement nouveau ?

— J'abomine les écoles, dit-il, et tout ce qui y ressemble ; je répugne à tout ce qui est professoral appliqué à la littérature qui, elle, au contraire, est tout à fait individuelle. Pour moi, le cas d'un poète, en cette société qui ne lui permet pas de vivre, c'est le cas d'un homme qui s'isole pour sculpter son propre tombeau. Ce qui m'a donné l'attitude de chef d'école, c'est, d'abord, que je me suis toujours intéressé aux idées des jeunes gens ; c'est ensuite, sans doute, ma sincérité à reconnaître ce qu'il y avait de nouveau dans l'apport des derniers venus. Car moi, au fond, je suis un solitaire, je crois que la poésie est faite pour le faste et les pompes suprêmes d'une société constituée où aurait sa place la gloire dont les gens semblent avoir perdu la notion. L'attitude du poète dans une époque comme celle-ci, où il est en grève devant la société, est de mettre de côté tous les moyens viciés qui peuvent s'offrir à lui. Tout ce qu'on peut lui proposer est inférieur à sa conception et à son travail secret.

Je demande à M. Mallarmé quelle place revient à Verlaine dans l'histoire du mouvement poétique.

— C'est lui le premier qui a réagi contre l'impeccabilité et l'impassibilité parnassiennes ; il a apporté, dans *Sagesse*, son vers fluide, avec, déjà, des dissonances voulues. Plus tard, vers 1875, mon *Après-midi d'un faune*, à part quelques amis, comme Mendès, Dierx et Cladel, fit hurler le Parnasse tout entier, et le morceau fut refusé avec un grand ensemble. J'y essayais, en effet, de mettre, à côté de l'alexandrin dans toute sa tenue, une sorte de jeu courant pianoté autour, comme qui dirait d'un accompagnement musical fait par le poète lui-même et ne permettant au vers officiel de sortir que dans les grandes occasions. Mais le père, le vrai père de tous les Jeunes, c'est Verlaine, le magnifique Verlaine dont je trouve l'attitude comme homme aussi belle vraiment que comme écrivain, parce que c'est la seule, dans une époque où le poète est hors la loi : que de faire accepter toutes les douleurs avec une telle hauteur et une aussi superbe crânerie.

— Que pensez-vous de la fin du naturalisme ?

— L'enfantillage de la littérature jusqu'ici a été de

croire, par exemple, que choisir un certain nombre de pierres précieuses et en mettre les noms sur le papier, même très bien, c'était *faire* des pierres précieuses. Eh bien, non ! La poésie consistant à *créer*, il faut prendre dans l'âme humaine des états, des lueurs d'une pureté si absolue que, bien chantés et bien mis en lumière, cela constitue en effet les joyaux de l'homme : là, il y a symbole, il y a création, et le mot poésie a ici son sens : c'est, en somme, la seule création humaine possible. Et si, véritablement, les pierres précieuses dont on se pare ne manifestent pas un état d'âme, c'est indûment qu'on s'en pare... La femme, par exemple, cette éternelle voleuse...

Et tenez, ajoute mon interlocuteur en riant à moitié, ce qu'il y a d'admirable dans les magasins de nouveautés, c'est, quelquefois, de nous avoir révélé, par le commissaire de police, que la femme se parait indûment de ce dont elle ne savait pas le sens caché, et qui ne lui appartient par conséquent pas...

Pour en revenir au naturalisme, il me paraît qu'il faut entendre par là la littérature d'Émile Zola, et que le mot mourra en effet, quand Zola aura achevé son œuvre. J'ai une grande admiration pour Zola. Il a fait moins, à vrai dire, de véritable littérature que de l'art évocatoire, en se servant, le moins qu'il est possible, des éléments littéraires ; il a pris les mots, c'est vrai, mais c'est tout ; le reste provient de sa merveilleuse organisation et se répercute tout de suite dans l'esprit de la foule. Il a vraiment des qualités puissantes ; son sens inouï de la vie, ses mouvements de foule, la peau de Nana, dont nous avons tous caressé le grain, tout cela peint en de prodigieux lavis, c'est l'œuvre d'une organisation vraiment admirable ! Mais la littérature a quelque chose de plus intellectuel que cela : les choses existent, nous n'avons pas à les créer ; nous n'avons qu'à en saisir les rapports ; et ce sont les fils de ces rapports qui forment les vers et les orchestres.

— Connaissez-vous les psychologues ?

— Un peu. Il me semble qu'après les grandes œuvres de Flaubert, des Goncourt, et de Zola, qui sont des sortes de poèmes, on en est revenu aujourd'hui au vieux goût français du siècle dernier, beaucoup plus humble et modeste, qui consiste non à prendre à la peinture ses moyens pour montrer la forme extérieure des choses, mais à disséquer les motifs de l'âme humaine. Mais il y a, entre cela et la poésie, la même différence qu'il y a entre un corset et une belle gorge...

Je demandai, avant de partir, à M. Mallarmé, les noms de ceux qui représentent, selon lui, l'évolution poétique actuelle.

— Les jeunes gens, me répondit-il, qui me semblent avoir fait œuvre de maîtrise, c'est-à-dire œuvre originale, ne se rattachant à rien d'antérieur, c'est Moréas, un délicieux chanteur, et surtout celui qui a donné jusqu'ici le plus fort coup d'épaule, Henri de Régnier, qui, comme de Vigny, vit là-bas, un peu loin, dans la retraite et le silence, et devant qui je m'incline avec admiration. Son dernier livre : *Poèmes anciens et romanesques*, est un pur chef-d'œuvre (1).

— Au fond, voyez-vous, me dit le maître en me serrant la main, le monde est fait pour aboutir à un beau livre.

M. PAUL VERLAINE

La figure de l'auteur de *Sagesse* est archi-connue dans le monde littéraire et dans les différents milieux du quartier Latin. Sa tête de mauvais ange vieilli, à la barbe inculte et clairsemée, au nez brusque ; ses sourcils touffus et hérissés comme des barbes d'épi couvrant un regard vert et profond ; son crâne énorme et oblong entièrement dénudé, tourmenté de bosses énigmatiques, élisent en cette physionomie l'apparente et bizarre contradiction d'un ascétisme têtu et d'appétits cyclopéens. Sa biographie serait un long drame douloureux ; sa vie un mélange inouï de scepticisme aigu et « d'écarts de chair » qui se résolvent en intermittents sadismes, en remords pénitents et en chutes profondes dans les griseries de l'oubli factice.

— Malgré tout, Paul Verlaine n'est pas devenu méchant ; ses accès de noire misanthropie, ses silences

(1) Voir Appendice.

sauvages s'évanouissent vite au moindre rayon de soleil, — quel qu'il soit. Il a cette admirable résignation qui lui fait déclarer avec un accent de douceur à peine absinthée : « Je n'ai plus qu'une mère, c'est l'Assistance publique. » J'ai dit l'autre jour l'influence que M. Stéphane Mallarmé lui reconnaît dans le mouvement poétique contemporain ; on verra ce qu'en pensent les jeunes qui le suivent. En attendant, voici comment il parle, lui, d'eux.

Je l'ai rencontré à son café habituel, le *François-Premier*, boulevard Saint-Michel. Il avait fait, dans la journée, des courses pour récupérer des ors, comme il dit ; et sous son ample mac-farlane à carreaux noirs et gris, rutilait une superbe cravate de soie jaune d'or, soigneusement nouée et fichée sur un col blanc et droit. Verlaine, chacun le sait, n'est pas très causeur ; c'est l'artiste de pur instinct qui sort ses opinions par boutades drues, en images concises, quelquefois d'une brutalité voulue, mais toujours tempérées par un éclair de bonté franche et de charmante bonhomie.

Aussi, est-il très difficile de lui arracher, sur les théories d'art, des opinions rigoureusement déduites. Le mieux que j'aie à faire c'est de raconter de notre longue conversation ce qui a spécialement trait à mon enquête.

Comme je lui demandais une définition du symbolisme, il me dit :

— Vous savez, moi, j'ai du bon sens ; je n'ai peut-être que cela, mais j'en ai. Le symbolisme ?... comprends pas... Ça doit être un mot allemand... hein ? Qu'est-ce que ça peut bien vouloir dire ? Moi, d'ailleurs, je m'en fiche. Quand je souffre, quand je jouis ou quand je pleure, je sais bien que ça n'est pas du symbole. Voyez-vous, toutes ces distinctions-là, c'est de l'allemandisme ; qu'est-ce que ça peut faire à un poète ce que Kant, Schopenhauer, Hegel et autres Boches pensent des sentiments humains ! Moi je suis Français, vous m'entendez bien, un chauvin de Français, — avant tout. Je ne vois rien dans mon instinct qui me force à chercher le pourquoi du pourquoi de mes larmes ; quand je suis malheureux, j'écris des vers tristes, c'est tout, sans autre règle que l'instinct que je crois avoir de la belle *écriture*, comme ils disent !

Sa figure s'assombrit, sa parole devint lente et grave.

— N'empêche, continua-t-il, qu'on doit voir tout de même sous mes vers le... *gulf stream* de mon existence, où il y a des courants d'eau glacée et des courants d'eau bouillante, des débris, oui, des sables, bien sûr, des fleurs, peut-être...

A chaque instant, dans les conversations de Verlaine, on est surpris et ravi par ces antithèses imprévues de brutalité et de grâce, d'ironie gaie et d'indignation farouche. Mais, je le répète, il est impossible de suivre rigoureusement la marche d'un entretien avec lui. Ce jour-là, il s'écartait à chaque instant du sujet, et, comme je m'efforçais par toutes sortes de biais à le ramener au symbolisme, il s'emporta plusieurs fois, et frappant de grands coups de poing sur la table de marbre dont son absinthe et mon vermouth tremblaient, il s'écria :

— Ils m'embêtent, à la fin, les cymbalistes ! eux et leurs manifestations ridicules ! Quand on veut vraiment faire de la révolution en art, est-ce que c'est comme ça qu'on procède ! En 1830, on s'emballait et on partait à la bataille avec un seul drapeau où il y avait écrit *Hernani* ! Aujourd'hui, c'est des assauts de pieds plats qui ont chacun leur bannière où il y a écrit Réclame ! Et ils l'ont eue leur réclame, une réclame digne de Richebourg... Des banquets... je vous demande un peu...

Il haussa les épaules, et parut se calmer, comme après un grand effort. Il y eut un instant de silence. Puis il reprit :

— N'est-ce pas ridicule tout cela, après tout ! Le ridicule a des bornes, pourtant, comme toutes les bonnes choses...

Par bribes, il continua, la pipe constamment éteinte et rallumée :

— La Renaissance ! Remonter à la Renaissance ! Et cela s'appelle renouer la tradition ! En passant par dessus le dix-septième et le dix-huitième siècles

Quelle folie ! Et Racine, et Corneille, ça n'est donc pas des poètes français, ceux-là ! Et La Fontaine, l'auteur du vers libre, et Chénier ! ils ne comptent pas non plus ! Non, c'est idiot, ma parole, idiot.

Toujours il haussait ses épaules, ses lèvres avaient une moue dédaigneuse, son sourcil se fronçait. Il dit encore :

— Où sont-elles, les *nouveautés ?* Est-ce que Arthur Rimbaud, — et je ne l'en félicite pas, — n'a pas fait tout cela avant eux ? Et même Krysinska ! Moi aussi, parbleu, je me suis amusé à faire des blagues, dans le temps ! Mais enfin, je n'ai pas la prétention de les imposer en Evangile ! Certes, je ne regrette pas mes vers de quatorze pieds ; j'ai élargi la discipline du vers, et cela est bon ; mais je ne l'ai pas supprimée ! Pour qu'il y ait vers, il faut qu'il y ait rythme. A présent, on fait des vers à mille pattes ! Ça n'est plus des vers, c'est de la prose, quelquefois même ce n'est que du charabia... Et surtout, *ça n'est pas français,* non, *ça n'est pas français !* On appelle ça des vers rythmiques ! Mais nous ne sommes ni des Latins, ni des Grecs, nous autres ! Nous sommes des Français, sacré nom de Dieu !

— Mais... Ronsard ?... hasardai-je.

— Je m'en fous de Ronsard ! Il y a eu, avant lui, un nommé François Villon qui lui dame crânement le pion ! Ronsard ! Pfff ! Encore un qui a traduit le français en moldo-valaque !

— Les jeunes, pourtant, ne se réclament-ils pas de vous ? dis-je.

— Qu'on prouve que je suis pour quelque chose dans cette paternité-là ! Qu'on lise mes vers !

Sur un ton comique, il ajouta :

— 19, quai saint Michel, 3 francs !

Puis :

— J'ai eu des élèves, oui ; mais je les considère comme des élèves révoltés : Moréas, au fond, en est un.

— Ah ! fis-je.

— Mais oui ! Je suis un oiseau, moi (comme Zola est un bœuf, d'ailleurs), et il y a des mauvaises langues qui prétendent que j'ai fait école de serins. C'est faux. Les symbolistes aussi sont des oiseaux, sauf restrictions. Moréas aussi en est un, mais non... lui, ce serait plutôt un paon... Et puis il est resté enfant, un enfant de dix-huit ans. Moi aussi je suis gosse... (Ici, Verlaine prend sa posture coutumière : il redresse la tête, avance les lèvres, fixe son regard droit devant lui, étend le bras)... mais un gosse français, cré nom de Dieu ! en outre !

Et aussitôt il se mit à rire d'un rire bonhomme, vraiment gai, contagieux, qui prit à mon tour.

— Comment se fait-il que vous ayez accepté l'épithète de *décadent*, et que signifiait-elle pour vous?

— C'est bien simple. On nous l'avait jetée comme une insulte, cette épithète; je l'ai ramassée comme cri de guerre ; mais elle ne signifiait rien de spécial, que je sache. Décadent ! Est-ce que le crépuscule d'un beau jour ne vaut pas toutes les aurores ! Et puis, le soleil qui a l'air de se coucher, ne se lèvera-t-il pas demain ? Décadent, au fond ne voulait rien dire du tout. Je vous le répète, c'était plutôt un cri et un drapeau sans rien autour. Pour se battre, y a-t-il besoin de phrases ! Les trois couleurs devant l'aigle noir, ça suffit, on se bat !...

— On reproche aux symbolistes d'être obscurs... Est-ce votre avis ?

— Oh ! je ne comprends pas tout, loin de là ! D'ailleurs, ils le disent eux-mêmes : « Nous sommes des poètes abscons. Mais pourquoi « *abscons* » tout court ? Si, encore, ils ajoutaient : « comme la lune ! », en outre !

De nouveau, il éclata de rire, et je fus bien forcé de l'imiter.

A ce moment, il me sembla que la partie sérieuse de notre entretien prenait fin... Je me rappelai une réflexion que m'avait faite M. Anatole France, et je dis encore à Verlaine :

— Est-il vrai que vous soyez jaloux de Moréas ?

Il redressa le buste, improvisa un long geste du bras droit, se mouilla les doigts, se frisa rythmiquement la moustache et dit en appuyant:

— Voui ! ! !

M. JEAN MORÉAS (¹)

Son premier biographe, Félix Fénéon, le fait naître en avril 1856, ce qui lui donne trente-cinq ans aujourd'hui ; mais, quoiqu'il n'en accuse pas davantage, en effet, plusieurs de ses amis, par malice, soutiennent que depuis 1884 son âge n'a pas changé... Il n'en faut rien croire : Jean Moréas est la tête de Turc du symbolisme ; ses amis, — et ils sont nombreux, le banquet du 2 février dernier paraît l'avoir prouvé, — lui décochent dans les parlottes, et même ailleurs, les traits les plus ingénieusement divers et les plus gaiement perfides. C'est entre eux une émulation touchante qui devient même communicative. Cela tient en ce qu'en somme Jean Moréas est pétri d'une pâte exceptionnelle. Peu de choses l'émeuvent, rien ne l'ébranle. Doué d'une philosophie ultra-méridionale et d'un aplomb moral qui déconcerte, il promène depuis sept ans, à travers les escarmouches littéraires du quartier Latin, une admirable confiance de Maître, une sérénité et une quiétude apolloniennes.

Quand il a dit, avec son ineffable sourire et le geste rythmique dont il frise perpétuellement sa moustache : « Moi j'ai du talent ! » il devient inutile

(1) Voir Appendice.

de rien ajouter. Deux choses l'intéressent au monde, deux choses à l'exclusion de toutes autres : ses vers et lui, lui et ses vers. M. Maurice Barrès appelle cela plus finement : « cultiver son Moi avec ardeur ». Il semble, en effet, jouir de ce privilège — si rare dans nos latitudes — de trouver dans toute la littérature, non pas les éléments d'un doute affaiblissant, mais au contraire des raisons toujours nouvelles et toujours grandissantes d'admiration pour son œuvre. Ce n'est pas une pose, ce n'est pas une maladie, c'est un état naturel. Au demeurant, le meilleur compagnon du monde : quand il parle des autres avec éloge, sa condescendance est de la meilleure grâce et de la plus sincère, vous pouvez m'en croire.

Il prononce les *e* muets comme les *é*, ce qui lui fait dire : « jé m'en fiche » et « tu né comprends pas ! »

Sa glose du symbolisme était intéressante à recueillir, et comme c'est sur son nom que le plus de bruit a été fait, ces temps, je commence par lui la série de mes consultations près des jeunes représentants des nouvelles écoles poétiques.

— Oui, je sais, me dit-il d'abord, le bruit que le *Pèlerin passionné* fait depuis trois mois chagrine toutes sortes de gens. Il y a des poètes selon la vieille formule qui critiquent amèrement mes rythmes et mon style. Les romanciers naturalistes font aussi la moue ; il y a même quelques-uns de mes camarades qui ne sont pas contents : je comprends leur mauvaise humeur. Mais est-ce ma faute si personne ne veut s'occuper de leurs écrits ! Et puis, je pense qu'ils sont tout à fait incapables de goûter mon livre dans son essence. Le *Pèlerin* rompt définitivement avec la période du symbolisme que j'appellerai de *transition*, il entre dans la phase *vraie* de la manifestation poétique que je rêve.

Eux sont restés figés dans trois ou quatre procédés de la première heure ; ils sont, comme symbolistes, ce que Casimir Delavigne et Alexandre Soumet étaient comme romantiques le lendemain de la bataille d'*Hernani*. Les poètes selon la vieille formule, ceux qui avaient du talent, l'ont prouvé autrefois lorsqu'ils étaient, eux aussi, des novateurs ; l'avenir leur rendra la justice due. Pour le moment, je n'ai que faire de leur approbation ou de leur désapprobation. Quant à leurs élèves, qui travaillent dans le *poncif d'hier*, le plus poncif de tous les poncifs, tant pis pour eux. Et, pour les romanciers naturalistes, ils sont trop illettrés et trop absurdes, à la vérité.

— C'est une *école*, n'est-ce pas, que vous entendez faire?

— Entendons-nous. Il n'y a pas d'école dans le sens strict du mot. Chacun garde son individualité. On ne se dit pas : Nous allons former une école ; mais il y a, fatalement, convergence d'individualités, d'où manifestation collective. Et ne vous y trompez pas! C'est toujours une manifestation collective qui produit les bons poètes; ce sont elles, ce sont ces *écoles* (pourquoi pas !) qui renouvellent la création poétique. L'histoire littéraire est là pour le prouver : nous avons l'école de Marot, l'école de Ronsard, puis l'école de Malherbe, puis Corneille et Rotrou, c'est encore une école ! puis Racine, Boileau, La Fontaine, toujours une école ! Nous avons (je passe sur le dix-huitième siècle, qui n'a pas de poésie) l'école romantique et l'école parnassienne. Nous avons maintenant l'école symboliste qui est une école comme toutes les autres écoles d'où sortirent tant de poètes dont les Muses françaises s'honorent. Je sais qu'on rencontre aussi, mais pas souvent, l'exemple d'un précurseur isolé comme Chénier, mais cela ne prouve rien.

Maintenant, dans chaque école il y a quelques poètes qui ont du talent, ce qui est bien, et beaucoup qui n'en ont pas, ce qui est très naturel. Mais j'insisterai sur ceci : chaque fois qu'une nouvelle manifestation collective fait preuve de vitalité, c'est que la manifestation antérieure est usée et devient malfaisante pour le renouvellement de l'esprit créateur en art; appelez ça mouvement, manifestation ou école, c'est indifférent. Mais appelons ça *Ecole*, c'est plus court et plus net. Et puis n'est-ce pas puéril de chicaner sur des mots et de faire l'esprit indépendant à peu de frais?

— Quelle signification donnez-vous au mot *symbolisme?*

— D'abord, que je vous dise ceci : c'est moi le premier qui ai protesté, dès 1885, contre l'épithète de *décadents*, dont on nous affublait, et c'est moi qui ai réclamé en même temps celle de *symboliste* Depuis, des gens qui aiment à parler m'apprirent que la poésie fut de tout temps symboliste. Ils sont bien plaisants !

— Mais alors...

— Voici. On peut noter avec quelque raison que les poètes qui nous précédèrent immédiatement, les Parnassiens et la plupart des romantiques, manquèrent dans un certain sens de *symbole*; ils considérèrent dans les idées, les sentiments, l'histoire et la mythique, le fait particulier, comme existant en soi poétiquement. De là l'erreur de la couleur locale en histoire, le mythe racorni par une interprétation pseudo-philologique, l'idée sans la perception des analogies, le sentiment pris dans l'anecdote. Et nous retrouvons tout cela grossi et grossoyé dans le naturalisme qui est la pourriture du romantisme...

Je me rappelai qu'un de ces jours derniers j'étais resté pantois devant un interrogateur qui me sollicitait de lui expliquer la théorie des vers de vingt et un pieds... Il avait sorti de sa poche un papier où était écrit ce vers :

Et mes litières s'effeuillent aux ornières, toutes mes litières
à grands pans...

Mon interlocuteur avait ajouté : c'est *un* vers de Moréas.

Profitant de l'occasion, je demandai à Jean Moréas de m'éclairer un peu là-dessus :

— Oui, je sais, me dit-il. On traite certains de mes vers de prose rythmée. Mais dans les recueils anti-romantiques du temps, on faisait imprimer les alexandrins de Victor Hugo comme si c'était de la prose. C'est l'éternelle histoire. Aujourd'hui on trouve cela très naturel et mes innovations semblent extravagantes...

Il réfléchit un moment et continua, très simplement :

— D'abord je vous dirai que je me pique sans la moindre modestie d'avoir employé dans mes poésies, avec quelque supériorité, tous les mètres connus, et que je tiens à les conserver tous pour m'en servir comme il sied, et quand il sied. Ensuite je vous dirai que je pense avoir ajouté à la poétique réglementaire une nouvelle manière de versifier. Mais cette nouvelle manière n'est pas un *accident*, elle est la conséquence nécessaire des diverses transformations de l'alexandrin.

L'alexandrin, lequel avec le vers de dix syllabes à césure fixe diffère essentiellement de tous les autres vers français, a commencé par être une sorte de mélopée. Deux vers de douze syllabes constituaient en somme quatre vers de six syllabes, deux non rimés, et deux rimés ou assonants, ils étaient très facultativement soudés par le sens. Ronsard et Malherbe remforcèrent cette soudure, Corneille la maintint, Boileau la relâcha et Racine aussi, sauf dans les *Plaideurs*. Nous trouvons Chénier, que son génie fit retourner au vers de Malherbe et même de Ronsard. Puis, par étapes (Lamartine, de Vigny), nous arrivons à l'alexandrin de Victor Hugo. Pour qui sait sentir le rythme, la beauté de cet alexandrin s'obtient par une sorte de lutte entre la césure matérielle et le sens grammatical de la phrase. Les nombreux rejets, tant blâmés alors, complètent cette beauté. Il est vrai que la plupart des Parnassiens reviennent à un alexandrin plus strictement césuré selon le sens de la phrase, ce que je ne blâme pas, à un certain point de vue. Mais il est vrai aussi qu'un dissident du Parnasse, Paul Verlaine, fut conduit par la force inexplicable mais logique en elle-même, qui mène tout ici-bas, à briser l'alexandrin en morceaux, comme ceci ou comme cela, selon l'heur du concept poétique. Paul Verlaine a respecté toutefois le nombre syllabique de douze. Respect illusoire, car, à la vérité, un alexandrin non fixement césuré n'est qu'un octosyllabe allongé, les syllabes muettes prenant une valeur relative. Suite de cela : un lacis de vers inégaux déterminant leur réciproque quantité syllabique pour constituer la strophe. C'est autant l'intuition de ce principe qu'un instinct auquel je me fie qui me révéla le système rythmique définitif de telles de mes pièces, comme *Agnès* et *Galathée*.

— Vous avez sans doute aussi, dis-je à M. Moréas, une théorie de l'archaïsme ?

Très simplement, il dit encore :

— Là, c'est mon domaine exclusif. Je suis le seul à réclamer un renouveau de la langue poétique, un retour aux traditions, un style retrempé aux sources de l'idiome roman. Voilà trop longtemps que nous vivons sur le vocabulaire romantique ! Ce vocabulaire parut assez savoureux (il l'était) à l'époque de son éclosion. Par malheur, la syntaxe des romantiques fut médiocre : c'est là une grande lacune en fait de style ! Considérez que ce vocabulaire, sans syntaxe rationnelle, tourné et retourné de toute façon, est usé jusqu'à la corde ! Il y a des gens qui se récrient devant l'impossibilité de réintégrer tels mots, tels tours abolis ; laissez-les se récrier ! Consultez La Bruyère et Fénelon ; revoyez l'histoire de la langue ; vous verrez que des mots, des tours, insolites il y a dix ans, défrayent à cette heure « le plus coutumier parler ». Le style dont je désire la restauration donnera une nouvelle vigueur à l'expression poétique.

— Mon on crie à l'extravagance ! dis-je.

— Baour-Lormian criait aussi à la barbarie de Victor Hugo ; mais nous devons à cette barbarie de pouvoir encore prétendre à un style poétique.

Je pensai alors à faire parler M. Moréas un peu des autres, et je glissai dans la conversation le nom de Verlaine :

— Il y a bien sept ans, dit-il, que je clame le los de Verlaine. En ce temps, il était bien oublié et quelque peu méprisé. Mon sentiment n'a pas varié depuis, malgré telles niches, d'ailleurs sans importance. Mais je me dois à moi-même et à l'idéal poétique qui me sollicite, de dire que l'action immédiate de Verlaine sur le renouveau poétique espéré doit être combattue. Verlaine, malgré sa personnalité qui le différencie, est un parnassien, un parnassien dissident, mais un parnassien quand même. Il clôt, en lui donnant un lustre qu'elle ne méritait pas, une tendance poétique défunte. Il est vrai qu'il a été aussi, par certains côtés, précurseur du mouvement actuel. Mais tout cela est bien fini ; et je pense que son action répercutée serait désormais désastreuse. Il tient trop à Baudelaire, trop à un certain *décadisme* dont il se réclame, pour qu'il ne soit une entrave à la renaissance poétique que je rêve. Mais l'avenir lui assignera, j'en suis certain, une place très haute parmi les poètes français. Je tiens à constater que c'est le meilleur poète depuis Baudelaire, mais cela ne doit pas nous empêcher de combattre son action éventuelle ; d'ailleurs, il ne saurait avoir d'influence sur le futur, qui ne peut se révéler que dans une renaissance franche et simple, une renaissance *romane* qui rejette toute *pessimisterie* et tout vague à l'âme germanique. Verlaine a fait des vers de 14 et 15 syllabes; fidèle à son principe, il se rebiffe devant mes vers de 16 et 17 syllabes et plus. Il écrit dans un style charmant, adéquat à ses pensées; il hésite peut-être devant les archaïsmes et les tournures que mes conceptions supra-lyriques réclament. Tout cela est sans intérêt. Je n'ai que faire de ses férules (encore qu'il n'y prétende pas), car je compte, pour le moment, le subjuguer au profit des Lettres françaises, bien plus que de moi-même!

Nous causâmes encore de différentes choses. Sur l'obscurité qu'on lui reproche, M. Moréas me dit :

— Il y a des gens qui trouvent tout obscur, fors la platitude.

Sur ceux qui disent qu'il pastiche Ronsard :

— Ce sont des imbéciles. Je pastiche Ronsard autant que Victor Hugo pastichait Agrippa d'Aubigné!

Sur les psychologues :

— Je leur sais gré de nous avoir débarrassés des naturalistes; mais ils sont à côté de l'art véritable. La poésie sait dire sans malice et sans ostentation des choses bien plus profondes et bien plus humaines que toute la psychologie avec ses petits airs entendus. Un poème de Ronsard ou de Hugo c'est de l'art pur; un roman, fût-il de Stendhal ou de Balzac, c'est de l'art mitigé. J'aime beaucoup nos psychologues;

mais il faut qu'ils restent à leur rang, c'est-à-dire au-dessous des poètes.

Sur Zola :

— C'est un bon gros romancier, comme Eugène Sue. Il n'a aucun style, comme Eugène Sue.

Sur Daudet :

— Oh ! celui-là ! Il est au-dessous de tout... c'est le *Pompier de Champrosay*.

Sur Mallarmé :

— C'est un noble poète.

Sur Laurent Tailhade :

— Il vous l'a dit lui-même : Je me suis, autrefois, moqué des bourgeois en leur faisant croire que Tailhade était poète-symboliste. Dans ses sarcasmes, beaucoup de plaisanterie provinciale, d'ailleurs.

Sur Charles Vignier :

— Il y a longtemps qu'il n'a rien publié... Ses premiers vers ne manquaient pas de finesse. J'espère qu'il reviendra à la poésie et que nous aurons à l'applaudir !

Sur René Ghil :

— Je ne m'occupe que de littérature.

Et enfin, comme je demandais à M. Moréas si, à part lui, il estimait que d'autres jeunes écrivains méritassent qu'on les mentionnât, il me répondit :

— Je ne veux pas faire de liste. Mais je connais de jeunes hommes qui entrent dans mes vues. Je nommerai Maurice du Plessys, Raymond de la Tailhède,

Achille Delaroche, Ernest Raynaud, Albert Saint-Paul. Mais je tiens, au sacrifice de ma tranquillité personnelle, à assumer, pour le progrès des Lettres françaises, une lutte analogue à celle entreprise par Victor Hugo et ses amis. Ceux qui tiendront à rester en marge du mouvement comme Musset, Mérimée ou Sainte-Beuve le firent alors, le feront. Ils auront tout le talent dont ils sont capables. Ainsi Barrès, Morice et Henri de Régnier, qui n'acceptent qu'une partie de mes opinions (tout en divergeant entre eux), ce dont je ne prétends pas les reprendre, pourront rendre de grands services au mouvement actuel en suivant leur naturel. J'espère néanmoins qu'ils se rallieront à mes visées : je pense qu'ils n'y perdront pas.

M. CHARLES MORICE

Celui-là, c'est, dit-on, le Cerveau du Symbolisme. Malgré qu'il s'en défende, mettant au-dessus de tout son culte de l'Ode, il est généralement considéré comme l'esthète du nouveau mouvement littéraire. Son livre, *la Littérature de tout à l'heure*, paru il y a près de deux ans, chez Perrin, recueillit alors, parmi la critique périodique, un très juste tribut d'éloges. On le plaisanta un peu, mais on le discuta, et pour nouvelle qu'était la thèse générale de l'auteur, elle fit, depuis, son chemin, et se voit aujourd'hui, d'après M. Anatole France lui-même, en partie vérifiée.

M. Charles Morice est, au gré de tous ses amis, un très pur poète, aussi foncièrement original que rigoureusement indépendant.

Voici son avis sur les questions qui nous intéressent.

Je lui demande s'il croit que la vogue du roman psychologique est un résultat parallèle au symbolisme ?

— Mais la psychologie n'est pas de la littérature ! s'écrie-t-il, pas plus que la physiologie, la géographie, l'histoire, d'ailleurs. Il y a là une confusion spéciale à la littérature ; et cela à cause de l'outil : la plume, qui sert également aux économistes, aux statisticiens... et aux poètes. On se croit en droit d'exiger de ceux-ci des déductions où la morale induit le moraliste, alors que la poésie n'a pas d'autre essentiel et naturel objet que la Beauté. Songez-vous à ceci, que dans l'art d'écrire, à cette heure, on pense à tout excepté à la beauté ? Oui, il y a quelque part quelque chose d'auguste et de mystérieux que j'entends pleurer dans une solitude décriée : la Beauté ! Voilà qu'on parle de psychologie à propos de littérature ! Pourquoi pas d'algèbre ou de chimie ? Or, entre la science et l'art, il y a surtout cette différence que la science est *successive*, que l'art est intuitif, instantané (comme résultat) et simultané. Une œuvre d'art doit être l'expression d'un instant, et le poète est celui pour qui le présent existe; la psychologie, comme toute autre science, n'est que l'expression du successif. Je sais bien qu'il en faut, de la psychologie dans le roman. Mais qu'est-ce, au fond, le roman ? La pourriture de l'épopée. Mais l'épopée elle-même n'est que la littérature des peuples enfants.

La psychologie est un pont entre le symbolisme et le naturalisme, et on n'habite pas sur un pont, on y passe.

Le naturalisme n'a pas eu — n'a pu avoir de poètes. Par là même, condamné (car si quelqu'un vient nous dire que l'art des vers soit un jeu d'enfants, — ne vous le dira-t-on pas? — souriez à cette vieille plaisanterie et consultez votre mémoire où vous trouverez en quelques beaux vers plus de splendeur de vérité qu'en tant et tant de volumes de prose).

Quant au symbole, c'est le mélange des objets qui ont éveillé nos sentiments et de notre âme, en une fiction. Le moyen, c'est la suggestion : il s'agit de donner aux gens le souvenir de quelque chose qu'ils n'ont jamais vu.

L'erreur du naturalisme, c'est, étant données les choses, d'en vouloir exprimer le sentiment adéquat par des mots. D'abord, c'est impossible, ensuite, ce serait un péché. Vouloir se substituer aux lois de la nature qui, elle, ne nous donne jamais de double ! Enfin, pourquoi faire? Puisque la fleur existe, quelle utilité d'en créer une avec des mots, en admettant qu'on le puisse? C'est faire comme un mercenaire qui ramasserait des cailloux d'un côté de la route pour les placer de l'autre côté, c'est le travail des Danaïdes!

L'erreur des psychologues est de même sorte. Ils font une enquête, — ils disent qu'ils en font une! — quel résultat leur donnera-t-elle? A quoi l'enquête naturaliste a-t-elle abouti?

Eh bien, voyez donc comme ils procèdent. M. Barrès, — qui est bien le moins symboliste de tous les écrivains, — nous enseigne qu'il faut *cultiver son moi!* Mais quelqu'un au monde fait-il autre chose que de chercher le bonheur? Et cultiver son moi, est-ce autre chose? Dire qu'on va le faire, c'est une grosse naïveté, n'est-ce pas? On dirait qu'il a trouvé le secret de polichinelle, et qu'il en joue! Très adroitement, d'ailleurs, mais en dehors de toute littérature. On s'extasie devant le scepticisme de M. Barrès, on a l'air d'y croire! On ne s'aperçoit pas que ce scepticisme procède encore d'une naïveté énorme. Il nous assure, après tant d'autres, que les choses n'existent pas en elles-mêmes; c'est possible, — et nous n'en sommes pas sûrs, — mais elles ont une existence certaine en nous, et nous sommes obligés de faire comme si elles existaient hors de nous. Lorsque nous disons que le soleil se couche, nous savons très bien qu'il ne se couche pas, mais nous disons ainsi parce que c'est la seule façon de s'exprimer!

Et puis, où peut mener leur défaut de passion et de cœur? Quoi de plus vain que ce perpétuel retour sur soi-même, que cet onanisme spirituel? Ce qu'ils font, ces psychologues, ce n'est ni de la littérature, ni de la science, c'est de la vulgarisation. Et, ma foi, je les estime moins que les naturalistes; ce ne sont ni des amis, ni des ennemis : ils ignorent jusqu'au sens de la poésie. Et quelle petite, mais extraordinaire subtilité a pratiquée là M. Barrès, le jour où lui, qui n'aime ni ne comprend la poésie, a écrit cet article sur Moréas!

Quand je demande à M. Charles Morice s'il entend être classé dans l'*Ecole* symboliste, il répond vivement :

— Il faudrait d'abord qu'il y en eût une. Pour ma part, je n'en connais pas. Moréas et moi, entre autres, avons plusieurs idées communes, et le mot poésie nous ralliera toujours, mais je ne pense pas que Moréas ait une *suite*. Ce que nous cherchons tous les deux, personnellement, est différent; et je crois qu'on perdrait bien du temps à faire ce qu'il entend par la « renaissance romane »; si une renaissance doit se faire, elle se fera par le pur effet de notre production à tous. Je comprends qu'on souhaite un renouveau de la langue, c'est-à-dire qu'on tâche de ressusciter des mots du moyen âge, perdus et utiles, qu'on en prenne même aussi dans l'argot et dans le patois, comme pratiquait Villon, et qu'on recherche les alliances de mots comme faisait Racine : mais pas des phrases entières! Qu'on adopte des simplifications de tournures pour faire plus clair, plus vif, mais qu'on se borne là. Ne nous exposons pas à la douloureuse gymnastique de cerveaux de vieillards qui s'exprimeraient dans la langue des enfants. Nous sommes à la fin d'une civilisation. Il nous faut une langue nouvelle, — suprême.

Si Moréas croit faire une école, il se trompe de date. Les classiques se sont groupés, plus ou moins, sous la férule de Boileau ; les romantiques ont pu s'unir pour rendre le mouvement et la couleur, l'extériorité des passions ; les naturalistes se sont groupés dans un laboratoire, chacun y apportant sa parcelle d'analyse. Mais nous qui sommes appelés à faire la synthèse du *cerveau* classique, de la vision et de la passion romantiques et du *bassin* naturaliste, nous ne pouvons pas nous grouper ; il faut s'isoler pour une besogne de cet ordre. Moréas se trompe de date, vraiment.

D'ailleurs Moréas n'est pas un symboliste. Si nous donnons au mot symbole un sens précis, le talent de Moréas s'arrangerait mal de cette définition. Il s'exprime directement ou par des allégories ; et il y a une confusion perpétuelle entre l'allégorie et le symbole ; le symbolisme est une transposition dans un AUTRE ordre de choses ; Moréas serait donc plutôt un allégoriste roman, comme les poètes du moyen âge. Notre ami est un merveilleux joueur de lyre, il a une oreille impeccable, un sens très vif de la couleur à la manière franche, il est incapable de se tromper dans le choix des mots. Je ne sais pas si son domaine est bien grand, mais il joue d'un instrument bien accordé. Il n'a pas d'idées, il ne lui manque que cela.

Henri de Régnier, lui, plus atténué comme harmonie et coloration, a des ressources cérébrales plus nombreuses.

Je dis :

— De qui vous réclamez-vous ?

— Nos maîtres à tous trois, ce sont : Villiers de l'Isle-Adam, Mallarmé et Verlaine. Car nier l'influence de Verlaine, cela me surpasse. Il est même à souhaiter que l'influence des deux survivants continue, car ils font, en somme, l'atmosphère dans laquelle nous pouvons vivre.

Sur la technique du vers :

— Parmi les libertés que prend Moréas, et qu'il n'a pas inventées, il en est de légitimes ; mais je reste fidèle au vers *officiel*, et si je me sers quelquefois de vers de quatorze syllabes, ce n'est que dans des circonstances très rares, en vue d'effets particuliers ; je ne sais pas si Moréas a toujours fait ainsi ; les si longs vers me font l'effet de la prose rythmée.

Sur divers :

— Disons à Zola : vous avez assez travaillé &

Sully-Prudhomme : si vous étiez un poète ! A Richepin : vous faites l'Ecole normale buissonnière, normale tout de même ! A Daudet : Dickens a du génie, mais il écrit mal. A Maupassant : métier pour métier, que ne faites-vous de la Bourse plutôt que des lettres ? A Loti : continuez à débiter votre solde exotique de « rêves » à l'usage de bourgeois et caillettes. A quelques morts encore bruyants et pontifiants, Dumas, Sardou... : tenez-vous donc tranquilles ! Aux grands critiques : Sarcey, Wolff, Fouquier, Lemaître... ah ! ne leur disons rien !

Mais à Verlaine et à Mallarmé : nous sommes des vôtres.

Et, laissez-moi vous le dire en finissant, si, parmi la foule de nos adversaires, il y en a un qui mérite qu'on l'estime pour son talent comme pour son étonnant cerveau de penseur, c'est Joseph Caraguel. Il a su, à la différence de tous les Méridionaux qui l'ont vainement essayé, *faire du soleil*, dans son merveilleux livre : *les Barthozouls !*

M. HENRI DE RÉGNIER

Dans la dure enquête que je mène à travers la jeune littérature, l'une des jouissances d'esprit les plus rares qu'au jour le jour je me procure, c'est le perpétuel contraste entre les différentes figures que je me suis donné la mission d'interroger.

Or, après M. Jean Moréas, voir M. Henri de Régnier, que M. Stéphane Mallarmé place si haut dans le mouvement poétique contemporain, c'était me ménager le régal d'une antithèse. M. de Régnier est grand et mince; il a vingt-sept ans; les traits fins de sa physionomie, son œil gris-bleu, sa moustache cendrée, sa voix douce et musicale, les gestes aisés de sa main très longue donnent rapidement l'impression d'une délicatesse extrême, d'une réserve, presque d'une timidité maladive. Ce que cette physionomie pourrait pourtant avoir de trop frêle est corrigé par la saillie des maxillaires, et le relief carré du menton volontaire.

Parler de lui le moins possible, fuir, pour ainsi dire, l'approche d'un éloge, par peur qu'il ne soit brutal; amollir, par le ton et par le sourire, la fine ironie qui pointe parfois, ce sont les traits caractéristiques de la conversation de M. de Régnier.

Selon lui ce qu'on appelle l'École symboliste doit plutôt être considéré comme une sorte de refuge où s'abritent provisoirement tous les nouveaux venus de la littérature, « ceux qui ne se sentaient pas disposés à marcher servilement sur les traces des devanciers, les Parnassiens, les naturalistes qui finissent de sombrer dans l'ordure. »

— Chassés de partout, me dit-il, presque unanimement conspués, ils éprouvent le besoin de se ranger sous une enseigne commune pour lutter ensemble plus efficacement contre les satisfaits. Dans cinq ans ou dans dix ans, il ne subsistera sans doute pas grand'chose d'un classement aussi sommairement improvisé, aussi arbitraire. Et cela se comprend, ce groupe symboliste, outillé d'esprits si divers et de nuances différentes, où l'on voit des romanciers satiriques et mystiques comme Paul Adam, des esprits synoptiques comme Kahn, des rêveurs latins comme Quillard, des parabolistes comme Bernard Lazare, des analystes comme Édouard Dujardin, et un critique comme Fénéon, est une force et représente quelque chose en effet, mais, fatalement, l'heure venue, il s'égaillera à travers toutes les spécialités, selon les goûts, les aptitudes et compétences de chacun.

Les écoles littéraires ne profitent qu'à ceux pour qui l'isolement serait dangereux. Un esprit fortement constitué vaut par lui-même et force l'attention du public par sa vertu propre. Prenons, par exemple, Vielé-Griffin qui est une des intelligences les plus complètes de ce temps et dont les livres décèlent à la fois une rare aptitude au dramatique et des dons lyriques admirables. Il n'en existerait pas moins si le symbolisme, — en tant qu'école, — n'existait pas. La beauté des vers de M. de Hérédia n'est pas subordonnée à l'existence du Parnasse non plus !

Quant à moi, si je suis symboliste, ce n'est pas, — croyez-le bien, — par amour des écoles et des classements. J'ajoute l'épithète, parce que je mets du symbole dans mes vers. Mais vraiment l'enrégimentement sous des théories, un drapeau, des programmes, n'est pas pour me séduire.

J'adore l'indépendance, — en art surtout. J'admets, comme un fait indiscutable, une grande poussée des esprits artistes vers un art purement symboliste. Oui, je le sais, nous n'inventons pas le symbole, mais jusqu'ici le symbole ne surgissait qu'instinctivement dans les œuvres d'art, en dehors de tout parti pris, parce qu'on sentait qu'en effet il ne peut pas y avoir d'art véritable sans symbole.

Le mouvement actuel est différent : on fait du symbole la condition essentielle de l'art. On veut en bannir délibérément, en toute conscience, ce qu'on appelle, — je crois, — les contingences, c'est-à-dire les accidents de milieu, d'époque, les faits particuliers.

Et ce n'est pas seulement chez nous que ce mouvement a lieu; d'Amérique, de Belgique, d'Angleterre, de Suisse, les jeunes écrivains tourmentés du même besoin viennent à Paris chercher la bonne parole parce qu'ils sentent que c'est là que la crise est la plus aiguë et qu'elle doit aboutir.

D'ailleurs, pourquoi insister? Mon maître, M. Stéphane Mallarmé, vous a si parfaitement tout dit sur ce point!

— Sur la technique du vers, quel est votre avis?

La liberté la plus grande : (qu'importe le nombre du vers, si le rythme est beau?) l'usage de l'alexandrin classique suivant les besoins ; la composition harmonieuse de la strophe, que je considère comme formée des échos multipliés d'une image, d'une idée ou d'un sentiment qui se répercutent, se varient à travers les modifications des vers pour s'y recomposer.

— A votre sens, l'évolution poétique, pour aboutir, a-t-elle besoin d'un renouveau de la langue? Et que pensez-vous de la Renaissance romane?

— Je crois que la langue, telle qu'elle est, est bonne. Pour ma part, je m'attache, au contraire, à n'employer, dans mes vers, que des mots pour ainsi dire *usuels*, des mots qui sont dans le *Petit Larousse*. Seulement, j'ai le souci de les restaurer dans leur signification vraie ; et je crois qu'il est possible, avec de l'art, d'en retirer des effets suffisants de couleur, d'harmonie, d'émotion.

Quant à la Renaissance romane, elle me paraît mieux théoriquement déduite que logiquement réalisable. On part de ce fait, vrai, que les seules époques réellement poétiques de notre littérature sont le douzième, le treizième, le seizième siècles, et l'époque romantique directement influencée par le seizième siècle, et que, par conséquent, un renouveau poétique à l'heure présente doit se retremper au treizième siècle. Je vous l'ai dit, je ne suis pas du tout de cet avis. Je considère, historiquement, l'époque romane comme intéressante et féconde, mais vraiment les sources m'en sont fermées. Je n'en comprends pas le langage et je ne saisis pas l'utilité de l'apprendre. Moréas l'a fait, lui, et cela lui va bien; les allures, le ton chevaleresques de la littérature romane, les formes travaillées, les arabesques, les festons ouvragés, cela sied à son esprit et à son tempérament; j'admets même qu'il y en ait d'autres qui soient séduits par cette théorie; mais sincèrement, j'y suis, pour ma part, tout à fait réfractaire.

— Moréas, dis-je, entend assumer, pour le progrès des Lettres françaises, une lutte analogue à celle soutenue en 1830 par Victor Hugo. Croyez-vous qu'il soit destiné à ce rôle?

M. Henri de Régnier sourit et dit :

— Non, je ne le crois pas...

— Quels sont les poètes que vous considérez comme les précurseurs immédiats du mouvement actuel?

— Je crois qu'on doit beaucoup à Verlaine; mais, pour ma part, je m'en sens un peu loin; c'est à Stéphane Mallarmé, à l'exemple de ses œuvres et à l'influence de ses splendides causeries, que je dois d'être ce que je suis, et je crois que la tradition qu'il représente avec Villiers de l'Isle-Adam est la plus conforme au génie classique.

M. CHARLES VIGNIER

Dans la biographie qu'il a écrite de M. Maurice Barrès, M. Moréas écrivait : « Lui (Barrès), Charles Vignier, Laurent Tailhade et moi, nous formions à nous quatre, à cette époque, le ban et l'arrière-ban de ce qui fut depuis appelé : Décadence, Déliquescence, Symbolisme, ou d'un autre vocable. » J'ai vu M. Barrès, M. Laurent Tailhade s'est expliqué, Moréas aussi ; j'apporte aujourd'hui, pour être complet, l'avis de M. Charles Vignier, le non moins piquant des quatre.

M. Vignier est en moment en Angleterre, où il se retrempe aux sources d'un préraphaëlisme confortable. Éloigné du bruit de la lutte, s'il a perdu un peu de passion, il a conservé toute sa mémoire et toute sa finesse. Voici la lettre qu'il m'a écrite :

« Vous désirez connaître mon avis touchant la décrépitude du Naturalisme et l'avenir des formules nouvelles, dont le Symbole. Ceci tuera-t-il cela ? Et la sauce ? Et les contingences ? Et le reste ? Qu'on souffre que je me mette à l'aise : *Naturalisme, Néo-Réalisme, Psychisme, Synthétisme, Symbolisme, Décadisme,* (Verlaine a sacré ce vocable) *Trombonisme* (ça, c'est la religion de M. Ghil, une petite religion d'arrière-boutique), autant de mots d'argot ; autant de cocardes aux couleurs imprécises que se hâtent d'arborer tous ceux dont porter une cocarde fait la seule raison d'être ; autant de lanternes magiques non allumées ; autant d'attrape-nigauds où s'engluent les Compréhensifs ; autant de faux-nez, d'énormes faux-nez, longs, longs, longs, tels des proboscides, et qui vont traînant jusque parmi les jambes des badauds et font choir Rod sur le derrière.

Un fait ! Il semble qu'en littérature, en science, en politique et dans la vie, le gros benêt de matérialisme, qui fut le baryton choyé de ces dernières années, se voit peu à peu repoussé de la scène, et jusqu'à la cantonade où se chuchote la prochaine venue du ténor sous l'espèce d'un idéalisme tout pimpant, tout fringant, tout battant neuf, d'un idéalisme dont on augure des merveilles, d'un idéalisme idéal, enfin !

Je crois, en vérité, qu'elle a fait son temps cette manière d'aplatir, d'abêtir une œuvre d'art, au nom d'on ne sait quelles rogneuses théories scientifiques. Il est certain qu'ils puent le rance ces ex-contremaîtres, ces bousingots fossiles, ces ratapoils d'un autre âge qui pointent dans nos yeux leur index laïque et obligatoire tout en nous serinant maints apophthegmes extraits des vulgarisations anglaises que cartonne Germer-Baillère ; ces jobards qui ont trouvé dans Herbert Spencer les scolies prétentieux dont masquer leur crasse ignorance, ces rabâcheurs d'évolutionnisme qui font des timides hypothèses de Darwin leurs béates certitudes. Les voyez-vous dégringoler, ces babouins ? Les voyez-vous rouler dans le noir ridicule et avec eux leurs copains élus, ces conseillers municipaux et autres Marsoulans, qui barrent dans les grammaires le nom du nommé Dieu ! Et puisque nous voilà tuant des morts, tuons-les tous. Ce qui se dégonfle aussi, c'est la littérature des constipés, des dyspeptiques, des hémorroïdaux, des céphalalgiques, des névropathes, la littérature de ceux qui ont des cors aux pieds et des oignons dans les cervelles. Tous ces pessimistes ébranlés, tous ces sceptiques à deux sous, tous ces rigolos, tous ces pleurnichards, tous ces renaniaques, tous ces gens tortus, goîtreux, brèche-dents ou pieds-bots, nous ennuient avec leurs misères de cabinets d'aisances et leurs infortunes conjugales. Ces renards à la queue coupée ne nous feront rien couper du tout. Jour de Dieu ! — comme disait la grand'mère de Mme Séverine, — un homme bien fait de sa personne ne saurait-il pas montrer du talent ? Faut-il nécessairement être cocu pour écrire un beau livre ?

Donc l'armée matérialiste est en pleine déroute. Et les derniers fuyards tombent sous une chiquenaude : mais où chercher les vainqueurs ?

— Monte à ta tour, ma sœur Anne, et les vois venir. Hâte-toi, douce amie, ils ne peuvent tarder. Dis, les vois-tu ?

— Je vois M. Pasteur qui lorgne des microbes tout en invoquant Dieu.

— Et qui vois-tu encore, ô ma sœur Anne?

— Je vois des gens qui s'intitulent mystiques. Ils relisent la vie de Rancé et s'achètent une copie artistico-industrielle de la statue de saint François-d'Assises. Ils s'abordent en citant un quatrain de la *Vita Nuova* et se quittent sur un verset de sainte Thérèse. Ils attestent Memling, Duret, Filippino Lippi ou le divin Botticelli. D'ailleurs ces mystiques sont pour la plupart pochards, ce qui leur permet de se voir doubles et de confondre Gustave Moreau avec Puvis de Chavannes, Félicien Rops avec un artiste.

— Et qui encore, ô ma sœur Anne?

— Je vois des bouddhistes qui gambillent derrière les jupes de la duchesse de Pomar, fort occupée, ma foi, à mettre le Ramayana à la portée de ces intelligences moyennes. A côté de la duchesse, j'aperçois madame Blavatska flanquée de ses élèves en prestidigitation spiritico-fakiriste. Ils font tourner des tables à rebrousse-poil et se documentent chez MM. Jacolliot, Jules Verne et Camille Flammarion.

— Et puis?

— Voici en bonnets pointus les adeptes de la Kabbale. Ils étudient Hermès-Trismégiste à travers un rudiment signé de quelque Eliphas-Lévy et tracent des pentacles dans les pissotières. D'autres profèrent des Abracadabras et des Hocus-Pocus. Tels, dès qu'ils voient la lune, tentent une incantation.

— Et puis ?

— Trois ou quatre foutriquets qui gagnent un pain quotidien par l'usage raisonné de la psychologie. Des actes, ils induisent les motifs et ils en sont fiers. Ils cherchent leur Moi avec assiduité. Sans doute, ce Moi s'est réfugié dans leur nez, car ils y fourrent les doigts tout le temps.

— Et puis encore ?

— Je ne vois plus rien. Ah ! par-ci par-là quelques chiromanciens, des astrologues, des messieurs bien mis qui vendent la bonne fortune, l'orviétan ou l'olive.

Si ce sont là les seuls tenants de l'idéalisme vainqueur, il faut avouer que tous ces personnages, se juchassent-ils les uns sur les autres, n'arriveraient pas à dénouer la jarretière de *Boule-de-Suif*.

Certes, il est aisé de constater que M. Zola n'a plus l'oreille du public, ni même M. de Maupassant, qui parfois donna l'illusion d'un très fort. Ni même des jeunes pleins de talent comme M. Joseph Caraguel dont le tort est de s'obstiner aux errements anciens. Et M. Joris-Karl-Huysmans a beau triturer quelques hosties parmi ses biles pessimistes et ses acrimonies de pompier schopenhauerien et ses ironies de Batave mal dégrossi, il ne s'en rend pas plus attrayant.

Pourtant, encore un coup, tout démodés que paraissent ces seigneurs du matérialisme, on n'oserait prétendre de bonne foi que M. Papus ou M. Péladan les remplacent.

Et les symbolistes ? Ah ! oui, c'est juste ! Ma sœur Anne ne les a pas mentionnés ? Elle les aura pris pour des marchands d'olives.

Cherchons-les donc, ces symbolistes.

Je salue un maître. Des poètes français vivants, le plus grand, à mon gré : Paul Verlaine. Est-il symboliste ? Il s'en défend comme un beau diable. On l'a baptisé décadent, il s'en tiendra là. Soit ! Acceptons décadent si cette épithète signifie que Verlaine pince sa viole de la manière la mieux exquise ; si cette épithète veut dire que nul avant ce décadent ne gratta tant exquisement les plus lointaines cordes de l'inconscient ; si décadent implique que ce prestigieux manieur de mots transforma le vers parnassien, rigide et froide et sculpturale momie, en cette « âme légère comme houppe » dont parle Moréas. Décadent, d'accord ! mais il siérait une bonne fois d'avouer que si Hugo enseigna l'a, b, c, à nos devanciers, Verlaine apprit à lire à la montante génération.

Est-ce chez M. Stéphane Mallarmé que nous nous enquerrons de l'authentique formule symboliste ? On connaît de ce poète, à qui je voue une loyale admiration, vingt-cinq ou trente pièces de vers : suaves allégories, encore qu'un peu abstruses. Puis, il nous promet l'instante apparition de son grand œuvre, dont personne n'a d'ailleurs lu une ligne. Attendons.

Pour tuer le temps, de jeunes littérateurs ont accoutumé d'aller dépenser une heure ou deux, les mardis soirs, à écouter les anecdotes charmantes que raconte en se jouant M. Mallarmé. Je les sais toutes par cœur et M. Mirbeau les apprend.

Mon cher ami, le bon poète Laurent Tailhade vous disait ici, tout récemment, ce qu'il pense du Symbolisme. Je n'insiste pas.

Et Jean Moréas? Symboliste? Pourquoi, doux Jésus? Est-ce parce que, après Kahn, après Laforgue, et surtout après Rimbaud, il s'adonne aux vers d'un nombre indéterminé de syllabes? Ou qu'il ressuscite, non sans grâce, des tours et des vocables oubliés? Symboliste? L'est-il par ses idées? Mais écoutez-le rire! Ses idées! Elles ne pèsent pas lourd les idées de Jean Moréas. Quand il est en peine d'un sujet, il sait où le trouver. Et vraiment, à respirer les jolies gerbes qu'il en rapporte, je ne vois aucun mal — pas plus de mal que de symbolisme — à ce que Jean Moréas s'en aille glaner parmi les fabliaux.

Et Gustave Kahn, et Charles Morice, et les autres, sont-ils symbolistes? Je ne crois pas ravaler ces messieurs, ni nous tous les jeunes qui cherchons, en affirmant que le titre que nous ambitionnons c'est avant tout celui de bon poète.

Et qu'on nous donne la paix avec le symbolisme!

Et maintenant, notre excursion à travers la littérature est achevée. En résumé : une période matérialiste, qui bellement s'illustra, va céder la place à quelque chose de nouveau où l'on croit reconnaître des tendances idéalistes. Ce nouveau mouvement révèlera-t-il un grand homme, et quel ?

Permettez que je retourne dans mon coin pour élucider, s'il se peut, ce problème. »

M. ADRIEN REMACLE

M. Adrien Remacle a fondé, il y a peu d'années, la *Revue contemporaine* où se sont groupés, pour la première fois sérieusement, autour de Villiers de l'Isle-Adam et de plusieurs maîtres de l'Ecole parnassienne, ceux qui sont devenus ensuite les *Décadents*, les *Symbolistes*, et plusieurs qui ont bifurqué sur la psychologie : Emile Hennequin, mort prématurément, Edouard Rod, Joseph Caraguel, Charles Morice, Emile Michelet, Wyzeva, Maurice Barrès, Charles Vignier, d'autres, y passèrent.

Un peu à l'écart de la lutte active de ces derniers temps, M. Adrien Remacle pouvait peut-être me fournir une note spéciale pour mon enquête.

Il m'a répondu :

— Il est amusant de se rappeler qu'il y a si peu d'années, hier, Zola nous disait : « Le romantisme est mort, mais nous en sommes encore pleins. » Ce qui est bien une phrase à répéter à propos du naturalisme! Il n'existe, en effet, presque pas d'écrivain dont la forme et le fond ne soient aujourd'hui très imprégnés de naturalisme : minutie de descriptions immédiates, brutalités de mots, analyse en surface. Et de la défroque du romantisme, sinon de sa chaleur de gestes, croyez-vous que nous soyons débarrassés? Mais, soit, je l'admets, le romantisme est mort, il a expectoré un énorme hoquet d'agonie synthétique avec Hugo, et le naturalisme l'a suivi. Qu'avons-nous à la place ? Pas grand'chose.

Ce sont les philosophes qui mènent l'art, n'est-ce pas? Eux seuls, poètes, comptent et restent. Après Littré, qui a produit le naturalisme, avec cette formule dite positive : ne nous occupons que de ce que nous voyons et allons au plus près, partant au plus vulgaire, nous avons eu Renan qui a engendré (c'est biblique!) le dilettantisme, les psychologues fins, fins, et les *gris* de l'Ecole normale, des gens de valeur et d'étude analytique qui tiennent en somme la faveur du public lettré en ce moment. Ce sont MM. Bourget, nos amis Rod, Desjardins, M. Lemaître, l'historiographe un peu lourd de ces messieurs, et, dernière pousse de la branche, Maurice Barrès dont le Moi-néant a de la grâce, et l'afféterie importante beaucoup de piquant; on ne saurait guère reprocher à ce dernier que de dîner de Stendhal et de souper d'Ignace de Loyola. Qui encore, là? M. Anatole France qui fréquente aux écoles d'Alexandrie, au fond un poète-analyste pénétrant et délicat.

Nous avons eu M. Taine, ensuite, qui nous a jetés jusqu'au col (je l'en remercie!) dans l'esthétique anglaise et les préraphaélites, et qui est responsable, avec Wagner, des songeries dites décadentes, puis symboliques, enfin... de ce qu'il y a d'idées vagues là-dedans.

Je dis :

— Il y a bien un mouvement symboliste ?

— Un mouvement, non : des mouvements sans direction, sans direction commune surtout. Pèlerins sans pèlerinage, et passionnés, oh non! Personne n'a jamais rencontré deux de ces pèlerins *ensemble* sur la même route. Du bruit, oui, des fifres qui veulent se faire grosses caisses (je parle des moindres, des plus connus), mais de la passion, un amour, une religion? Point. Nous sommes de plus en plus des Bouvards isolés, qui cherchons sans la moindre ardeur à trouver.

On l'a dit, et c'est évident, toute littérature est symboliste depuis Eschyle et bien avant lui ; pourquoi plus symbolistes, ceux-ci? Parce qu'ils mettent le symbole en avant? Le symbole de quoi? Les symboles vêtent des entités, des pensées-centre ; quelle est la pensée centrale commune à ces messieurs? La restitution de vocables du seizième siècle, la longueur plus ou moins grande du vers, le choix (romantique, s'il vous plaît, cela!) de milieux et de tournures du moyen âge, et autres détails, ne sauraient constituer une doctrine, l'entité mère d'un art. Et ils ne sont même pas d'accord sur ces détails. Si nous en nommons seulement deux ou trois (il y en a plusieurs de très intéressants, parmi ces isolés), M. Pierre Quillard, par exemple, la *Gloire du Verbe*, un vers magnifié, éclatant, mais doux, des vierges douces ou perverses aux formes grises fondues dans l'or et les enluminures de missel, mettrons-nous M. Quillard près de M. Tailhade dont la langue magnifique éclate aussi, mais si différente, et qui aristophanise et assomme à coups de pierres précieuses? Nous trouverons quelques lointaines parentés, sans aucunes similitudes essentielles, entre M. Henri de Régnier et M. Charles Morice, un des plus artificiels, ce dernier. Au moyen âge il eût été un mince prêtre syllogisant sur le dogme; après le grand siècle, nos humanités en ont fait un classique rhéteur qui, postérieurement à Lamartine et Vigny, est resté classique, sur lequel s'épanouissent des fleurs factices de mysticisme, et qui chante des mélopées vagues mais délicieuses. Il y en a beaucoup d'autres qu'on lit dans *la Plume* et *le Mercure de France* ou qu'on a lus dans le si curieux périodique de Jean Jullien, *Art et critique*. Je ne parle pas de Moréas et de ses jolies cantilènes devenues poèmes épiques : nous en avons ri, tous, toujours ; c'est ce qui l'a monté à la gloire !

— Vous-même, êtes-vous symboliste ?

— Sans doute ! Comment donc ! mais pas avec ces

messieurs ; on est symboliste ou rien, en art, puisque l'art est le symbole. Le symbolisme, c'est la recherche de l'inconnu par le connu, du non humain par l'humain. A ce point de vue, il n'y aurait guère parmi les jeunes (suis-je un jeune?) que deux symbolistes : Mathias Morhardt, l'auteur d'*Hénor*, et moi, dans mon roman l'*Absente* et dans les *Fêtes galantes*, pièce de théâtre où la musique et le texte essayent une glose de Paul Verlaine.

Ces trois œuvres (bonnes ou mauvaises, peu importe ici, ce n'est pas la question), n'admettent pas un personnage, pas un milieu, pas un verbe qui ne soit représentatif d'entités. Cette triple représentation constitue essentiellement le symbolisme. Il demande, pour être de l'art, l'excellence de la forme, et *exige* la vieille *croyance à l'être en soi*, l'être avec un petit *ê*. Or, l'esprit scientifique moderne a rejeté cette croyance, et c'est ce qui le sépara profondément des derniers grands contemporains. Ils sont ou ils furent rejetés, isolés, ou plutôt ils rejetèrent, ils s'isolèrent. Banville est mort, qui, hors les *Exilés*, garda ses pensées et distilla des contes à l'usage de ce temps-ci ; Villiers de l'Isle-Adam croyait, et en est mort ; Paul Verlaine meurt d'appartenir à cette vérité maudite ; Stéphane Mallarmé la cache d'un triple voile, comme Isis ; César Franck, qu'un directeur de Revue me reprochait d'*inventer*, il y a sept ou huit ans, a vécu heureux de cette vérité, et très seul, malgré l'apparence des dernières années. Il y a de grands peintres, tels que Puvis de Chavannes et Eugène Carrière, qui expriment cette vérité et que le public admet et même glorifie, parce qu'il ne la comprend pas. Je les respecte profondément, je crains qu'ils ne soient les derniers...

Au résumé, monsieur, je souhaite que votre enquête sur ces fins de la littérature aboutisse à une meilleure conclusion que la mienne. Cette enquête, je l'ai essayée moi-même, avec opiniâtreté, il y a six ans, au moyen de la *Revue contemporaine*. J'y ai réuni tout le monde, tous ceux dont on parle aujourd'hui, espérant rencontrer et grouper une dizaine d'écrivains, au moins, qui eussent sur l'art des idées non pas identiques, mais associables. Je n'en ai rencontré ni douze, ni six, ni... deux. Depuis je constate que l'isolement s'est aggravé. Permettez-moi de ne pas croire aux Écoles, symbolistes ou autres.

M. RÉNÉ GHIL

C'est le chef d'une école dite *évolutive-instrumentiste*, qui professe à la fois une philosophie et une théorie d'art. Il est en même temps contre « les ressasseurs du Passé et les *Décadents et Symbolistes* », et il se croit en possession d'une formule définitive et complète. Une place lui revenait dans cette étude à titre de contre-enquête.

J'ai reçu de lui une très longue lettre dont je suis obligé de ne donner que les extraits que voici :

Melle, mars 1891.

Monsieur,

L'on me sait ennemi absolu, autant que des recommenceurs fades des maîtres romantiques et parnassiens, de ceux dits « décadents et symbolistes, » ambitions isolées et frappées d'impuissance, et qu'on décore improprement du titre d'*Ecole*.

Symbolisme! mais qu'on regarde ce qu'ont écrit, le peu qu'ont écrit, MM. Mallarmé, Verlaine, Moréas, les trois en tête, on voit ceci :

Le symbole est une duperie ; c'est affirmer son impuissance qu'être symboliste. Car, en somme, ce n'est que *comparer* ; c'est, ne pouvant donner l'essentielle qualité d'une chose (ce qui demande *analyse, puis synthèse*), tenter d'exprimer ces choses par des choses approchantes.

Et l'on voudrait dire que c'est l'Avenir, ça ! l'Avenir qui sera tout à l'expérimentation, qui sera basé scientifiquement.

Non, c'est tout le Passé, c'est simplement la Poésie primitive : il suffit de réfléchir un instant pour le voir !

Quant à une méthode, ces poètes n'en ont point — et je soutiens qu'on n'ira plus sans méthode ! — Ah ! si, M. Moréas, en son *Pèlerin passionné* (des vers de mirliton écrits par un grammairien), a exposé quelque chose, bien drôle : M. Moréas dit : « Je poursuis, dans les idées et les sentiments, comme dans la prosodie et le style, la communion du moyen âge français et de la renaissance et le principe de l'âme moderne ! »

Quand on écrit ça, on est un ignorant pas même digne d'être le premier à l'école primaire, ou un mystificateur, et ceux qui prônent ça, également.

« Fondre le moyen âge, la renaissance et l'âme moderne », voilà ce qu'on voudrait nous donner en poésie. Eh bien ! non ! il vaut mieux Delille ou les vers sur le Bilboquet. Ce n'est pas idiot, au moins.

Donc, pas de méthode, nos décadents-symbolistes. Et leurs œuvres ?

Verlaine (cinquante ans) a quelques petits volumes : les premiers ont quelques gentilles choses musicales. Mais tous ces petits poèmes d'une page ou deux, au hasard, autant en emporte le vent. Ce n'est pas une œuvre.

Mallarmé (quarante-neuf ou cinquante ans) : *l'Après-midi d'un Faune*, cent vingt vers dont la plupart très beaux, *écrits il y a vingt ans*. Quelques vers un peu baudelairiens : *Au Parnasse*; et c'est tout ! Ce n'est pas une œuvre.

Moréas (trente-cinq ou trente-six ans au moins, il cache un peu son âge et a raison) : trois tout petits volumes de vers sans suite.

Ces nombreuses années déjà, et ce mince bagage : le rapprochement est édifiant. — Je cite des faits et les faits seuls sont éloquents : c'est d'ailleurs ma manière de critiquer.

Je pourrais faire le même rapprochement pour bien d'autres : Laurent Tailhade, Gustave Kahn, Charles Morice : tous chefs d'école ! vous savez, et de la même façon...

Je pourrais dire aussi les petites coteries, la réclame en pérorant aux tables de café, tables que certains aiment mieux que la salle de travail. (M. Mallarmé mis à part, surtout, en ceci : car c'est, lui, un homme d'intérieur, absolument digne de nos respects.)

Donc, tout cela, qu'on a voulu, en cette levée récente, nous faire croire la « jeunesse littéraire », qu'est-ce ?

Mais ce sont de « vieux jeunes », vieux par l'âge, jeunes par l'œuvre. Et il est trop tard : c'est le ratage, l'avortement. L'oubli, maintenant, va les prendre irrémédiablement comme jadis. Que de disparus déjà !

M. Ghil me donne ici un complet exposé de sa méthode que son développement ne me permet pas d'insérer. Elle se divise en deux parties, une *philoso-*

phie évolutive et une théorie de l'*instrumentation poétique* ou *instrumentation verbale*. Cette seconde partie se rapporte plus exactement à la conception de la forme poétique et de la technique du vers selon M. Ghil. Elle entre donc mieux dans le cadre de mon enquête. J'en détache quelques passages.

. . . .

Le langage scientifiquement est musique : Helmholtz a, en effet, démontré que, aux timbres des instruments de musique et aux timbres de la voix, les voyelles sont les mêmes harmoniques : l'instrument de la voix humaine étant une anche à note variable complétée par un résonnateur à résonnance variable, que sont le palais, les lèvres, les dents, etc...

La musique, certes, est le mode d'expression le plus multiple. Mais si elle décrit et suggère, elle ne peut définir. Or, compris comme plus haut, et c'est ainsi qu'on doit le comprendre, le langage est au-dessus de la musique, car il décrit, suggère et définit nettement le sens.

. . . .

Etant donné tel état de l'esprit à exprimer, il n'est donc pas seulement à s'occuper de la signification exacte des mots qui l'exprimeront, ce qui a été le seul souci de tout temps et usuel : mais ces mots seront choisis en tant que sonores, de manière que leur réunion voulue et calculée donne l'équivalent immatériel et mathématique de l'instrument de musique qu'un orchestrateur emploierait à cet instant, pour ce présent état d'esprit : et de même que pour rendre un état d'ingénuité et de simplesse, par exemple, il ne voudrait pas évidemment des saxophones ou des trompettes, le poète instrumentiste pour ceci évitera les mots chargés d'O, d'A et d'U éclatants.

Or, que l'on n'aille pas parler de poésie imitative, cette invention facile et inutile ; puisque, nous l'avons vu, la voix humaine est scientifiquement un instrument à note variable, avec ses harmoniques par quoi sont tirés de naturels et immatériels timbres ; timbres naturels, dont, au contraire, ceux des matériels instruments ne sont qu'une exagération et un grossissement.

. . . .

Je garde l'alexandrin, seul logique, admirable par son jeu de nombres premiers 2 et 3, qui, multipliés, donnent des mesures eurythmiques, et additionnés, des mesures dissonantes. Mais je détruis la strophe : les vers devant se grouper sous la nécessité de la pensée.

Ce n'est plus *l'art pour l'art*. C'est l'art altruiste, en but humanitaire, pour le Mieux intellectuel et moral.

Ce m'est un devoir de donner ici les noms des vingt-six poètes, en leur libre talent et personnalité, luttant avec moi pour la Méthode évolutive, « en formant

« l'Ecole évolutive instrumentiste », tous de vingt à vingt-huit ans.

Marcel Batilliat, dont va paraître *Elle toute*, un délicieux et rationnel poème ; Mary Berr, écrivant des poèmes en prose de brève et substantielle pensée ; Alexandre Bourson, dont sont en préparation des œuvres pleines de l'idée évolutive au point de vue social ; J. Clozel, Henri Corbel, dont les essais sont remarquables en notre Revue, les *Ecrits pour l'Art* ; Edmond Cros, en train d'un poème sur les Champs et le Paysan ; Gaston et Jules Couturat, les poètes du *Songe d'une nuit d'hiver*, et dont l'œuvre de vie sera une vaste épopée moderne, sociologique ; Léon Dequillebecq, Paul Souchon, Jean Philibert qui ont des romans et des poèmes à l'étude ; Pierre Devoluy, le poète de *Flumen*, un superbe poème évolutif, qui travaille à un second, sur la mission naturelle et sociale de la femme dans les âges et dans l'avenir ; Auguste Gaud, qui vient de publier *Caboche de Fer*, nouvelle, et dont *Gueule rouge*, roman sociologique, va paraître. Il prépare aussi un long poème en plusieurs livres : *Cataclysmes* ; Georges Khnopff, de Bruxelles, dont le talent est si apprécié en Belgique ; Albert Lantoine, auteur de *Pierres d'Iris*, prépare une éthopée hébraïque, *Schelemo* (Salomon) ; D. Mayssonnier publiera en octobre le premier livre de *Vers l'Occident meilleur* ; Stuart Merrill, le poète très connu des *Gammes* et des *Fastes*, dont la science de musique verbale est admirable ; Paul Page, travaillant à un long poème social : les *Corruptions* ; Paul Redonnel, l'auteur des *Liminaires*, un haut livre ; Jacques Renaud vient de publier le *Fi Balouët*, mœurs de la campagne poitevine ; Eugène Thébault va publier les *Analogies*, suite de poèmes rationnels ; Mario Varvara, prosateur, auteur à l'écriture et observation très aiguës de *Un ménage* ; Franck Vincent, qui va publier un poème d'une très large pensée, le *Cycle évolutif* ; Eugenio de Castro, poète portugais, qui par cinq ou six livres (dont les deux derniers très remarquables, *Oaristos et Horas*), est en sa patrie le chef d'un mouvement de rénovation. Ecrivant parfaitement notre langue, il s'est rallié à la méthode évolutive, pour laquelle il luttera également au Portugal. — V. Em. C. Lombardi, Italien, musicien, dont ont été très remarquées (de Massenet entre autres), les *Gloses à l'après-midi d'un faune*, de Mallarmé, et *A l'Air nuptial*, de René Ghil.

Ici s'arrête cette liste : au mois de mai 91.

Tous ces poètes écrivent régulièrement (critiques, documentaires, extraits d'œuvres, etc.) en leur Revue *les Ecrits pour l'Art*, à sa cinquième année.

La vraie jeunesse, la voilà, en poésie. C'est ce groupe continuellement grossi depuis quelque temps ; la vingtaine est passée, nous serons grand nombre demain.

Et il n'y pas coterie. Le tiers de ces poètes est de Paris ; le reste est de la province où, parmi l'ignorance et le rococo, quelques esprits hors de mystérieuses hérédités s'élancent fièrement à l'avenir. Trois autres sont étrangers.

La méthode évolutive leur est parvenue ; et sur preuves, « dégoutés, me disent-ils tous, des ressasseurs comme des incohérences symbolistes, ils se rallient à ce qu'ils croient le mouvement vraiment fort. »

Cette jeunesse-là vaincra. Et ce m'est une bien grande fierté, l'honneur qu'elle me fait de se grouper en haute liberté et toute conscience pour ma Méthode.

M. MAURICE MÆTERLINCK

J'ai cru intéressant d'aller voir l'écrivain qu'Octave Mirbeau nous a, avec l'éclat que l'on sait, révélé. Et j'y ai tenu d'autant plus que personne à Paris, ou presque personne, ne connaît l'auteur de la *Princesse Maleine :* Octave Mirbeau lui-même l'ignore.

J'étais arrivé à Gand le matin, sous une pluie pénétrante. Le premier aspect de la ville m'avait transi de mélancolie. La boue noire, et les flaques, le ciel badigeonné de suie, la solitude des r··· ·de rares manteaux à capuchon glissaient dans le silence pesant, rarement coupé de croassements de corneilles, m'étaient apparus comme le décor naturel de cette littérature d'effroi : l'*Intruse*, les *Aveugles*, la *Princesse Maleine*. Je devinais l'auteur résumant en lui cette tristesse et cette angoisse opprimantes des choses, et les traits creusés par les fièvres, et l'œil glauque de Mæterlinck, je m'apprêtais à les peindre; l'idée même de l'approcher me laissait dans une curiosité vaguement inquiète, et je l'attendais, rêveur, dans le salon de l'hôtel, en écoutant les vitres chanter sourdement sous les grosses gouttes de pluie, quand il entra.

Surprise. Agé de vingt-sept ans, assez grand, les épaules carrées, la moustache blonde coupée presque à ras, Mæterlinck, avec ses traits réguliers, le rose juvénile de ses joues et ses yeux clairs, réalise exactement le type flamand. Cela joint à ses manières très simples, à son allure plutôt timide, sans geste, mais sans embarras, provoque tout d'abord un sentiment de surprise très agréable : l'homme, mis correctement, tout en noir, avec une cravate de soie blanche, ne jouera pas au génie précoce, ni au mystère, ni au menfoutisme, ni à rien : c'est un modeste et c'est un sincère. Mais ce charme a son revers : si je ne réussis pas à distraire mon interlocuteur de l'interview qui l'épouvante, je ne tirerai rien pour mon enquête, ou presque rien de cette carrure tranquille; un quart d'heure à peine passé, je m'en rends compte : ne parler ni de lui ni des autres, ou si peu ! parler des choses en phrases très courtes, répondre à mes questions par des monosyllabes, le quart d'un geste, un hochement de tête, un mouvement des lèvres ou des sourcils, telle sera la posture de l'interviewé aussi longtemps qu'il sentira planer l'indiscrétion de l'interviewer. Il faudra que petit à petit je fasse oublier le but de mon voyage pour réussir à fondre un peu ce mutisme blond. Encore une fois, je sens qu'il n'y a là ni parti pris, ni pose, il ne parle pas... très simplement, — comme d'autres parlent.

Nous déjeunons d'un appétit formidable tous deux.

— Oui, j'ai un appétit féroce, me dit-il. C'est que je fais beaucoup d'exercices physiques : canotage, haltères ; l'hiver, je patine, je vais souvent jusqu'à Bruges, et même en Hollande, sur la glace ; le bicycle, tous les jours... quand je ne plaide pas... mais je plaide si rarement !

— Vous êtes avocat ! m'exclamai-je.

— Oui, mais je vous dis... si peu ! De temps en temps, un pauvre paysan vient me demander de le défendre, et je plaide, — en flamand.

Nous convenons que, *puisqu'il n'a rien à me dire*, nous allons nous promener à travers la ville.

— Je vous montrerai nos maisons qui baignent dans le canal, nos architectures du moyen-âge. Vous verrez comme c'est triste.

La pluie avait cessé, et la ville, toute mouillée encore, resplendissait sous le soleil ; toujours le même silence, la même solitude des rues ; mais, grâce au soleil, la ville avait pris une calme gaieté de convalescence. Nous visitons, en causant un peu, le palais de justice, l'hôtel de ville, la cathédrale, aux grilles de cuivre ; nous nous arrêtons devant le fameux tryptique des frères Van Eyck ; nous croisons l'évêque, entouré de son chapitre, qui vient de dire les vêpres ; dans les églises flamandes il y a des offices du matin au soir.

Dehors, comme nous étions le nez en l'air, à admirer les sculptures extraordinaires d'un vieux monument, j'aperçois, portés par un pas allongé et rapide, l'épaisse crinière noire, la longue barbe et la tête de Christ sarrazin de Duc-Quercy. L'infatigable organisateur socialiste, l'internationaliste convaincu, qui était à Berlin il y a six mois, en même temps que moi ; le voilà en Belgique à présent, retour de Hollande !

— Cette rencontre !

Je présente, et nous voici, continuant à trois notre promenade.

Il faudrait des pages pour raconter nos pérégrinations de cette après-midi, à travers le silence des rues, des ruelles aux façades espagnoles, des interminables quais et des ponts innombrables, des béguinages et des ruines de la vieille ville flamande, et je n'en finirais pas si je notais ici les impressions que nous échangeâmes, tous trois sous des optiques différentes.

— Voici la statue du brasseur gantois, Jacques Arteveld ; voici la tour crénelée où l'on déchirait du haut en bas, devant la foule, les pièces de toile reconnues défectueuses au marché ; voici les crampons de la potence où tant de gens furent pendus ; ce bâtiment-là, avec ses sculptures gothiques, c'est l'hôtel des Bateliers, tous les corps de métier en avaient un analogue ; mais il y a quelques années on avait ici la maladie de tout démolir, et tant de belles choses y ont passé !...

Depuis trois heures nous marchions sur le pavé aigu et glissant.

— Voulez-vous vous reposer ? nous demanda Mæterlinck, et boire de bonne bière flamande ?

Nous arrivons dans un passage étroit ; une porte basse, une suite de cours minuscules, un dédale de corridors, et nous entrons dans une petite pièce où le jour pénètre à peine ; quelques tables, des sièges de paille sans dossier, les murs garnis de bancs, quelques gens sont assis devant des moss, fument comme des hauts-fourneaux en parlant très bas.

— C'est le cabaret flamand, dit Mæterlink.

Nous nous installons dans un coin ; lui-même sort une courte pipe de bruyère, s'étonne que nous n'ayons pas les nôtres, et se met à fumer avec une onction tranquille.

Quand le houblon nous fut versé, Duc-Quercy ne tarda pas à mettre la conversation sur l'art socialiste.

— Je ne comprends pas, disait-il, que des littérateurs intelligents s'isolent volontairement, sous prétexte d'art pur, des idées de leur temps, et, pour le nôtre, du grand mouvement socialiste qui comprend tout, qui englobe toutes les manifestations de la pensée humaine.

— Pour faire des œuvres durables, répondait Mæterlinck, ne faut-il pas justement s'élever au-dessus de son époque, se dégager des accidents de la civilisation, des contingences de l'actualité immédiate?

— Pour que les œuvres soient durables, ripostait Duc, il faut qu'elles reflètent l'état d'esprit général du temps où elles furent créés; or, le socialisme, par exemple, à l'heure actuelle, est l'expression synthétique intense d'un immense, d'un universel courant d'idées qui peuvent changer demain jusqu'à la forme de la civilisation. Zola, dans *Germinal*, bien plus que les poètes ronsardisants...

— Zola, dans *Germinal*, interrompt Mæterlinck, a pu faire œuvre de sociologue; mais, admettez que, comme vous le pensez, la forme de la société soit changée, tant et si bien que dans mille ans il ne reste plus rien à désirer aux mineurs... Qu'est-ce que les générations de l'an 3000 ou de l'an 4000 comprendront à la scène de la forêt — par exemple — ou de telle autre qui nous émeut à présent?

— C'est juste, dit Duc-Quercy, mais aussi quelles sont les œuvres qui intéresseront *toujours?*

— Celles, continua Mæterlinck, qui auront noté les joies et les douleurs des sentiments éternels : Homère...

— Mais il m'assomme, Homère ! Je m'en fous ! Il ne m'intéresse pas pour un sou...

— Eschyle, Shakespeare...

— Bien, dit Duc. J'admets. Ils vous intéressent encore, parce que notre civilisation n'est pas sensiblement éloignée de la leur ; mais qui vous répond, — à votre tour, — que, dans mille ans, dans dix mille ans si vous voulez (qu'est-ce que cela dans la vie possible du monde ?) qui vous répond qu'on les comprendra encore ? Les sentiments éternels ! Mais il n'y en a pas, ils changent tous, changeront de plus en plus...

— Mais, proteste Mæterlinck : l'amour, la jalousie, la colère...

— Pardon, répondit Duc-Quercy, on a découvert, il n'y a pas si longtemps, une peuplade de Touaregs où la femme était chef de famille, où elle choisissait elle-même ses époux, en nombre illimité... Eh bien ! Qu'est-ce que les époux de ces femmes comprendraient à l'amour de Roméo et à la jalousie d'Othello ? Et qui nous dit que, dans l'avenir, quand les femmes auront le rang qu'elles méritent exactement, quand les jeunes filles réclameront le droit de choisir elles-mêmes leurs maris, que restera-t-il de la vieille forme du sentiment d'amour ?

— Pardon aussi, dit Mæterlinck. Êtes-vous sûr qu'il n'y a pas de jalousie chez l'un ou chez plusieurs des douze maris de votre Touareg, et qu'ils ne souhaitent pas d'avoir la femme à eux seuls ? Dans tous les cas, ne croyez-vous pas qu'un Othello Touareg se révélerait le jour où l'un deux élu par la maîtresse pour partager sa couche, verrait un autre lui prendre sa place ? Et les vierges de l'avenir auront beau avoir le droit de choisir elles-mêmes leur époux ! quand elles rencontreront celui qui doit les subjuguer, elles ne choisiront pas, elles se laisseront cueillir avec de la joie comme les Juliettes les plus douces...

Donc, conclut Mæterlinck, je reste d'avis non pas qu'on doive s'abstraire de son temps dont on subit, malgré soi, et naturellement l'influence, mais qu'il est bon, si l'on veut faire œuvre durable et puissante, de la dégager des détails d'actualité... Durable, entendons-nous, aussi durable que possible ! Mais elle le sera d'autant plus que nous aurons davantage épuré l'essence des sentiments que nous aurons dramatisés...

L'apparente placidité de notre interlocuteur s'était échauffée à la discussion ; les veines des tempes, très en relief, battaient à coups redoublés, et je reconnus là la trace de cette sensibilité nerveuse qui se mêle dans toute l'œuvre de Mæterlinck, à la saine grandeur des pensées et à l'énergie musclée de la forme.

Les braves flamands continuaient à fumer, un peu effarés par les éclats de cette conversation qu'éventait de temps en temps la crinière remuée de Duc-Quercy. Nous sortîmes.

— Eh bien ! dis-je en riant à Mæterlinck, ça n'est pas plus difficile que cela !

— Quoi donc ? fit-il étonné.

— Mais l'interview ! dis-je. Je rapporte d'excellente pâture pour mon enquête !

Duc-Quercy, rompu à ce sport, souriait avec malice.

Après dîner, attablés à la terrasse du plus grand café de la ville, — où nous étions seuls, — je tâchai d'amener la conversation sur le symbolisme. La nuit était venue, une grande place d'ombre s'étendait devant nous ; pas une âme ne passait. Soirée tiède allumée d'étoiles.

— Oui, disait Mæterlinck, je crois qu'il y a deux sortes de symboles : l'un qu'on pourrait appeler le symbole *a priori* ; le symbole, de *propos délibéré* ; il part d'abstraction et tâche de revêtir d'humanité ces abstractions. Le prototype de cette symbolique, qui touche de bien près à l'allégorie, se trouverait dans le *second Faust* et dans certains contes de Gœthe, son fameux *Mährchen aller Mährchen*, par exemple. L'autre espèce de symbole serait plutôt inconscient, aurait lieu à l'insu du poëte, souvent malgré lui, et irait, presque toujours, bien au-delà de sa pensée : c'est le symbole qui naît de toute création géniale d'humanité ; le prototype de cette symbolique se trouverait dans Eschyle, Snakespeare, etc.

Je ne crois pas que l'œuvre puisse naître viablement du symbole ; mais le symbole naît toujours de l'œuvre si celle-ci est viable. L'œuvre née du symbole ne peut être qu'une allégorie, et c'est pourquoi l'esprit latin, ami de l'ordre et de la certitude, me semble plus enclin à l'allégorie qu'au symbole. Le symbole est une force de la nature, et l'esprit de l'homme ne peut résister à ses lois. Tout ce que peut faire le poète, c'est se mettre, par rapport au symbole, dans la position du charpentier d'Emerson. Le charpentier, n'est-ce pas ? s'il doit dégrossir une poutre, ne la place pas au-dessus de sa tête, mais sous ses pieds, et ainsi, à chaque coup de hache qu'il donne, ce n'est plus lui seul qui travaille, ses forces musculaires sont insignifiantes, mais c'est la terre entière qui travaille avec lui ; en se mettant dans la position qu'il a prise, il appelle à son secours toute la force de gravitation de notre planète, et l'univers approuve et multiplie le moindre mouvement de ses muscles.

Il en est de même du poète, voyez-vous ; il est plus ou moins puissant, non pas en raison de ce qu'il fait lui-même, mais en raison de ce qu'il parvient à faire exécuter par les autres, et par l'ordre mystérieux et éternel et la force occulte des choses! il doit se mettre dans la position où l'Éternité appuie ses paroles, et chaque mouvement de sa pensée doit être approuvé et multiplié par la force de gravitation de la pensée unique et éternelle! Le poète doit, me semble-t-il, être passif dans le symbole, et le symbole le plus pur est peut-être celui qui a lieu à son insu et même à l'encontre de ses intentions; le symbole serait la fleur de la vitalité du poème ; et, à un autre point de vue, la qualité du symbole deviendrait la contre-épreuve de la puissance et de la vitalité du poème. Si le symbole est très haut, c'est que l'œuvre est très humaine. C'est à peu près ce que nous disions cette après-midi, s'il n'y a pas de symbole, il n'y a pas d'œuvre d'art.

Mais si le poète part du symbole pour arriver à l'œuvre, il est semblable au charpentier qui équarrit une poutre placée au-dessus de sa tête, et il a à vaincre toute la force de gravitation de son poème. Il navigue contre vents et contre marée. Il n'est plus entraîné bien au delà de ses pensées par la force, les passions et la vie de ses créations, mais il est en guerre ouverte avec elles ; car le symbole qui émane de la vie de tout être est bien plus haut et plus impénétrable que le plus merveilleux symbole préconçu, et la simple vie des êtres contient des vérités mille fois plus profondes que toutes celles que peuvent concevoir nos plus hautes pensées.

Si je parviens à créer des êtres humains, et si je les

laisse agir en mon âme aussi librement et aussi naturellement qu'ils agiraient dans l'univers, il se peut que leurs actions contredisent absolument la vérité primitive qui était en moi et dont je les croyais fils ; et cependant je suis sûr qu'ils ont raison contre cette vérité provisoire et contre moi, et que leur contradiction est la fille mystérieuse d'une vérité plus profonde et plus essentielle. Et c'est pourquoi mon devoir est alors de me taire, d'écouter ces messagers d'une vie que je ne comprends pas encore, et de m'incliner humblement devant eux.

A un point de vue plus restreint, il en serait de même des images qui sont les assises en quelque sorte madréporiques sur lesquelles s'élèvent les îles du symbole. Une image peut faire dévier ma pensée ; si cette image est exacte et douée d'une vie organique, elle obéit aux lois de l'Univers bien plus strictement que ma pensée ; et c'est pourquoi je suis convaincu qu'elle aura presque toujours raison contre ma pensée abstraite ; si je l'écoute, c'est l'univers et l'ordre éternel des choses qui pensent à ma place, et j'irai sans fatigue au-delà de moi-même ; si je lui résiste, on peut dire que je me débats contre Dieu....

. . . .

Le lendemain était dimanche. Mæterlinck, que ses devoirs appelaient, le matin, aux exercices de la garde civique dont il fait partie, me donna rendez-vous pour midi. Nous fîmes un tour sur la Grande-Place où jouait la fanfare communale comme honteuse du bruit qu'elle faisait ; la foule endimanchée, le peuple d'un côté du kiosque ; le high-life de l'autre côté, envahissait la chaussée ; on se promenait d'un pas lent, silencieusement. L'heure était passée des théories esthétiques ; j'en profitai pour arracher quelques noms propres à Mæterlinck.

J'ai retenu son admiration et sa reconnaissance pour Villiers de l'Isle-Adam.

— Je voyais très souvent Villiers de l'Isle-Adam pendant les sept mois que j'ai passés à Paris. C'était à la brasserie Pousset, au faubourg Montmartre. Il y avait là Saint-Pol-Roux, Mikhaël, Quillard, Darzens ; Mendès y passait quelquefois, toujours charmeur. Tout ce que j'ai fait, c'est à Villiers que je le dois, à ses conversations plus qu'à ses œuvres que j'admire beaucoup d'ailleurs.

J'ai noté aussi son amitié profonde pour M. Grégoire Leroy et M. Van Lerberghe, écrivains belges, et son effacement modeste devant l'œuvre de ce dernier.

— Ses *Flaireurs*, voyez-vous, c'est admirable !

Ses sympathies à Paris :

— Oh ! Mallarmé ! quel cerveau ! Verlaine, quelle sincérité enfantine ! Barrès, parmi les jeunes, est celui qui m'intéresse le plus. Viélé-Griffin, Henri de Régnier, de purs poètes ! Moréas a fait *Madeline-aux-serpents*... Oh ! c'est bien, cela ! Mirbeau... je l'aime si tendrement qu'il me paraîtrait ridicule de vous en parler autrement...

Ses influences philosophiques :
— Kant, Carlyle, Schopenhauer, qui arrive jusqu'à vous consoler de la mort...

Son admiration pour Shakespeare :
— Shakespeare, surtout ! Shakespeare ! Quand j'ai écrit la *Princesse Maleine*, je m'étais dit : « Je vais tâcher de faire une pièce à la façon de Shakespeare pour un théâtre de Marionnettes. » Et c'est ce que j'ai fait. Mais savez-vous que ce sont des vers libres mis typographiquement en prose ?

— Je me souviendrai de ce détail, dis-je en riant.

D'autres préférences : les poètes anglais Swinburne, Rosetti, William Morice, le peintre Burne-Jones ; en France, Puvis de Chavannes, Baudelaire, Laforgue, les *Cahiers d'André Walter*. N'en oublié-je pas ? Oui, Edgar Poe : ses *Poèmes* surtout, et, dans ses *Contes* : *La chute de la maison Usher*.

J'allai prendre le train pour Bruxelles dont la locomotive sifflait déjà. Il me serra la main, de sa main robuste, et me dit, gaiement :
— A cet été, sans doute, à Paris, en bicycle !

M. G. ALBERT AURIER

Auteur de *Vieux*, un roman où l'on sent encore, chose rare parmi les derniers venus, l'influence très directe de Balzac. Dès avant la publication de ce roman, qui est une œuvre de prime jeunesse, il semblait s'être dégagé de cette influence, et ses plus récentes productions de poète et de critique, qu'on peut suivre dans le *Mercure de France*, le montrent rallié au mouvement symboliste. Quelques articles de critique très remarqués de ceux qui suivent les « Petites Revues », et l'universelle confiance que ses amis ont en son avenir, me l'ont désigné parmi les jeunes qu'il fallait appeler à témoigner en cette enquête.

M. Albert Aurier a vingt-six ans environ, de très haute taille, le dos un peu voûté comme par une gêne d'être si grand, une tête très développée, aux traits doux et fins, il a l'expression mélancolique et sereine d'une figure de vitrail, que complètent, dans la rue, comme d'un nimbe, ses longs cheveux et les larges bords plats de son chapeau, toujours incliné en arrière.

— Le naturalisme est-il mort?

— Je crois, vraiment, qu'il agonise et ma joie en est grande... Ou plutôt, non : ce qui en train de mourir, ce n'est pas le naturalisme, c'est l'Ecole naturaliste et l'inconcevable engouement du public à son égard; car, au fond, le naturalisme même, en tant que modalité esthétique, est éternel. En effet, à toutes les époques de l'histoire de l'art, voyez, c'est cette même lutte, avec des fortunes diverses, entre ces deux mêmes esthétiques rivales, la naturaliste et l'idéiste, l'une, professant que l'extériorité des choses est, en elle-même, intéressante et suffisante à l'œuvre d'art; l'autre, l'idéiste, niant, au contraire, cela et ne voulant considérer les formes matérielles que comme les lettres d'un mystérieux alphabet naturel servant à écrire les idées, seules importantes, puisque l'art n'est qu'une matérialisation spontanée et harmonieuse des idées... Le dix-neuvième siècle, lui, a vu le persistant triomphe de la première de ces deux conceptions d'art: il a été presque exclusivement réaliste, si l'on entend par réalisme : la constante préoccupation de la forme matérielle et l'insouci des idées. Chateaubriand, Hugo, Gautier, tous les romantiques et, à leur suite, les Parnassiens, ont été des réalistes avec une conception et une vision des extériorités différentes, sans doute, de celles qu'ont MM. de Goncourt et Zola, mais tout autant qu'eux, amoureux de l'extériorité de la vie et fermés à l'idéal. Les tentatives d'art idéiste de Lamartine, Vigny, Baudelaire, ont, en somme, été dédaignées par ce siècle. Et pourtant ne croyez-vous pas que ces poètes-là ne compteront pas un peu plus dans l'histoire de l'art que ce génial bafouilleur qui s'appelle Victor Hugo ? L'art qui exprime des idées n'est-il pas plus élevé que l'art qui copie des formes ? Le Vinci et l'Angelico ne sont-ils pas de plus purs artistes que Gérard Dow ou Véronèse ? Pourtant Gérard Dow et Véronèse sont encore des artistes. Il suffit de les mettre à leur place. Aujourd'hui, en littérature, le public semble vouloir effectuer un pareil classement. Fort bien ! Que le grand décorateur Hugo et les petits hollandais de Médan cèdent de bonne grâce la place usurpée à Mallarmé, à Baudelaire, à Vigny, à Lamartine. Le naturalisme n'a pas à mourir, il n'a qu'à reprendre la place qu'il n'eût jamais dû quitter dans la hiérarchie des arts, la place de valet.

— Mais quelle vous paraît être l'orientation actuelle de la littérature !

— Ne l'ai-je point déjà dit ? La littérature de demain sera, je pense, une littérature d'idées exprimées par des formes et ces formes significatrices, évidemment, par réaction contre la platitude et la banalité des créations naturalistes, devront être magnifiques et rares, en dehors de la possibilité physique, des formes de rêve… Et, après tout, une littérature de rêve n'est-ce pas une littérature de vie vraie, de vie réelle autant que le réalisme ? Les rêves que nous faisons tout éveillés ne sont-ils pas logiquement déterminés, de l'aveu des physiologistes mêmes, par les faits matériels de notre existence ? Si donc je vous raconte la suite de ces rêves, ne sera-ce pas, indirectement, ma vie elle-même, intégralement mais transposée dans un monde que j'estime plus beau et plus intéressant que celui où nous nous agitons. J'essaye, en ce moment, cette expérience en un roman sans me dissimuler que le public, de longue date habitué au plat et précis terre-à-terre de la littérature immédiate, sera, sans doute, dérouté par cette tentative. Mais qui sait aussi si quelques-uns ne se réjouiront pas d'être ainsi arrachés à l'ignoble réalité de leur au jour-le-jour ?

— Et les symbolistes ?

— La plupart ont beaucoup de talent. Leur tort est de trop croire à l'importance des révolutions prosodiques. Moréas est un exquis chanteur et j'adore ses vers, même lorsqu'ils deviennent de vrais scolopendres; Charles Morice est un merveilleux poète très conscient et très épris de son art; H. de Régnier a écrit des vers admirables, et je sais bien d'autres jeunes moins connus, qui, peut-être, seront célèbres demain : Dubus, Merrill, Retté, S. P. Roux, J. Leclercq, Denise, Brinn'-Gaubast, Samain, mille autres, voyez, dans le *Mercure de France*, cette brave et vraiment artistique petite revue que dirige avec autorité Alf. Vallette... Et Rémy de Gourmont, cet esprit si rare qui vient de publier, sans qu'on s'en doute, un roman qui est quasiment un chef-d'œuvre.

— Et les psychologues ?

— Leur existence démontre ce que je vous disais : le public ne se satisfait plus de l'éternelle description des extériorités; il veut qu'on ouvre son joujou pour lui en montrer l'intérieur. Mais, ils fatiguent déjà, car ils ne font, en somme, que du réalisme interne... Et puis, la psychologie, on l'a déjà dit, c'est peut-être une science, ce n'est pas de la littérature.

M. RÉMY DE GOURMONT

C'est un artiste délicat, remarqué des lettrés pour son roman *Sixtine* ; il est l'un des membres les plus en vue du groupe du *Mercure de France*, une Revue qui rassemble ceux qui paraissent les plus austèrement artistes du mouvement nouveau.

Il a publié dernièrement dans cette Revue un article dont le retentissement a été plus grand sans doute qu'il ne l'avait prévu, et qui, s'il a légitimé d'ardentes attaques, lui a du moins valu de nombreuses et profondes sympathies.

M. de Gourmont paraît âgé de trente ans. De mise très simple, une luxuriante barbe cendrée taillée carrément, l'expression un peu terne de sa physionomie est éclairée par le regard pénétrant et froid qui s'abrite derrière le binocle.

— Il n'y aucun doute sur les tendances des nouvelles générations littéraires : elles sont rigoureusement antinaturalistes. Il ne s'agit pas d'un parti-pris, il n'y eut pas de mot d'ordre donné ; nulle croisade ne fut organisée ; c'est individuellement que nous nous sommes éloignés avec horreur d'une littérature dont la bassesse nous faisait vomir. Et il y a encore moins de dégoût peut-être que d'indifférence. Je me souviens que, lors de l'avant-dernier roman de M. Zola, il nous fut impossible, au *Mercure de France*, de trouver parmi huit ou dix collaborateurs réunis, quelqu'un qui eût lu entièrement la *Bête humaine*, ou quelqu'un qui consentît à la lire avec assez de soin pour en rendre compte. Cette sorte d'ouvrages et la méthode qui les dicte nous semblent si anciennes, si de jadis, plus loin et plus surannées que les plus folles truculences du romantisme !

Dire qu'il n'y eut, en cette guerre de partisans contre le naturalisme, aucune entente préparatoire de cénacle, aucun conciliabule de loge carbonariste, c'est, je crois, la vérité, mais en abandonnant M. Zola, les jeunes gens savaient qui suivre. Leur maître (je parle spécialement des plus idéalistes d'entre nous) était Villiers de l'Isle-Adam, cet évangéliste du rêve et de l'ironie, et, mort, il est toujours celui que l'on invoque, que l'on relit familièrement, celui dont les moindres bouts de papier posthumes ont la valeur de reliques vénérées sans équivoques. Son influence, sur la jeunesse intelligente, est immense : il est notre

Flaubert, pour nous ce que fut Flaubert pour la génération naturaliste, qui l'a, d'ailleurs, si mal compris.

Plus tard, avec une littérature très différente et aussi originale, vint Laforgue. Ses *Moralités légendaires* (imprimées dans un placard et introuvables en librairie) resteront l'un des chefs-d'œuvre de ce temps. S'il eût vécu, aujourd'hui ce serait l'incontesté maître de la jeunesse; il est notre adoré frère aîné.

La grande influence de Verlaine et de Mallarmé n'est pas très ancienne ; celle de Verlaine s'est naturellement restreinte à l'unique poésie ; M. Mallarmé, par ses poèmes en prose, si spécieusement exquis, par ses causeries d'un charme et d'une profondeur rares, régente un plus grand nombre de cervelles. Après Baudelaire, Mallarmé. C'est un idéaliste presque absolu, mais si bienveillant pour ses adversaires qu'il n'aurait pas suffi à élever, ni même à maintenir contre le naturalisme une digue assez solide pour résister à la violence de son courant d'ordures.

Il fallait un adversaire plus direct que tous ceux que je viens de nommer ; Huysmans, engagé par distraction dans cette équipe, reprit assez promptement conscience de sa valeur personnelle et de sa mission. Après avoir fait du naturalisme supérieur, même en la stricte formule imposée, à celui de M. Zola (voyez les *Sœurs Vatard*), il se fâcha tout d'un coup, jeta ses frères à l'eau (ils y sont restés) et libéra, en déployant *A Rebours*, toute une littérature neuve qui étouffait, écrasée sous un tas d'immondices. Nous lui devons beaucoup : il faut insister là-dessus et le redire et relire tel chapitre de ce mémorable bréviaire. On aurait dû, chez Vanier, le portraire en saint Georges transfixant (comme en un nouveau tableau du Louvre) un crocodile verdâtre et baveux.

Maintenant, il faut être juste, tout n'était pas mauvais, sans rémission, dans la formule naturaliste. L'observation exacte est indispensable à la refabrication artistique de la vie. Même pour une figure de rêve pur, un peintre est tenu à respecter l'anatomie, à ne pas faire divaguer les lignes, à ne pas plaquer d'impossibles couleurs, à ne pas s'abandonner à des perspectives chinoises. L'idéalisme le mieux déterminé au mépris de la réalité brute doit s'appuyer sur l'exactitude relative qu'il est donné à nos sens de pouvoir connaître. Ce besoin de l'exactitude, le naturalisme nous l'a mis dans le sang : tels son rôle et son bienfait.

Mais ce bienfait est acquis et ce rôle est fini. Qu'est, ou que sera l'autre chose ? Je n'en sais rien. On aurait épouvanté M. Mendès en le mettant en demeure, lui, le créateur et l'un des maîtres de l'École, d'expliquer ce que voulait dire Parnasse et Parnassiens. Ce groupe, resté si ferme en ses théories un peu absolues, entendait faire de l'art et voilà tout. Les symbolistes ont également cette prétention, qui n'est pas injustifiée, mais quant à dévoiler la secrète signification de ce vocable, je ne le saurais. Je ne suis ni théoricien, ni devin. On m'a dit que dans mon roman récemment publié, *Sixtine*, j'avais « fait du symbolisme » : or, voyez mon innocence, je ne m'en étais jamais douté. Néanmoins, je l'appris sans grand étonnement : l'inconscience joue un si grand rôle dans les opérations intellectuelles ; — je crois même qu'elle joue le premier de tous, celui d'impératrice-reine !

Si l'on dénommait cette littérature nouvelle l'Idéalisme, je comprendrais mieux et même tout à fait bien. L'Idéalisme est cette philosophie qui, sans nier rigoureusement le monde extérieur, ne le considère que comme une matière presque amorphe qui n'arrive à la forme et à la vraie vie que dans le cerveau ; là, après avoir subi sous l'action de la pensée de mystérieuses manipulations, la sensation se condense ou se multiplie, s'affine ou se renforce, acquiert, relativement au sujet, une existence réelle. Ainsi, ce qui nous entoure, ce qui est extérieur à nous n'existe que parce que nous existons nous-mêmes. Donc, autant de cervelles pensantes, autant de mondes divers, et, lorsqu'on veut les représenter, autant d'arts différents. Ce que vous appelez rêve et fantaisie est la vraie réalité pour qui a conçu ce rêve ou cette fantaisie. Donc, encore, liberté illimitée dans le domaine de la création artistique, anarchie littéraire. Aussi bien, est-ce l'état présent de la littérature. C'est le plus enviable. Gardons-nous des faiseurs de règles ; n'acceptons aucune formule ; livrons-nous à nos tempéraments, soyons et restons libres.

La théorie symboliste si abstruse pour moi est cependant, dit-on, claire à quelques-uns. Elle est pour M. Moréas sans mystères ; il sait que symbole veut dire métaphore et s'en contente. C'est un charmant poète, mais qu'il fut singulier de l'ériger en chef d'école ! Il fallait, pour nous jouer ce tour, le formidable aplomb dans la fumisterie qui caractérise M. Anatole France, ce critique à tout jamais déprécié qui, lorsque paraît un livre d'art, disserte la première semaine sur La Fontaine, la seconde sur Boileau, la troisième sur Jeanne d'Arc ; la quatrième insinue, avec sa fausse ingénuité d'inguérissable envieux : « J'aurais aimé... Il est trop tard... », ou bien : « Ce livre soulève de telles questions... » Rien n'est plus abject que l'hypocrisie, en littérature ; rien n'est plus criminel, lorsque le hasard vous a fait dispensateur de réputations, de ne pas se donner sans réserve au service du talent. Ah ! je crois tout de même que si la critique était aux mains d'hommes aussi clairvoyants, aussi francs, d'écrivains aussi passionnés, d'aussi noble caractère que M. Octave Mirbeau, — au lieu d'appartenir aux France, aux Lemaître, à tous les ratés de l'École normale, — Villiers n'aurait pas dû, pour vivre, peiner comme un manœuvre, ni Mallarmé enseigner courageusement l'anglais à des potaches, ni Huysmans forclore, en un bureau, les meilleures heures de sa vie !

Pour en revenir à M. Moréas, qui fit, je le répète, des vers fort agréables et qui a de la patience et de l'ingéniosité, je ne vois pas bien en quoi il est plus « symboliste » que des romantiques tels que le divin Gérard de Nerval, que le fantasque Tristan Corbière, que tels de ses contemporains, par exemple Germain Nouveau, ou de plus jeunes, par exemple Louise Denise, dont les vers sont si suggestifs d'au-delà. Mais je n'ai pas à parler spécialement des poètes, ni de ceux, très hautains, qui se groupent autour des *Entretiens* où Bernard Lazare fait de la critique très excellente quoique un peu dure, ni de ceux qui maintiennent la *Revue indépendante*, ni de ceux qui se réunissent au *Mercure de France*, et qui suivent, en des voies très diverses, leur personnelle originalité. Les prosateurs me sont plus faciles à juger ; malheureusement, comme littérature nouvelle, ils n'ont donné que peu de chose. En dehors du théoricien Charles Morice qui, en ce moment, joue une grosse partie au théâtre, on voit bien que Vallette et Renard ont du talent. Mais si Saint-Pol Roux est symboliste, le sont-ils aussi ? Non, puisqu'ils diffèrent tous les trois. Il faudrait se renseigner près d'Albert Aurier : c'est un subtil analyste ; quand il aura fait son œuvre, il nous expliquera, très volontiers, comment il s'y est pris.

La prose, c'est le roman, le roman libéré des vieux harnois : il ne s'est pas renouvelé aussi vite que la poésie. Il n'y a pas, hormis Huysmans, de maître à comparer à ceux d'hier, à Flaubert, à Barbey d'Aurevilly, aux Goncourt ; il n'y a même pas un fou lucide qui nous jette dans les jambes quelques *Chants de Maldoror*. Les psychologues s'éteignent un à un, comme les bougies d'un candélabre, en les salons où ils fréquentent. Seuls brillent, dans la pénombre, Barrès alimenté par l'ironie et Margueritte dont la flamme est une âme. Quant aux naturalistes de la dernière heure, Descaves, si consciencieux artiste, les représente, et y il suffit ; et d'entre les inclassables, enfin, surgissent un étrange et presque ténébreux fantaisiste, un enfant (terrible) de l'auteur des *Diaboliques*, Jean Lorrain, C. de Sainte-Croix, romancier subtil, incorruptible critique, et ce brodeur de si fines étoles, F. Poictevin.

En somme, si j'en devais juger par ce qu'il m'est donné de rêver pour ma propre littérature (de bonne volonté), par quelques observations, quelques causeries, par des fragments lus çà et là, je pourrais m'aventurer à dire que la littérature prochaine sera *mystique*. Un catholicisme, un peu spécial, mais pas hérétique, régnera demain, — pour combien de temps ? — sur l'art tout entier.

M. Mæterlinck vient de traduire Ruysbrœck ; d'autres travaux préparatoires vont émerger... Nous en avons tellement assez de vivre sans espoir au « Pays du Mufle » ! Un peu d'encens, un peu de prière, un peu de latin liturgique, de la prose de saint Bernard, des vers de saint Bonaventure, — et des secrets pour exorciser M. Zola !

M. SAINT-POL-ROUX-LE-MAGNIFIQUE

Saint-Henry, 17 mai.

Monsieur,

Votre épistole m'arrive en Provence, corbeille de jolies filles.

J'y réponds, sous la joviale marguerite du Soleil, devant la masse de larmes versées par les amants et les poètes que l'on nomme la Mer.

J'ai fort hésité à vous communiquer ma profession de foi, l'heure me paraissant prématurée. Mais vous insistez avec une telle vertu qu'enfin je m'installe sur le chevalet de votre Question.

Nier l'imminence d'une Réforme et d'une Renaissance, c'est-à-dire d'une novation de systèmes et de formes, serait nier l'étoile polaire. Toutes proportions gardées, la contemporaine avant-garde de l'Art Prochain rappelle, par son bariolage, les précurseurs scientifico-philosophiques du seizième siècle. La Renaissance d'autrefois comme la Renaissance de demain, offrent à leur début une confuse mais fertile variété de crédos et de formules. N'avons-nous pas Luther-Wagner, Pic de la Mirandole-Villiers de l'Isle-Adam, Montaigne-Taine, Machiavel-Zola, Rabelais-Rodin, Théodore de Bèze-Mendès, Vinci-Puvis de Chavannes, Jacob Bœhm-Mallarmé, Nicolas de Cuss-France, Paracelse-Huysmans, Copernic-Mirbeau ? Le collectif volcan où fermentent ces esprits divers érupte chaque jour davantage. Les laves inhument peu à peu l'Herculanum des confessions vétustes, et de ces laves apaisées jaillira bientôt le lacryma-christi de l'Art espéré !

Ce que l'admirable Héraclite pensait des Choses et de Dieu, je le dis de l'Art : que sans cesse il *devient*. Potentiel Juif-Errant de la marche-pour-la-vie, il ambule vers le Trône de Perfection — accessible à la seule fin du Monde ! Sa vitalité réside dans sa perfectibilité. Les néophodes Cantaloups de la Sorbonne déclarent, à l'exemple d'Aristote, le ciel inaltérable, heureusement surviennent des Galilée pour, de temps en temps, découvrir des constellations nouvelles : chandeliers de Renaissances.

Quant à la Poésie, ma sentence est que, touchant le *rendu*, elle n'a pas encore offert sa manifestation véritable, adéquate. On a pris, pour elle, jusqu'ici, certain style d'officielle sélection. A travers les époques, splendirent des aèdes certes glorieux qui, parsemant leur poudre-aux-oreilles, firent génufléchir les populaces ravies. Ces grands hommes, je les honore d'un culte filial, convaincu que les Vieux sont notre atavisme, leurs œuvres nos mois de nourrice. Mais leur art fut-il vraiment l'art divin, la Toute-Poésie?

Nenni!

Opinion si notoire déjà que des chercheurs risquèrent, dans notre siècle d'origine, qu'il pouvait y avoir *autre chose*. D'aucuns, ces lustres derniers, cogitant partiellement ce que je prétends, vinrent soutenir, qui *la poésie c'est le son*, qui la *poésie c'est la couleur*, ainsi de suite. Manifeste progrès. Néanmoins ces apôtres bégayaient encore. Non, la Poésie n'est pas uniment de la musique, uniment de la couleur...

Elle est tout cela, et davantage.

Le poète, braconnant dans les fourrés du Mystère, ne le pipera qu'avec toutes les armes humaines réunies en faisceau. Qu'est-ce que l'être? Le mariage d'un corps et d'une âme. La compatible entente du ménage réalise la légitime géniture, l'époux et l'épouse ne faisant qu'un — de par l'amour : égoïsme à deux. Le corps est une âme qui se sert d'un corps, a énoncé un philosophe antique. Il faut quérir l'absolu avec l'être intégralement tendu vers toutes les directions. L'artiste se cantonne à tort dans les extrêmes : idéalisme ou positivisme. Est-il trop de deux bras pour étreindre une femme — qui se refuse? On s'est contenté jusqu'à ce jour d'une opinion d'or ou d'une opinion de cuivre. Allons à l'alliage ! L'étincelle jaillit du baiser des pôles contraires.

Dans la religion poétique, l'âme est une harpiste dont la harpe est le corps : harpe à *cinq* cordes. Pincez une seule corde, vous avez la voix dans le désert égoïste et partial : pincez les cinq, voici l'expansive charité, voici la symphonie.

Ah ! si nous vivions dans la zone métaphysique de l'Absence, j'admettrais le mépris des Cérébraux pour les Choses et pour notre carcasse, mais nous sommes exilés dans la Babylone du Sensible et nos harpes sont parmi les saules.

Le poète se peut donc comparer, organiquement parlant, à une harpe supérieure s'adressant aux harpes moindres des peuples. Les vibrations de celle-là doivent éoliennement vitaliser celles-ci.

— Les *cinq cordes* de la harpe ?

— Nos *cinq sens*... qui traquent, capturent, puis officieusement naturalisent, accessibilisent le suprême gibier dérobé par l'esprit. Oui, la Poésie, synthèse des arts divers, est à la fois *saveur, parfum, son, lumière, forme*. Son œuvre prismatique (aux cinq facettes, sapide-odorante-sonore-visible-tangible) est le domaine où l'âme règne sur une mosaïque formelle et gouverne au milieu d'une orchestration foncière. Il en résulte un art attique amplifié : l'idée enchâssée dans un quintuple climat. Le subjectif dans l'objectif. Art parfait, où, par un voisinage étrange, semble presque se spiritualiser la matière et se matérialiser l'idée, la forme est la cage des lions et des faisans de l'abstraction, elle corporise l'idéalité, idéalise la réalité.

Qu'on n'aille point m'attribuer le sophisme d'une esthétique des seules sensations ! Ayant voulu poser les assises d'un quai de départ, j'ai dû commencer par les sens qui sont la prime et banale preuve de l'existence de l'homme en le cerveau de qui siège le *Vatican* des sensations. Ce sont les buccins des sensations qui sonnent la diane de l'humanité et c'est par le pont-levis des sens que le fantôme du Mystère entre visiter le donjon de notre esprit. Ma Théorie des Cinq Sens, ai-je inféré dans une étude sur le divin Pierre Quillard, est l'avènement de l'art individuel et vivant : le Verbe fait Homme. Ajoutons que les sens fraternisent avec un désintéressement tel qu'ils fusionnent chez les natures d'élite au point de se confondre. Cette communion des sens engendre l'émotion suprême, l'éclosion de l'âme, son apparition, son entrée en matière. Longtemps j'ai supposé que la sensibilité pouvait être la substantialité de l'âme. Serait-ce pas au moins joli de dire que les sensations sont la forme insaisissable du corps et la forme saisissable de l'âme ? Le vulgaire commerce des sens, on le voit, n'est pas en cause, mais le subtil résultat de cet essaim se coalisant et s'épurant vers l'unité sensationnelle jusqu'à distiller dans la ruche cérébrale un relief unanimement élu.

Je n'insiste tant que parce que d'ingrats poètes propendent à congédier la Matière, ainsi qu'une trop vieille servante usée au service du Naturalisme. Ouais ! la fille est verte plus que jamais ! le serait-elle trop pour certains ? Bannir le contingent et le fini, c'est jouer à colin-maillard dans le transcendantal tunnel des vieilles lunes. On m'entendra mieux lorsque j'aurai présenté notre monde, la Vérité, comme les débris épars de l'originelle Beauté rompue.

Oyez cet apologue :

— « Au temps qui n'était pas encore le Temps,
» Dieu, solitaire Idée des Idées, voulut les corporiser,
» afin de distraire son intellectualité. L'incarnation
» opérée, la Beauté fut. La Beauté figurait la forme
» de Dieu. En la créant, il avait désiré se réaliser.
» Toutefois Dieu restait l'Idée : l'Idée de ces Idées qui
» formaient la Beauté. Alors ce fut une unité, ce fut
» encore une dualité. Devant ces Idées formelles
» (multiple mirage de son Idée une), Dieu s'éjouis-
» sait, tel un enfant devant un joujou.

» Or, il advint ceci. Sans doute possédée de ce dé-
» mon qui incite à produire, la corporelle Beauté, se
» croyant indépendante, eut la curieuse envie d'imi-
» ter Dieu, de créer à son tour. Mais — comme elle
» était la Perfection, et que la Perfection ne se peut
» surpasser, son unique devoir étant d'être — la
» Beauté, superbe d'harmonie, fut punie de son ca-
» price : elle se rompit dans l'effort de conception, se

» répandit pêle-mêle et ses débris devinrent la Vérité,
» c'est-à-dire le moindre : l'ICI-BAS. »

Mon apologue révèle un univers fait du châtiment de la capricieuse Beauté dont la substance gît, en désordre, attendant le talisman qui réhabilitera son équilibre et sa cohésion d'antan. Je cherche donc les lignes de la Beauté parmi la Vérité, son essence parmi Dieu, puisqu'en lui permane l'intègre et vierge Idée de la Beauté. La Beauté étant la forme de Dieu, il appert que la chercher induit à chercher Dieu, que la montrer c'est le montrer. Et l'on trouve le Bien par le seul fait que l'on trouve la Beauté, en dehors même de toute marotte didactique. Le rôle du Poète consiste donc en ceci : réaliser Dieu. L'œuvre du Poète est une recréation, mais une seconde création, puisqu'il met à contribution les membres de Dieu.

Le Poète a pour boussole son intuition. La Beauté, châtiée, qui rôde parmi l'imagination humaine, lui sussure sa nostalgie. Nous devons noter la qualité de cette nostalgie. La Beauté brisée ne retrouvera sa perfection qu'à travers son grand regret de la Splendeur perdue : le Poète est le chancelier de ce regret.

On le voit, mon idéo-réalisme est un arbre immense ayant ses racines en Dieu, ses fruits et sa frondaison ici-bas. Les sensations nous apprennent les fruits, l'esprit dialecticien remonte à l'amande du noyau de ces fruits, cette amande mène l'esprit aux rameaux, et ces rameaux d'Ezéchiel conduisent l'esprit vers les racines, au Principe enfin, puisque ces fruits émanent de la raison séminale.

Le sublime Idéalisme de Platon est cruel pour notre Monde qu'il appelle monde d'apparence et d'ombres. Je soupçonne Platon d'avoir commis une politesse envers la Divinité et cru Celle-ci plus avare ou l'homme moins riche. Les ombres de Platon me semblent des lanternes vénitiennes dont il faut savoir soulever le papier pour entrevoir la flamme intérieure. Les sens s'arrêtent au papier lumineux. Stimulons notre esprit, sans lui nous n'aborderons jamais la petite flamme cachée, rayon de l'inspiratrice Flamme.

Je ne préconise point l'indigeste recensement des Choses selon le génial Croquemitaine de Médan, lequel exige que tout écrivain ait ses trente-deux yeux comme une queue de paon. Du moins, sollicité-je qu'on en désarcane l'essence causale, qu'on en cristallise l'orient, la caresse et le divorce de leurs correspondances, autrement dit les modes qui sont en quelque sorte la vive chevelure de la substance. Méthode qui se peut nommer la *maïeutique* des Choses. Le poète est le Sage-homme de la Beauté.

Sans traiter les Choses d'apparences, j'admets toutefois que la perle de l'idée couve et palpite sous les parasites sables amoncelés par le temps et ses ulcères. Oui, toutes les petites âmes participant à la grande âme de la Beauté, toutes ces mignonnes unités concourant à l'une complexité, ont du sable sur elles. Le Romantisme n'a glorifié que les micas insectes et coquillages de ce sable, le Naturalisme a dressé la comptabilité de ses grains ; les écrivains à venir joueront de ce sable puis lui souffleront dessus afin de ressusciter le symbole enseveli, l'hamadryade essentielle, le cœur qui bat de l'aile au centre de tout, l'esprit de la substance. Le monde physique est un vase empli de métaphysique. Chaque chose est un tabernacle d'Isis, chaque chose est une idée ayant sur elle la poussière de l'exil. La Vérité c'est la charbonnière, avant le débarbouillage, la Beauté cette même charbonnière débarbouillée. En étreignant la première, c'est la seconde qu'il faut violer. Mais que l'on soit avant tout possédé de cette foi qui permettait à sainte Térèse de voir Dieu *réellement* dans l'hostie.

Puisque la Toute-Beauté, cette *résultante*, s'est évanouie du monde sensible et que parmi nous grouillent, çà et là, ses *composantes*, le problème à résoudre est : quelles sont les forces à marier pour inventer la Toute-Beauté ? L'univers figurant une catastrophe d'Idées, comment les réordonner pour ériger leur Idée, leur Synthèse ?

— Mais le public ? objecterez-vous, Monsieur.

— Ce Sicambre nous lapidera d'abord et nous coulera plus tard, en bronze. Simple comme l'œuf de l'impavide Christophe ! Je ne professe pas à l'égard des Gentils l'intolérance de saint Augustin. Tertullien émet, avec une politique noblesse, qu'il est

odieux de contraindre un esprit libre à sacrifier malgré lui. La place m'est heureuse à cueillir cette cordiale maxime de La Bruyère que je recommande à l'Eminence Grise de Gandillot-le-tombeur-de-Shakespeare : « Celui qui n'a égard en écrivant qu'au goût de
» son siècle, songe plus à sa personne qu'à ses écrits :
» il faut toujours tendre à la perfection, et alors
» cette justice qui nous est quelquefois refusée par
» nos contemporains, la postérité sait nous la rendre. »

Tôt ou tard, la foule qui gémit aujourd'hui dans le capharnaüm de l'onocéphale Convention, s'émancipera vers l'évidente Rédemption.

Sa méfiance actuelle se comprend. A peine sort-elle de l'étude décadente. Et tenez, ce tabide décadisme fut un bienfait de la Providence. Les décadents auront du moins eu la céleste inconscience d'avoir précipité la réaction nécessaire. En d'antérieures époques déjà, ils incubèrent de robustes avènements. Les plus nobles floraisons ne sourdent-elles pas des trappes de la décomposition ? Sont-elles autre chose que d'harmonieux phénomènes émanés de causes vicieuses qui s'amendèrent jusqu'à telle vertu réalisée ? Notre époque est la copie de celle d'Elisabeth. Comme présentement, c'était en Angleterre, l'école déliquescente ; y paradaient l'euphuiste Lyly et le bizarre Donne. De cette poésie quintessenciée jaillit cette fleur dont le parfum nous survivra : Shakespeare. Nous sommes encore l'Italie du dix-septième siècle où le chef des poètes cavaliers, le corrupteur Marini, était l'objet d'une idolâtrie. Et nous sommes aussi la France du même siècle que le maréchal d'Ancre emmusqua de l'auteur de la *Sampogna* et des *Baci*, alors que les Scudéri faisaient s'agenouiller le goût, les Précieuses se coucher l'esprit. De même que Shakespeare sort de Lyly, nos merveilleux Classiques sortent des marinistes et des ruelles.

— Ce que je pense du *Pèlerin Passionné* ?

— Que ce petit-neveu des Guillaume de Loris, Bertram de Born, Rutebœuf, Jean de Meung recèle quelques perles dans les coquilles de sa cagoule. Le Talleyrand du Symbolisme, notre ami Charles Morice, nous parut excessif, disant de son compaing : « Moréas n'a pas d'idées, il ne lui manque que cela. » Coup d'aile de chérubin, Dieu merci ! Jean Moréas m'apparaît comme la complémentaire de François Coppée. En tant que tempérament artistique, il n'est pas sans m'évoquer, aux heures bizarres, un trombone à coulisse qui dégagerait des sons de ûfre.

— L'avenir de la Poésie ?

— Il est aux divins, aux hommes-dieux !... Car l'ère va reflorir des dieux foulant le sol comme au temps rapporté par le frêle Musset. Les poètes sont imminents qui, prenant leur titre à sa primordiale acception, dévoileront leur propre Monde loyalement conçu par eux sans qu'ils se soient anéantis dans une cérébralité exacerbée, n'affichant aucune ingratitude envers l'univers de Dieu, leur ensealissime Principal. Sur ce point, j'ai dit au *Mercure de France*, où Tailhade, de Gourmont, Vallette, Aurier écrivent avec une dague ciselée :

« Les poètes, nous sommes des dieux, c'est acquis.
» Chacun de nous conçoit un monde, d'accord. Néan-
» moins convenons que notre monde particulier n'est
» que l'élixir du monde initial, si prestement réinté-
» gré aux heures corporelles. Notre original s'étaye
» de l'originel. Le monde foulé — co-propriété indivise
» de tous dans la république de la vie — il nous faut
» le considérer comme l'apprentissage foncier de
» celui de notre esprit, lequel n'est, à franc dire, que
» le résultat d'un désir de réaliser mieux, désir servi
» par la morale de notre personnelle esthétique. La
» floraison du poète se mesure donc à son génie d'es-
» sentiellement comprendre ou d'amender (par un
» prêt d'intentions foraines) celle de Dieu. »

Ce divinisme paraphrase l'apophtegme de Gœthe : « La vraie poésie s'élève au-dessus du monde sans le perdre de vue. » Désormais, le poète aura le droit de chanter, à son heure du cygne, qu'un univers s'éteint avec la lampe de ses os, et ses disciples devront la coucher dévotieusement dans la tombe et, de même qu'on plaçait jadis une bête de marbre aux pieds d'un mort illustre, placer un globe symbolique aux pieds de l'endormi divin.

— Mais le Symbolisme actuel ?

— Le Symbolisme du jour engonce l'art dans le carcan du système, le restreint au séminaire du dogme. Soyons symbolistes comme Dante.

Cultivons le symbolisme sans le rigoriser, ni l'édifier en petite tente sous l'ample soleil artistique. Je prise fort le Symbolisme, sobre et en filigrane, qui préside à certains chefs-d'œuvre des princes Mæterlinck, Henri de Régnier, Viellé-Griffin, Gabriel Randon, Stuart-Merrill. Instituer une école symboliste — c'est fonder une Suisse de la Poésie.

Qu'on y prenne garde, le Symbolisme exaspéré aboutit au nombrilisme et à l'épidémique mécanisme. Remémorons-nous l'abus du Syllogisme au moyen âge. Accordons toutefois au Symbolisme actuel les circonstances atténuantes, car il est le bout du bâton dont le Naturalisme est l'autre bout. Les selles physiques de celui-ci contraignirent les esprits aux sels métaphysiques, de même que les finales épines de la dialectique au moyen âge inclinèrent les âmes vers les roses mystiques. Ce Symbolisme est un peu la parodie du Mysticisme. Mais si fut logique le Mysticisme dans cette période passive et contemplative de la scolastique où chaque tronc de chêne se sculptait en reliquaire, chaque roc se creusait en cellule, si logique, dis-je, fut le suave Mysticisme des saints Bernard et Bonaventure, le Symbolisme exclusif est anormal en notre siècle considérable de combative activité.

Considérons donc cet art de transition comme une *spirituelle* niche faite au Naturalisme, aussi comme un prodrome (aucunement négligeable) de la Poésie de demain, et passons.

— L'Orient des poètes selon moi ?

— Puisque toute Renaissance arbore une enseigne, l'histoire ayant cure des étiquettes, je vous prophétiserai que la Poésie va vivre son

AGE DE DIAMANT

Nous allons entrer dans

LE MAGNIFICISME

Les Magnifiques, argonautes de la Beauté, iront chercher la Toison Divine dans la Colchide de la Vérité. Ils la conquerront par l'âme des choses, âme sur laquelle ils jetteront la chasuble tissée et passementée par leurs sensations...

Jésus, patriarche des Magnifiques, leur divulgua la Poésie moyennant l'ingénu sacrement de la Sainte-Eucharistie, par qui *se réalisent substantiellement le corps, le sang et l'âme de la Divinité sous les espèces du pain et du vin.* Les pages blanches de l'œuvre à créer seront les hosties des artistes nouveaux. Ainsi le bon Nazaréen laissa tomber un symbole que je viens ramasser et traduire avec piété.

Les poètes magnifiques ne dispenseront pas la brute Vérité, mais exprimeront son origine ou son but ; ils en diront le meilleur et le progrès, ses illusions perdues, ses deuils, ses chutes, son espérance. Durant l'heure présente, fleur de l'horloge éternelle, ils *rédigeront* sur les tablettes ardentes de l'exil, *les Mémoires de la Vie antérieure de la Vérité, ou bien hypothéqueront les joies de sa Vie future.* Le Magnificisme ne sera pas outrancier dans l'extrême à l'instar du Romantisme qui ne donna des ailes qu'à la folle du logis, ni à l'instar du Naturalisme qui ne donna des pattes qu'à son objectif. Ce qui occupera les hiératiques artistes de la Magnificence : l'essentiel motif de l'Humanité tramé dans l'ambiante et fondamentale orchestration de la Nature. Poètes des synthèses humaines, ils promettent l'œuvre vibrante, sortie des rythmiques entrailles de la vie, dans sa toute perfection, à la manière de l'Anadyomène éclosant de l'onde.

Le style devient la sainte-écriture, la bonne nouvelle.

Certes il est grand temps de dénoncer la bourriche du terre-à-terre, l'album du vis-à-vis, le panorama du comme-c'est-ça ! grand temps de brûler sur un fanatique quemadero, ces paperasses de greffiers, cette nosologie de potards, ces conciergeanneries de calicots en gésine ! grand temps de chasser les superficiels vendeurs du Temple et de cloîtrer à la Salpétrière ces

Montépineurs égotistes qui nous imposent leurs masturbations d'homuncules à la coque !

Cette machine à coudre de ce qu'on entend nommer la Littérature, voilà bien la pire décadence !

Debout ! la croisade du Génie !

Le Génie table sur les vallons humains. Mais ces moissons, mais ces vendanges que les véristes donnent à brouter, à grapiller sur place, telles quelles, le Génie les emporte au moulin, au pressoir spéciaux de son âme, puis les confie soit au four, soit à la cuve de sa foi : enfin, ces moissons et ces vendanges, le Génie les offre sous l'or des espèces glorieuses, chantant avec images : « Agréez ce festin, frères d'ici-bas.
» Dans vos champs j'ai récolté la brune Douleur.
» Cette Douleur, je l'ai gardée pour moi seul. Cette
» Douleur, je l'ai fécondée. Agréez ce festin, enfant
» que j'eus de la triste femme. O frères d'ici-bas,
» voici ma fille, adorez-la, car cette fille — c'est la
» Joie ! »

De la sorte, cher maître Huysmans, le Génie est le Paraclet prénommé le Consolateur.

Oh ! le Génie hante une subtile cité sise entre l'ici-bas et l'au-delà. Si j'osais parler en géomètre, j'insinuerais que cette Cité existe au baiser que le sommet de la divine pyramide penchée donne à l'humaine pyramide dressée. Les pluies viennent de ce pays sans doute, car les poètes y pleurent. Ce magique territoire a des lois et des êtres nouveaux : êtres et lois, qui, dictés en principe par l'humanité, furent ensuite corrigés et paraphés par la divinité. Chaque génie y occupe son palais. Et ces divers palais, fraternisants, participent à la Sublime Confédération.

Là, fermentent les séculaires détresses de la Beauté, qui, malgré l'effort charitable du Génie, n'est pas encore en ce monde tout à fait résolue. A l'heure présente la terre ne reçoit d'elle qu'un hypothétique parfum, lequel est lui-même un peu la Beauté puisqu'il la suggère. Cette hypothèse nous instruit du moins par ses aveux, comme le rayon nous raconte tout le lointain Soleil.

A travers les fièvres de sa nostalgie, la Beauté brisée délègue nos âmes sur la terre, nos âmes qui vite s'enchâssent dans nos corps. Elle dit à ces messagères : « Pastourelles, réunissez les brebis égarées, » reconstituez mon troupeau, refaites le sacré ber- » cail. » Hélas! les messagères sont, pour la plupart, des mercenaires s'attardant aux margelles des puits. Les rares poètes sont les bergers évangélistes.

Ces brebis égarées, les Magnifiques espèrent les rassembler. La dive Beauté, que les mortels n'ont encore vue qu'avec les braves yeux de l'éphémère foi dans le temple abstrait de la chimère, les Magnifiques l'inviteront ici-bas le plus notablement possible. Ils veulent que, par la fée Poésie, la Beauté descende s'asseoir parmi les hommes, ainsi que Jésus s'asseyait parmi les pêcheurs de la Galilée. Déjà ces poètes regrettent le vieil avenir : éloigné Chanaan où les œuvres d'art seront des Idées sensifiées ayant l'existante vertu d'une source, d'un amour, d'un triomphe, d'une colline ou d'un océan, Chanaan où les Odes se mireront dans les fontaines, les Élégies déperleront sur les colonnes abattues, les Passions s'agiteront sur la scène des vallons.

Oui, je prédis une époque lointaine où le pur Absolu descendra chez la Matière, pour à la longue s'y substituer, de par l'effort accumulé des poètes des siècles révolus. Oui, s'épanouira cette heure miraculeuse où, ayant été sollicitées et séduites chaque jour davantage par la génération des élus, mesdemoiselles les Idées voyageront réellement en notre monde.

Alors ! oh ! alors trop heureux, c'est-à-dire malheureux de leur mine patibulaire devant cette invasion de supérieures Charmantes, les derniers mortels iront se cacher dans les sépulcres — et s'ouvrira la Restauration de l'une Beauté complexe.

Les hommes auront passé, mais Elle restera.

Ç'aura été l'honneur du monde sensible d'avoir régénéré la Beauté parfaite qui le façonna, de ses membres brisés, au dernier instant de la Vie Antérieure. Et ce sera la Vie Future !

Ceux-là, monsieur, seront Magnifiques, qui, paysans de la vie, spéculatifs écoliers de la chair et de l'esprit, étudieront l'Être par l'être, pensant selon j'oublie quel philosophe que Dieu est l'homme éternel. Riches de tous les péchés sans doute, assurément de toutes les vertus — d'où l'étrange miséricorde — ils seront reconnaissables, ayant à la fois cet air de revenir de l'enfer qu'avait l'homme de Florence et cet aspect de retourner au firmament qu'avait l'homme de Nazareth. Ne faut-il pas avoir vécu la houleuse adolescence de Raymond Lulle pour prétendre à l'*ars magna?* Leur morale sera celle d'Epictète. A l'égard des Aînés dont la barbe est une aile de cygne — Aînés bernables toutefois, le cas échéant — les Magnifiques ne professeront pas l'insulte de ces Savonaroles de cabaret, qui, s'imaginant téter la verte espérance en sablant de l'absinthe, évoquent des bambins qui se croiraient l'âme noircie pour avoir sucé du réglisse. Respectueux encore que prudents héritiers du passé, ils sauront éviter l'ivraie comme glaner l'épi sur l'Himalaya de Hugo, sur les fortifications et la Butte-Montmartre des Goncourt et Zola, sur le Parnasse des honorables Adjoints de M. Lemerre. Je ne dis pas à ces Renaissants : reculez à l'antiquité ! retournez au seizième siècle ! Je leur crie : « Appareillez pour l'Avenir ! » Il est équitable de le déclarer, les poètes sont solidaires. Ils sont plusieurs et ne sont qu'un. Il y a un poète, un seul formé de tous les poètes : il y a le poète ! Celui-ci naquit avec le monde, avec le monde il mourra. Il doit s'avancer, fiori du flambeau toujours plus ardent — et ne pas trop re garder en arrière, pour ne pas être cristallisé en statue d'imitation.

Classicisme, romantisme, naturalisme, psychologisme, symbolisme, serviront de piédestal au Magnificisme.

La réhabilitation du Théâtre sera la grande ambition des Magnifiques.

O le Drame, expression capitale de la Poésie ! O le Théâtre, par Hégel défini la représentation de l'univers !... O cette création, seconde devant Dieu, première devant les hommes !... Etincelante Minerve à la fois sortie du front et des entrailles du poète !... O le Théâtre vivant, diocèse des idées, synthèse des synthèses !... Symphonie humaine où babilleront la saveur, le parfum, la sonorité, la flamme, la ligne !... O ces êtres qui seront les formes glacées de l'eau fuyante du Rêve !... O ces vendanges idéales au vignoble de la Vérité !... Ce dialogue du sexe et de l'âme ! Ce duel de la viande vive et de la pensée nue !

Cet arc-en-ciel et cet arc-en-enfer ! O ce grand conseil émanant de la Beauté par cela simplement qu'elle est la Beauté !... O ce rideau s'entr'ouvrant comme un calice ! et ces splendides mots qui s'en envoleront, abeilles ravies de porter le bon suc au public régénéré !... O ces spectateurs tressaillant ainsi que tressaillit Moïse devant l'harmonieux rosier du Sinaï !... O ce théâtre que Dieu lui-même, en la loge grandiose, suivra de sa prunelle de soleil, puisqu'il sera conçu pour l'Eternité !

Eh bien ! ce Théâtre, les Magnifiques le réaliseront !

C'est pourquoi, Paris, rebâtis en tes flancs le théâtre d'Athènes, et c'est pourquoi, patrie, conseille à tes foules frivoles le saint enthousiasme des phalanges de Grèce, car voici venir les Eschyles futurs, voici grandir les Sophocles nouveaux !

Une chose regrettable, c'est le systématique blasphème des Princes de la Férule envers les Gueux du Verbe. La mauvaise foi des uns, la bonne foi des autres : cela ne peut qu'aboutir à une Terreur nouvelle tôt ou tard. J'y ai songé souvent avec une infinie tristesse. Relisez plutôt les annales du fanatisme. Surtout ne dites pas : « C'était bon dans le temps ! » Par pitié, ne dormez pas sur cette rose et pensez à la guerre possible des Orphées dont chaque jour on crucifie l'espoir ! Déjà la révolte s'excite aux quatre coins de l'Esprit. Il y a cent ans se fit la Révolution des Pioches, avant cent ans peut-être se fera la Révolution des Plumes. Oh ! songez-y ! Tout y précipite la jeune Intelligence : la vulgarisation de la science, les privilèges des barbares, le génie chassé des versailles comme un lépreux, et je ne sais quel doigt de Dieu qui fait signe dans l'espace. Les paysans de La Bruyère ne sculptèrent qu'une moitié de la Liberté, il se pourrait que les poètes sculptassent l'autre, — et je l'écris avec toutes les larmes comme avec tous les sourires de mon âme. Parfois j'entends une voix d'apocalypse, voix maligne et sainte ensemble, me crier : « Un jour les Aigles fondront sur les Crapauds, — et les Crapauds l'auront voulu !!! »

Cher Monsieur, deux poètes sont, hélas ! reliés dans dans le marbre tombal qui eussent été souverains dans l'Age de Diamant : Jules Laforgue, Ephraïm Mikhaël.

Si vous le voulez bien, serrons-nous la main sous le palmier de leur souvenir.

SAINT-POL-ROUX-LE-MAGNIFIQUE.

LES NATURALISTES

On a pu remarquer que, s'il s'était trouvé un assez grand nombre de désaccords parmi les consultations que j'ai prises aux psychologues, aux symbolistes et aux décadents, il y avait eu une caractéristique unanimité chez tous à m'affirmer, sans l'ombre d'une hésitation, que le Naturalisme était mort. Par là me fut confirmée l'excellence du système que j'avais adopté, d'obtenir, d'abord, sur l'Evolution littéraire, l'opinion des écrivains nouveau-venus et encore ignorés, pour la plupart, du grand public, en même temps que d'utiles renseignements sur leurs esthétiques personnelles et ce qu'ils comptaient faire de l'avenir des Lettres françaises.

Cela me permet aujourd'hui de porter aux maîtres incontestés, avec l'opinion de leurs cadets sur leurs œuvres, les théories qui doivent servir à l'écrasement des formules consacrées.

Et puisque : « le naturalisme est mort », je ne

pouvais vraiment pas l'enterrer, dans mon Enquête, sans l'assentiment de ceux qui lui ont donné le jour et de ceux qu'il a fait vivre.

M. EDMOND DE GONCOURT

— Oui, répondit-il à ma première question, — je crois que le mouvement naturaliste — disons *naturiste*, comme s'expriment les Japonais, — je crois qu'il touche à sa fin, qu'il est en train de mourir, et qu'en 1900 il sera défunt et remplacé par un autre. Oui, il sera décédé à la suite d'une mort naturelle, sans s'être empoisonné, comme on le prétend, par ses œuvres, — et cela logiquement, parce qu'il aura un demi-siècle d'existence qui est la moyenne de l'existence des mouvements littéraires de ce temps : du romantisme tout aussi bien que du naturalisme. Et les deux mouvements littéraires auront fait chacun leur besogne : le romantisme aura infusé du sang neuf dans l'anémie de la langue de la Restauration ; le naturalisme aura remplacé l'humanité *de dessus de pendule* du romantisme par de l'humanité d'après nature.

Or, comme tout mouvement littéraire est une réaction contre le mouvement qui l'a précédé, il est incontestable que, dans l'évolution qui doit s'accomplir, cette réaction aura lieu...

— Mais au profit de qui ? demandai-je.

— Les symbolistes, les décadentistes, enfin les gens qui se posent, d'avance, pour nos successeurs, me semblent être presque tous des poètes. Je déclare être un mauvais juge à leur égard, car je suis un bien plus grand liseur de prose que de vers. Mais, toutefois, je me demande si, au dix-neuvième siècle, en cette toute-puissance de la prose poétique, en cette domination de la langue de Chateaubriand et de Flaubert, je me demande si un grand mouvement intellectuel peut être mené par des versificateurs. Les vers me semblent, à moi, la langue des jeunes peuples, des peuples à l'aurore, et non pas la langue des vieux peuples, des peuples à leur coucher de soleil. Hugo a été une exception monstrueuse de génie. Il peut exister encore derrière lui des charmeurs dans le genre, mais l'action de la littérature sur les masses, je crois qu'elle n'appartient plus aux vers.

— Puis, chez les novateurs, — et on me dit qu'ils ne sont pas tout jeunes, — je trouve bien des programmes, des opuscules, des brochurettes, de minces in-18, mais je ne rencontre pas ce qu'on appelle une œuvre. Et, dans le mouvement romantique, vous avez l'œuvre colossale d'Hugo, et dans le naturalisme, vous avez l'œuvre, en beaucoup, beaucoup de gros volumes, de Zola et de Daudet.

J'interroge :

— De quel côté, selon vous, maître, s'oriente la réaction ?

— C'est clair comme le jour : dans le mouvement qui se prépare, il se fera une prédominance de la psychologie sur la physiologie. Mais je ne vois pas encore les chefs, les têtes de colonne de ce mouvement. Dans les gens qui viennent après nous, je discerne des gens d'un très grand talent, comme Huysmans, comme Maupassant, comme Mirbeau, comme Rosny, comme Margueritte, comme Hennique, comme d'autres encore; mais en dehors de l'indépendance et de l'envolée libre de tout talent, ces nouvelles fournées de la gloire me semblent se rattacher encore à l'école naturaliste.

Et, tenez, à ce propos, je veux vous faire part d'une idée qui m'est toute personnelle. Ma pensée, en dépit de la vente plus grande que jamais du roman, est que le roman est un genre usé, éculé, qui a dit tout ce qu'il avait à dire, un genre dont j'ai tout fait pour tuer le *romanesque*, pour en faire des sortes d'autobiographies, de mémoires de gens qui n'ont pas d'histoire.

Mais ce n'est point assez encore Pour moi il y a une nouvelle forme à trouver que le roman pour les imaginations en prose, et l'inventeur et les propagateurs de cette forme, qu'ils soient matérialistes, spiritualistes, symbolistes, n'importe quoi en *iste*, seront, selon mon idée, les meneurs du mouvement intellectuel du vingtième siècle.

— Vous ne me parlez pas des psychologues, fis-je?

— Eh! bien cela nous permettra d'en finir avec cette étiquette de « naturaliste » qu'on a collée, un peu malgré nous, sur nos chapeaux. Est-ce que nos œuvres sont tant que ça naturalistes d'un bout à l'autre? Est-ce que nous n'avons pas compris que dans une œuvre, dans un livre même, il doit y avoir du physique et du psychique? Combien de livres a écrits Daudet, qu'on ne peut pas classer dans ce compartiment étroit où on nous enferme! Zola lui-même n'a-t-il pas fait le *Rêve*? Et moi, qui ai fait *Germinie Lacerteux*, n'ai-je point écrit *Madame Gervaisais*, un roman d'un psychologue aussi psychologue que les plus psychologues de l'heure actuelle!

M. EMILE ZOLA

— Ah! ah! me dit le maître avec un sourire, en me serrant la main, vous venez voir si je suis mort! Eh bien! vous voyez, au contraire! Ma santé est excellente, je me sens dans un équilibre parfait, jamais je n'ai été plus tranquille; mes livres se vendent mieux que jamais, et mon dernier, l'*Argent*, va tout seul! Pourtant, on peut causer, causons.

M. Zola me dit qu'il a suivi attentivement mon enquête depuis le début, et qu'il a été bien aise de voir comment les jeunes parlaient du passé, du présent et de l'avenir de la littérature.

— Ils sentent bien quelque chose, mais ils errent lamentablement autour de la formule qu'il faudrait trouver. Le naturalisme est fini! Qu'est-ce à dire? Que le mouvement commencé avec Balzac, Flaubert et Goncourt, continué ensuite par Daudet et moi, et d'autres que je ne nomme pas, tire à sa fin? C'est possible. Nous avons tenu un gros morceau du siècle, nous n'avons pas à nous plaindre; et nous représentons un moment assez splendide dans l'évolution des idées au dix-neuvième siècle pour ne pas craindre d'envisager l'avenir. Mais pas un ne nous a dit encore, et j'en suis étonné : « Vous avez abusé du fait positif, de la réalité apparente des choses, du document palpable; de complicité avec la science et la philosophie, vous avez promis aux êtres le bonheur dans la vérité tangible, dans l'anatomie, dans la négation de l'idéal et vous les avez trompés! Voyez, déjà l'ouvrier regrette presque les jurandes et maudit les machines, l'artiste remonte aux balbutiements de l'art, le poète rêve au moyen âge... Donc, sectaires, vous avez fini, il faut autre chose, et nous, voilà ce que nous faisons! »

On pourrait à la vérité répondre : Cette impatience est légitime, mais la science marche à pas lents et peut-être conviendrait-il de lui faire crédit. Pourtant cette réaction est logique, et, pendant dix ans, pendant quinze ans, elle peut triompher, si un homme paraît, qui résume puissamment en lui cette plainte du siècle, ce recul devant la science. Voilà comment le naturalisme peut être mort ; mais ce qui ne peut pas mourir, c'est la forme de l'esprit humain qui, fatalement, le pousse à l'enquête universelle, c'est ce besoin de rechercher la vérité où qu'elle soit, que le naturalisme a satisfait pour sa part.

Mais que vient-on offrir pour nous remplacer ? Pour faire contre-poids à l'immense labeur positiviste de ces cinquante dernières années, on nous montre une vague étiquette « symboliste », recouvrant quelques vers de pacotille. Pour clore l'étonnante fin de ce siècle énorme, pour formuler cette angoisse universelle du doute, cet ébranlement des esprits assoiffés de certitude, voici le ramage obscur, voici les quatre sous de vers de mirliton de quelques assidus de brasserie. Car enfin, qu'ont-ils fait, ceux qui prétendent nous tuer si vite, ceux qui vont bouleverser demain toute la littérature ? Je ne les connais pas d'hier. Je les suis depuis dix ans avec beaucoup de sympathie et d'intérêt ; ils sont très gentils, je les aime beaucoup, d'autant plus qu'il n'y en a pas un qui puisse nous déloger ! je reçois leurs volumes, quand il en paraît, je lis leurs petites revues tant qu'elles vivent, mais j'en suis encore à me demander où se fond le boulet qui doit nous écrabouiller. Il y a bientôt dix ans que des amis communs me disent : « Le plus grand poète de ces temps-ci, c'est Charles Morice ! Vous verrez, vous verrez. » Eh bien ! J'ai attendu, je n'ai rien vu ; j'ai lu de lui un volume de critique, la *Littérature de tout à l'heure*, qui est une œuvre de rhéteur ingénieuse, mais pleine de partipris ridicules. Et c'est tout. Vous me dites qu'il va, sous peu, publier de ses vers ; c'est toujours la même histoire ! Comme les socialistes ; écoutez Guesde, dans six mois il gouvernera, et rien ne bouge. A présent on parle de Moréas. De temps en temps, comme cela, la presse, qui est bonne fille, se paie le luxe d'en lancer un pour se distraire et pour embêter des gens. Qu'est-ce que c'est que Moréas ? Qu'est-ce qu'il a donc fait, mon Dieu ! pour avoir un toupet aussi énorme ? Victor Hugo et moi, moi et Victor Hugo ! A-t-on idée de cela ? N'est-ce pas de la démence ! Il a écrit trois ou quatre petites chansons quelconques, à la Béranger, ni plus ni moins ; le reste est l'œuvre d'un grammairien affolé, — tortillée, inepte, sans rien de jeune. C'est de la poésie de bocal !

En s'attardant à des bêtises, à des niaiseries pareilles, à ce moment si grave de l'évolution des idées, ils me font l'effet, tous ces *jeunes* gens, qui ont tous de trente à quarante ans, de coquilles de noisette qui danseraient sur la chute du Niagara ! C'est qu'ils n'ont rien sous eux, qu'une prétention gigantesque et vide ! A une époque où la production doit être si grande, si vivante, ils ne trouvent à nous servir que de la littérature poussant dans des bocks ; on ne peut même pas appeler cela de la littérature ; ce sont des tentatives, des essais, des balbutiements, mais rien autre chose ! Et remarquez que j'en suis navré ; car ils ne me gêneraient pas du tout, moi personnellement, puisqu'il n'y a pas un romancier parmi eux ; et je verrais volontiers ma vieillesse égayée par des chefs-d'œuvre ; mais où est-il, le beau livre ? Sont-ils d'accord pour en nommer un seulement ? Non, chacun le leur ! Ils en arrivent même à renier leurs ancêtres. Car, quand je parle ainsi, je n'entends viser ni Mallarmé, qui est un esprit distingué, qui a écrit de fort beaux vers et dont on peut attendre l'œuvre définitive, ni Verlaine, qui est incontestablement un très grand poète.

— Alors, maître, dis-je, la place est encore à prendre ? Qui, selon vous, la prendra ?

— L'avenir appartiendra à celui ou à ceux qui auront saisi l'âme de la société moderne, qui, se dégageant des théories trop rigoureuses, consentiront à une acceptation plus logique, plus attendrie de la vie. Je crois à une peinture de la vérité plus large, plus complexe, à une ouverture plus grande sur l'humanité, à une sorte de classicisme du naturalisme.

Mais les symbolistes sont loin de cette conception ! Tout est réaction dans leur système ; ils se figurent qu'on bouleverse ainsi, de fond en comble, un état littéraire, sans plus de préambule et sans plus d'utilité. Ils croient qu'on peut rompre aussi brusquement avec la science et le progrès! Ils parlent du romantisme! Mais quelle différence! Le romantisme s'expliquait, socialement, par les secousses de la Révolution et les guerres de l'Empire; après ces massacres les âmes tendres se consolaient dans le rêve. Littérairement, il est le début de l'évolution naturaliste. La langue, épuisée par trois cents ans d'usage classique, avait besoin d'être retrempée dans le lyrisme, il fallait refondre les moules à images, inventer de nouveaux panaches. Mais, ici, quel besoin de changer la langue enrichie et épurée par les générations romantiques, parnassiennes, naturalistes? Et quel mouvement social traduit le symbolisme, avec son obscurité de bazar à dix-neuf sous? Ils ont, au contraire, tout contre eux : le progrès, puisqu'ils prétendent reculer ; la bourgeoisie, la démocratie, puisqu'ils sont obscurs.

Si encore, malgré cela, ils avaient le courage, eux qui n'aiment pas leur siècle, de lui dire : Merde! au siècle, mais de le lui dire carrément! Alors, bien. Cela s'admettrait! C'est une opinion comme une autre. Mais non, rien ne sort, rien, de leur galimatias. Tenez, il y en a un, d'écrivain, qui ne l'aime pas, le siècle, et qui le vomit d'une façon superbe, c'est Huysmans, dans *Là-Bas*, son feuilleton de l'*Echo de Paris*. Et il est clair, au moins, celui-là, et c'est avec cela un peintre d'une couleur et d'une intensité extraordinaires.

— Donc ?... dis-je.

— Donc, c'est entendu, le naturalisme finira quand ceux qui l'incarnent auront disparu. On ne revient pas sur un mouvement, et ce qui lui succèdera sera différent, je vous l'ai dit. La matière du roman est un peu épuisée, et pour le ranimer il faudrait un bonhomme ! Mais, encore une fois, où est-il ? Voilà toute la question...

M. Zola se tut un moment, parut réfléchir, et dit très vite, comme en courant :

— D'ailleurs, si j'ai le temps, je le ferai, moi, ce qu'ils veulent !

— Et les psychologues ? fis-je.

— Hé oui ! Bourget, qui, avec beaucoup de talent, a le parti-pris de ne s'inquiéter que des mobiles intérieurs de l'être, et qui tombe, de cette façon, dans l'excès contraire au naturalisme.

— Barrès ?

— Oh ! un malin ! Pendant que ses autres camarades se donnent un mal de chien pour n'arriver à rien, lui va son chemin avec infiniment d'adresse !

Ses livres, je les lis avec intérêt, mais c'est tellement ténu, tellement spécial ! Cela me fait l'effet d'une horlogerie très amusante, mais qui ne marquerait pas l'heure, mais qui ne monterait pas l'eau ; cela cesse vite d'intéresser, et on s'en fatigue...

Je demandai :

— Quel avenir accordez-vous au théâtre naturaliste ?

— Rien ne s'est fait du jour au lendemain. On arrive à mettre peu à peu sur la scène des œuvres de vérité de plus en plus grande. Attendons. Le théâtre est toujours en retard sur le reste de la littérature.

Comme nous reparlions de Moréas, M. Zola me dit drôlement, ce qui me fit rire :

— Il est Grec, oui ! mais il ne faut pas qu'il en abuse ! Moi aussi je suis Grec ! Ma grand'mère est de Corfou ; ce qui ne m'empêche pas d'avoir la folie de la clarté !

En me reconduisant, il me dit :

— Surtout, réunissez toute cette enquête en volume. Je tiens absolument à avoir cela dans ma bibliothèque ; quand ce ne serait que pour conserver le souvenir de cette bande de requins, qui, ne pouvant pas nous manger, se mangent entre eux !

M. J.-K. HUYSMANS

Un petit appartement au commencement de la rue de Sèvres, au cinquième étage, dans l'ancien couvent des Prémontrés. On traverse un salon minuscule dont les murs sont couverts de tableaux hollandais, de dessins d'Odilon Redon, d'aquarelles de Rafaëlli, de Forain, de rayons bondés de vieilles reliures, de Bibles in-folio ; une antique chasuble rose pâle et or couvre la glace de la cheminée. Dans le cabinet de travail qui fait suite, tout petit aussi, un feu de bois est en train de mourir ; il y a là des bois sculptés du moyen âge, des statuettes, des vieux cuivres, des fragments de bas-reliefs bibliques ; dans un cadre un curieux morceau de sculpture, le baptême de saint Jean-Baptiste, avec des détails ingénus : l'eau qui baigne les pieds du saint, au fond le soleil figuré par des traits rayonnants ; puis des gravures de Dürer et de Rembrandt et deux anges habillés de plis extraordinaires.

M. Huysmans a une quarantaine d'années, sa barbe et ses cheveux grisonnent, des cheveux taillés en brosse, une barbe courte et une moustache d'un pli naturel et gracieux ; le nez droit aux narines dilatées, la bouche large fendue, sensuelle et comme crispée, pourtant, par de l'amertume, de grands yeux verts ou gris.

Quand je fus assis, près du feu, dans un antique fauteuil, et que j'eus exposé mes questions :

— Evidemment, fit-il, le naturalisme est fini... Il ne pouvait pas toujours durer ! Tout a été fait, tout ce qu'il y avait à faire de nouveau et de typique dans le genre. Oh ! je sais bien qu'on peut continuer jusqu'à la fin des temps : il n'y aurait qu'à prendre un par un les sept péchés capitaux et leurs dérivés, toutes les professions du *Bottin*, toutes les maladies des cliniques ! La masturbation a été traitée, la Belgique vient de nous donner le roman de la syphilis, oui ! Je crois que, dans le domaine de l'observation pure, on peut s'arrêter là !

— Et, selon vous, cette fin était fatale ?

— C'était une impasse, un tunnel bouché ! Aiguillé par Zola dans cette direction, oui, le naturalisme, fatalement, devait périr. Je dis : par Zola, sachant très bien que c'est à Flaubert et aux Goncourt qu'il faut remonter, mais ce n'est pas d'eux ce formidable coup de tampon qui, d'un coup, a fait arriver le naturalisme aux dernières limites de sa carrière. Ah ! quels reins, ce Zola !

Mais, là où il a passé, il ne reste plus rien à faire : de même qu'après Flaubert, la peinture de la vie médiocre est interdite à quiconque, et qu'après Balzac il est inutile de reprendre des Goriot ou des Hulot ; de même encore... Tenez, dans ce quartier de la rue de Sèvres et de Vaugirard, il y a des coins de couvent qui me tenteraient bien... mais quoi ! comment oser même essayer, quand on a lu les *Misérables !* Non, je vous dis, après des êtres pareils, il n'y a plus qu'à s'asseoir...

Mon interlocuteur s'était levé, et à présent, les mains dans les poches, il arpentait les deux mètres de plancher qui font la largeur libre du cabinet. Selon une méthode excellente dans ce genre d'entretien, je restais silencieux ; et, comme il vit que je souriais vaguement d'un air d'incrédulité, il leva les bras et dit :

— Mais qu'est-ce que vous voulez faire ? L'adultère de l'épicière et du marchand de vin du coin ?

Puis, rêveur, les yeux au plafond :

— Ah ! oui, peut-être... chercher des exceptions rares, énormes...

Et il continua :

— Ah ! il y a bien le prêtre ! On ne l'a jamais fait, celui-là ! Mais je crains bien qu'il ne reste toujours à faire. Il faudrait l'avoir été soi-même, avoir vécu jeune de cette vie de séminaire qui vous triture le cerveau, qui vous transforme un être de fond en comble, qui fait qu'à travers les bouleversement futurs, qu'après la foi niée, la barbe poussée, la tonsure effacée, toujours se reconnaît, à un coin de la conversation, à l'esquisse d'un geste, à un son de voix, l'ancien séminariste.

Oui, il y a, dans cette existence de prêtre, quelque chose de vraiment spécial qui échappe à toute investigation étrangère, qu'il nous est, pour ainsi dire, défendu d'aborder. J'en ai connu des prêtres, d'anciens prêtres, et ces temps-ci, pour mon feuilleton *Là-Bas*, j'en ai fréquenté pas mal. Ils sont inanalysables. Tenez, l'un d'eux dernièrement me disait : « Moi qui vis chaste, certaines lectures me troublent, certains spectacles m'oppressent. » — « Et le confessionnal ? » lui demandai-je. — « Ho ! là, jamais rien, une fois dans cette boîte, jamais l'ombre d'une pensée mauvaise... Mes sens n'existent plus... » Expliquez cela ! Ils disent que c'est une grâce d'état. Quelle psychologie tenterait de nous la faire entendre !

... Mais pardon, dit-il en riant, il me semble que nous avons quitté le sujet qui vous amène ! Et on dirait que vous avez envie de me parler des symbolistes !

— Justement ! fis-je.

— Pourquoi faire ? Puisque ça n'existe pas... Vous croyez aux symbolistes, vous ? Moi, je crois que c'est une immense mystification montée par Anatole France pour embêter les Parnassiens, et par Barrès qui en a fait une bonne blague ! Ce n'est pas possible de croire Anatole France emballé là-dessus ! Voyons ! voyons ! Quelle fumisterie ! Qu'est-ce qu'il y a là-dedans ? Moréas ! qui a repris les anciens fabliaux français, et qui les a démarqués ! Savez-vous l'effet qu'il me fait ? Imaginez une poule (et encore ! une poule de Valachie) qui picorerait des verroteries dans le Lacurne de Sainte-Palaye (oui, c'est l'auteur d'un dictionnaire de la langue du moyen âge). Avec cela si, au moins, il picorait les jolis mots ! Mais non ! c'est qu'il a un goût de Caraïbe !

Il roula une cigarette, et se mit à rire :

— Ce rêve ! Faire du moderne avec la langue romane ! Quelle folie !... Enfin... n'en parlons plus !

— Mais si, au contraire, parlons-en !

— Vous croyez donc que c'est malin un bonhomme qui met « coulomb » pour ne pas mettre « pigeon » !

Un gros angora gris-roux soudain fit irruption ; son maître plongea ses doigts amoureusement dans son épaisse fourrure. « Au moins, dit-il, voilà une bête intéressante ! C'est si vivant, et ça aime tant le silence ! Celui-là est castré ! (1) ». Puis, reprenant :

— Non, voyez-vous, le symbolisme, ça n'est ni neuf, ni humain, ni intéressant. Oh ! je sais bien qu'il faut qu'il sorte quelque chose de tout ce chaos. A l'heure actuelle, Flaubert, Barbey d'Aurevilly, Villiers de l'Isle-Adam, étant morts sans postérité, il nous reste Goncourt, Zola, et, dans les vers, Verlaine, Mallarmé qui demeure isolé, avec une fausse école derrière lui, une queue lamentable qui n'a d'ailleurs aucun rapport avec lui. Et puis, des jeunes de beaucoup de talent, Descaves, Rosny, Margueritte, et votre collaborateur Jean Lorrain, tenez, qui fait admirablement grouiller la pourriture parisienne bien gratinée, bien faisandée... Il le ferait palpitant, s'il le faisait, son roman de la pourriture !...

Et, les traits comme allumés d'une concupiscence compliquée de dégoût, M. Huysmans articulait largement et appuyait, et répétait en traînant : « Cette bonne pourriture ! » pendant que sa main caressait

(1) Voir. Appendice.

lentement l'angora accroupi à côté de lui sur un canapé, et qui ronronnait les yeux mi-clos.

Brusquement il me dit :

— Voulez-vous sentir de la pâte à exorcisme ?

— Oui, dis-je, vous en avez ?

Il se leva, ouvrit une boîte et y prit un carré de pâte brunâtre ; puis il puisa un peu de cendre rouge dans la cheminée, sur une pelle, et y posa la pâte qui grésilla : un nuage épais s'éleva, et une odeur très forte envahit la pièce étroite, une odeur où se mêlait au parfum de l'encens la note âcre et entêtante du camphre.

— C'est un mélange de myrrhe, d'encens, de camphre et de clou de girofle, la plante de saint Jean-Baptiste, me dit-il. De plus, c'est béni de toutes sortes de façons. Cela m'a été envoyé de Lyon : « Comme ce roman va susciter autour de vous une foule de mauvais esprits, je vous envoie ceci pour vous en débarrasser », m'a-t-on dit.

Un silence se fit. Je compris des Esseintes et Gilles de Retz, et, dans les rayons rouges du couchant qui venaient se briser sur les vitres illuminées, je cherchai vaguement la fuite de formes tordues et tourmentées par l'exorcisme....

Pour rompre le calme qui devenait pesant, je jetai :

— Que pensez-vous des psychologues ?

M. Huysmans jeta les cendres dans la cheminée et sourit :

— Vous y revenez? Vous y pensez encore! Cela existe donc aussi? Eh bien, ils auront beau faire, allez, ce n'est pas eux qui auront les reins assez solides pour fiche Goncourt bas! Quand on a fait la *Faustin*, on peut être tranquille; et, tenez, puisque nous parlions tout à l'heure d'exception, en voilà une, la *Faustin*. Goncourt l'a bien comprise, l'erreur du naturalisme, et il l'a évitée ; sa comédienne est une exception, elle est surélevée, elle est superbe! S'il nous avait dépeint Schneider, ou n'importe quelle autre dans le genre, ça n'aurait pas intéressé.

« D'abord qui ça, les psychologues ? Bourget ? Avec ses romans pour femmes juives, sa psychologie de théière, comme l'a si bien qualifiée Lorrain. Barrès avec ses joujoux anémiques? Mais un prêtre, n'importe lequel, un prêtre de campagne en sait mille fois plus long qu'eux! Il y a dans ce siècle-ci un certain Hello qui est tout de même un peu plus fort qu'eux tous ; et, quand vous êtes arrivé, j'en lisais un autre, un mystique flamand du treizième siècle, le dénommé Ruysbrock, que Mæterlinck vient de traduire, et de préfacer d'une façon superbe. Eh bien, vraiment, vous savez, il y a plus de science et de compréhension du cœur humain dans une page de celui-là que dans tous les Stendhal, tous les Bourget et tous les Barrès du monde!

— Selon vous, où va-t-on ?

— A vrai dire, je n'en sais rien. Le matérialisme

crève ; le spiritualisme pur est impossible ; le juste milieu, en cela, comme en tout, est écœurant... Je vous le dis, je n'en sais rien ; il faut attendre le Messie... s'il doit venir. Pourtant, il faut bien qu'on sorte de cette impasse ! Dans les Revues de Jeunes, quelquefois, on voit des bouts d'oreille. *Le Mercure de France* a quelques tempéraments, je vois là un M. Saint-Pol-Roux et un M. Rémy de Gourmont qui ont, évidemment, quelque chose dans le ventre. Quant aux symbolistes, ne m'en parlez plus ; ils ne soufflent pas mot de celui d'entre eux qui avait le plus de talent et qui est mort, c'est Jules Laforgue, et ils se mettent à renier Verlaine : c'est de la folie furieuse !

— Ah ! il me revient une idée : Zola ne vous a-t-il pas dit que, s'il avait le temps, il se mettrait lui-même à chercher *l'autre chose?*

— En effet.

— Eh bien ! savez-vous qu'il en est capable ! Cela m'a frappé quand j'ai lu sa conversation avec vous. Il est encore jeune, et s'il veut, d'un coup de ses reins d'athlète, il peut percer le tunnel où il a acculé le naturalisme... Alors, ce sera intéressant : on pourra voir.

Avant de partir, je jetai un dernier coup d'œil sur le décor bizarre qui m'entourait.

— Ah ! j'ai là un superbe Forain que vous ne connaissez sûrement pas.

Je suivis M. Huysmans dans une troisième pièce ouvrant sur le cabinet où nous causions et qui est sa chambre à coucher. Ce tableau représentait une scène de lupanar : sur un fond rouge, quelques femmes nues, en bas et jarretières, liées par les bras, se cambraient en corbeille devant le vieux Monsieur de Forain. Le vieux était assis sur un canapé rouge ; attentif, mais très calme, les mains jointes sur sa canne, il contemplait l'ignoble blonde et la brune canaille, tendant les hanches dans une complaisance indifférente. Le morceau était, en effet, très beau.

— Je le mets là pour ne pas scandaliser des visiteurs inattendus, me dit M. Huysmans.

En repassant dans le cabinet, mes yeux se portent sur un petit reliquaire de cuivre auquel j'avais tourné le dos pendant ma visite. Je me penche, et je vois sous le verre quelque chose qui ressemble à des os blanchis.

— N'y touchez pas, surtout ! s'exclame mon interlocuteur, il y a là-dedans des reliques authentiques d'un saint célèbre...

M. GUY DE MAUPASSANT

M. de Maupassant a la réputation d'être l'homme de Paris le plus difficile à approcher. Et je n'en avais que plus d'envie de le voir, cet homme qui avait incarné pour moi, quand j'avais vingt ans, l'expression la plus complète de la vérité, qui était plus près de moi, — alors, — que Flaubert lui-même, et que je me représentais, du fond de ma province, avec son nom et son prénom aristocratiques, la crânerie aisée et un peu dédaigneuse de son style, la perspicacité de sa psychologie, sa rigueur d'exactitude, sa réputation d'élève chéri de Flaubert, comme un héros de Balzac, quelque chose comme une quintessence de Rastignac et de d'Arthez mêlés... Cette forte imagination de ma prime jeunesse n'avait pu être entamée par ces propos qu'on entend à chaque instant dans les milieux lettrés sur M. de Maupassant : « C'est un snob ; ce qu'il voit de plus pratique au monde pour un écrivain, c'est de prendre comme éditeurs les magasins du Louvre et du Bon-Marché ; lui aussi se fait habiller et blanchir à Londres ; tous les soirs, — dit-il, mon domestique passe mes bottines dans les embauchoirs et mes pantalons sur les tendeurs. »

Je voulais voir... Son avis dans cette enquête m'intéressait, d'ailleurs, particulièrement. Et, si fermé qu'il pût être, les noms illustres qui avaient consenti à me répondre le disposeraient à la conversation...

Je sonne. Un domestique, un larbin plutôt, vient ouvrir. Vous savez cet œil insolent qu'on voit à toutes les antichambres des bourgeois orgueilleux ?

— Monsieur n'est pas là.

J'écris quelques mots sur ma carte, et je suis tout de même introduit, je traverse une antichambre garnie de tentures arabes et je pénètre dans un luxueux salon que je n'ai pas le temps de détailler, où dominent les couleurs tendres et qui, d'ensemble, me paraît d'assez mauvais goût.

Entre le maître. Je le regarde curieusement et je demeure stupéfait : Guy de Maupassant! Guy de Maupassant! Pendant le temps qu'il faut pour saluer, choisir un siège et s'asseoir, je répète mentalement ce nom et je regarde le petit homme qui est devant moi, aux épaules médiocres, à la grosse moustache bicolore, châtain avec des poils qu'on dirait passés à l'alcool. Il me fait asseoir poliment. Mais aux premiers mots de littérature, consultation, etc., il prend un air désagréable, migrainé, et m'apparaît alors dans une disgrâce réelle.

— Oh! monsieur, me dit-il, — et ses paroles sont lasses, et son air est très splénétique, — je vous en prie, ne me parlez pas littérature!... j'ai des névralgies violentes, je pars après-demain pour Nice, le médecin me l'ordonne... cet air de Paris m'est tout à fait contraire, ce bruit, cette agitation... je suis vraiment très malade ici...

Je compatis, et le ton plein de précautions et de nuances, j'essaie de tirer tout de même quelque vague opinion...

— Oh! littérature! monsieur, je ne parle jamais. J'écris quand cela me fait plaisir, mais en parler, non. Je ne connais plus, d'ailleurs, aucun homme de lettres ; je suis resté bien avec Zola, avec Goncourt, malgré ses *Mémoires*, je les vois rarement d'ailleurs; les autres jamais. Je ne connais que Dumas fils, mais nous ne faisons pas le même métier... et nous ne parlons jamais littérature... il y a tant d'autres choses!...

J'ouvrais des yeux comme des hublots.

— Oui, dis-je, connaissant son goût pour ce sport, — le yachting...

— Tant d'autres! Tenez, monsieur, la preuve que je ne vous mens pas, c'est qu'on est venu il n'y a pas si longtemps m'offrir l'Académie... on m'a apporté vingt-huit noms sûrs, j'ai refusé, et les croix, et tout cela ; non vraiment je ne m'intéresse pas... n'en parlons plus, monsieur, je vous en prie.., »

Voilà l'avis très las et très splénétique de M. de Maupassant sur l'évolution littéraire.

M. PAUL ALEXIS

J'ai demandé à M. Paul Alexis, le plus fidèle des Médanistes, son avis pour cette enquête. Il est en ce moment à Aix en Provence. Voici la dépêche que j'ai reçue de lui :

« Naturalisme pas mort. Lettre suit. »

Puis la lettre que m'annonçait cette dépêche.

« Aix, 4 avril 1891.

« Mon cher confrère,

« Non, il n'est pas mort le naturalisme ! Il est si peu mort, que, entrevu peut-être par Bacon et, à coup sûr, par Diderot, pratiqué inconsciemment par l'auteur de *Manon Lescaut*, repris dans ce siècle par Balzac et Stendhal (que Flaubert, les Goncourt, Duranty, Zola et quelques autres continuèrent,) le naturalisme n'en est tout de même encore qu'aux premiers balbutiements. En cette fin de siècle, où tant de choses sont mûres, sur le point de crouler de vétusté, lui est encore jeune, tout jeune. Demain, plus encore qu'aujourd'hui, lui appartient. Le naturalisme sera la littérature du vingtième siècle.

» Seulement, mon cher confrère, avant d'en arriver au jugement « détaillé » sur l'évolution littéraire que vous me demandez, il faudrait bien s'entendre sur le mot, — principalement sur la chose. Il y a une équivoque courante et grossière que je voudrais une fois de plus m'efforcer de dissiper. Le naturalisme n'est pas une « rhétorique », comme on le croit généralement, mais quelque chose d'autrement sérieux, « une méthode ».

» Une méthode de penser, de voir, de réfléchir, d'étudier, d'expérimenter, un besoin d'analyser pour savoir, mais non une façon spéciale d'écrire. N'en déplaise à la jolie critique que l'Europe nous envie, le naturalisme ne consiste nullement à imprimer le mot de Cambronne en toutes lettres. Ce serait trop facile. Les romantiques, d'ailleurs, l'ont fait, bien avant nous. Et, si nous l'avons fait quelquefois nous-même, — moi tout le premier, dans une série d'articles spéciaux — ce n'est peut-être pas ce que nous avons fait de mieux. Dans tous les cas c'était pour rire, pour nous moquer d'une légion de confrères trop aimables, qui faisaient semblant de ne voir en nous que des « pornographes », des « vidangeurs », et autres aménités. Mais passons.

» Au contraire, le naturalisme est assez large pour s'accommoder de toutes les « écritures. » Le ton de procès-verbal d'un Stendhal, la sécheresse impopulaire d'un Duranty trouvent grâce devant lui autant que le lyrisme concentré et impeccable de Flaubert, que l'adorable nervosité de Goncourt, l'abondance grandiose de Zola, la pénétration malicieuse et attendrie de Daudet. Tous les tempéraments d'écrivains peuvent aller avec lui.

» Aussi le naturalisme n'est-il nullement une secte, une confrérie, une école, un clan, une franc-maçonnerie, une chapelle. On n'y entre pas comme dans un moulin, ou à la brasserie. On ne s'y présente pas comme à l'Académie ou aux Mirlitons. Du naturalisme éclate — et nous prend au cœur — à chaque page même de *Salammbô*, comme il reste du romantisme à foison dans *Madame Bovary* (dans le suicide du dénouement, par exemple ! car les madame Bovary réelles ne se suicident guère) et, bien davantage encore, dans *Germinal*.

» Mais vous, mon cher confrère, avec votre intéressante enquête sur l'Evolution littéraire, tout comme votre camarade Xau, avec la sienne sur la grave question des répétitions générales, vous venez tous deux de faire d'excellente besogne naturaliste. Un vent de naturalisme pénètre même à la Chambre, non pas, certes, les jours où nos honorables se traitent comme des crocheteurs ivres, mais les rares fois où ils accouchent de quelque réforme raisonnable et nécessaire. Enfin, vous n'ignorez point que M. Constans lui-même s'y prit en bon naturaliste lorsqu'il sut nous débarrasser du général Boulanger, lequel eut au contraire le romantisme de passer la frontière en croyant éviter le poison des Borgia.

» Voilà donc bien établi que le naturalisme n'est nullement ce qu'un tas de critiques ont eu le snobisme de croire. Ni une façon spéciale de tortiller le verbe écrit ! ni une affectation d'immoralité ou de brutalisme ! ni une panacée pouvant remédier au manque de talent ! Comme vous le disait M. Edmond de Goncourt, il consiste à remplacer de plus en plus l'humanité de « dessus de pendule » du romantisme, par de l'humanité d'après nature. Et maintenant se pose une question : « Existe-t-il de nos jours de vrais naturalistes, complets ? et en existe-t-il plusieurs ? »

» Eh bien, d'après un de vos interviewés, M. Paul Adam (l'auteur de *Chair molle* lui-même, un simple naturaliste en révolte), le naturalisme aujourd'hui ne battrait tellement que d'une aile qu'il n'y aurait plus que deux naturalistes « purs ». Et ces deux purs seraient : l'auteur de l'*Argent* et... l'auteur de *Madame Meuriot*.

» Ici, permettez-moi d'ouvrir une parenthèse. Pour rien au monde je ne voudrais avoir l'air de chercher à faire une réclame à ce livre. Aussi ne me coûte-t-il nullement de reconnaître que, jusqu'ici du moins, cette œuvre n'a été sérieusement discutée qu'au delà de la frontière, en Russie, surtout en Italie. Tandis qu'en France, à part MM. Philippe Gille, Albert Delpit, Montorgueil et Auguste Filon, qui m'ont consacré quelques lignes trop bienveillantes, mes confrères n'ont encore accordé à *Madame Meuriot* que du silence et du dédain. Et la maison Hachette, par là-dessus, a eu la cruauté de lui interdire les gares... Pauvre Madame Meuriot! Eh! c'est bien fait, d'ailleurs! Cela t'apprendra de n'avoir pas mieux choisi ton moment! Malheureuse, tu auras payé pour *Monsieur Betsy*.

» Donc, si j'avais l'honneur d'être, à moi tout seul, la moitié du naturalisme, — M. Paul Adam et ses amis me font vraiment trop d'honneur, — possible qu'après *Madame Meuriot*, le naturalisme fût très malade. Seulement ces jeunes gens semblent oublier un détail, un tout petit détail : les soixante et dix éditions de l'*Argent !* Oui, ce monceau de volumes de Zola enlevés en quelques jours, n'est-ce pas une preuve — un joli « symbole » de succès et de vitalité ? Qu'en pense M. Moréas, lui qui, j'ose le croire, ferait encore ses choux gras des modestes trois mille exemplaires vendus de *Madame Meuriot ?*

» Mais, mon cher confrère, laissons bien vite ces petitesses, ces misérables questions de vente, de succès immédiat, qui ne prouvent pas tout. Le naturalisme, en somme, n'est qu'une ramification, dans le domaine de la littérature, du large courant général qui emporte le siècle vers plus de science, vers plus de vérité et, sans doute aussi, plus de bonheur. Les vrais naturalistes, les purs, ne sont donc pas six, ni deux, ni un : à proprement parler, *il n'en existe pas encore*. Mais ils seront légion, car la voie est large, le but haut et lointain, et c'est dans cette direction que peineront à leur tour nos enfants et les enfants de nos petits-enfants. Quant à nous-mêmes, et à ceux de nos aînés que nous aimons, en nous efforçant de les continuer, ni les uns ni les autres ne sommes encore véritablement des naturalistes. Le romantisme, dont nous sommes tous sortis, est encore là, trop près. Nul de nous n'est jusqu'ici parvenu à purger complètement son sang du virus romantique héréditaire.

» — Soit, me direz-vous. Mais s'il n'y a que des naturalistes-précurseurs jusqu'ici, les psychologues... que sont-ils, eux ? Et les symbolistes, qu'en faites-vous ?

» Patience ! j'y arrivais. Les psychologues, d'abord. Permettez-moi de mettre à part, absolument à part, un vieux camarade, — Paul Bourget, — que j'aime de tout mon cœur et à qui je trouve un énorme talent, non seulement fin et souple, mais puissant quand il veut l'être, par exemple dans *Mensonges* et même dans ses « Nouveaux Pastels », dans *Monsieur Legrimaudet*... cet admirable raté de lettres qui achève sa vie dans une louche maison meublée... Mais, Bourget excepté, je trouve que les psychologues ne sont que des naturalistes malingres, affaiblis. Des petits frères à nous, mal venus, avant terme, qu'il a fallu élever dans du coton, et qui se ressentiront toute leur vie d'une jeunesse souffreteuse, poussée en serre chaude. Qu'ils prennent donc du fer, sacrebleu ! ces gaillards-là. Oh ! ils en ont besoin ! Peut-être, alors, cesseront-ils de s'astreindre à ne faire que du *demi naturalisme*. Je vous demande un peu, lorsqu'on n'arrive à la connaissance complète de l'homme que par la physiologie et la psychologie, pourquoi tenir une des deux fenêtres obstinément fermée ? L'erreur inverse, d'ailleurs, serait tout aussi imbécile... Bourget, lui, au moins, bien qu'on le place parmi les psychologues, est un passionné de lettres et de vie, un sain et un vigoureux, qui ne crache nullement sur la physiologie... Le vrai chef de ce naturalisme borgne et chlorotique devrait être mille fois M. Edouard Rod, cet étonnant professeur génevois, à qui Jules Vallès disait un jour devant moi, en riant de son rire qui sonnait comme l'airain : « Oh! Rod!... Rod!... bon Rod!... comment va votre maladie de matrice? »

» Quant aux symbolistes, aux décadents, ils n'existent même pas... Non! il n'y en a pas, je n'en vois pas... Verlaine, Villiers de l'Isle-Adam, Mallarmé étaient des Baudelairiens attardés, pleins de talent certes, mais qui, un beau matin, durent être joliment étonnés tout de même de se voir bombardés chefs d'école. Ils se laissèrent faire, parbleu! Mais l'école était piteuse. Sauf Paul Adam, un garçon de mérite, fourvoyé je ne sais pourquoi dans cette plaisanterie, les autres n'ont jamais rien fait, qu'un peu de bruit, mais pas d'œuvre. Ils ne sont que comiques. Les œuvres seules valent quelque chose, sont tout. Et en 1901 il y aura beau temps que tous ces illisibles — décadents, symbolistes, déliquescents — et un tas d'autres écoles et sous-écoles fumistes, auront disparu.

» Au vingtième siècle, il n'y aura même plus d'écoles du tout. Car le naturalisme est le contraire d'une école. Il est la fin de toutes les écoles, mais l'affranchissement des individualités, l'épanouissement des natures originales et sincères.

» Paul Alexis. »

M. HENRY CÉARD

M. Henry Céard est l'un des auteurs des *Soirées de Médan*, l'un de ceux, paraît-il, sur lequel on comptait davantage. Outre son conte des *Soirées*, il n'a publié qu'un seul volume de roman : *Une belle Journée*. Depuis, le théâtre l'a tenté. Ses pièces jouées au Théâtre-Libre : *Les Résignés*, *Tout pour l'Honneur*, *La Pêche*, ont eu un gros succès d'observation amère et de cruauté. Il rima, en manière de passe-temps, des ballades dans la façon des poètes du quinzième siècle, Eustache Deschamps et Villon. Mais ses proches amis sont seuls à les connaître.

M. Henry Céard est, de plus, le monographe de Médan. Il a recueilli sur le pays quantité de renseignements historiques. Critique dramatique du *Siècle*, devenu critique dramatique de l'*Événement*, curieux de tout, très érudit, d'une érudition qui ne se contente pas de connaître le titre des volumes mais qui en sait le contenu et tâche à en démêler les rapports intellectuels. Il est depuis plusieurs années sous-conservateur à la bibliothèque du Musée Carnavalet. Moustache en brosse et cheveux frisés. Accueil charmant.

Il me dit :

— Comment le naturalisme peut-il mourir puisqu'il n'a jamais existé ?

— Comment, jamais existé ?

— Non, il n'a jamais existé ainsi qu'on l'entend généralement, c'est-à-dire comme une littérature d'accident, comme un produit spontané de notre époque. Dans tous les siècles, il y a toujours eu à l'état latent, derrière la littérature officielle, parallèlement à la littérature d'imagination, une littérature d'observation.

Sous Louis XIV, c'est Furetière avec le *Roman bourgeois*, c'est surtout l'admirable Saint-Simon. Plus tard, à côté de Voltaire, c'est Diderot et Rétif de la Bretonne. Plus tard encore, en même temps que Victor Hugo, c'est Balzac.

Lequel des deux matera l'autre, la fonction ou l'esprit, toute la question est là.

Ce qui existe réellement, c'est le fait de voir les choses telles qu'elles sont, dans l'atmosphère que leur donne la science du moment. La minorité matérialiste se désintéressera-t-elle jamais de l'observation ? l'humanité échappera-t-elle jamais à elle-même ? Il y aura toujours des individus qui préféreront rêver. D'autres, au contraire, aimeront mieux connaître, encore que leur savoir leur amène un accroissement de douleur. Mais qui est maître de la tournure des intelligences ?

Quant au naturalisme, sa vie ou sa mort apparentes n'ont pas d'importance. Admettez qu'il se soit trompé dans la formule de ses théories et qu'il leur ait donné une défectueuse application, son erreur ne signifierait rien. Il a servi, il a excité la littérature et donné le goût du nouveau, de l'original. A-t-il cessé d'être vrai? C'est possible. Mais alors il se trouve dans les conditions mêmes de toutes les expériences scientifiques, où la réalité d'hier n'est plus celle de demain. Voyez Cuvier. Il a créé la paléontologie et n'en reste pas moins un fort grand homme, quoiqu'il soit démontré par les savants de l'heure présente que ses prémisses étaient erronées et ses déductions fausses. Mais au-dessus de ses théories, il y a sa recherche, sa volonté de savoir et de faire connaître, aussi voilà où il est éternellement, où il demeure inattaquablement respectable.

— Ceci admis, dis-je, ne croyez-vous pas possible et normale une réaction, — provisoire si vous voulez, — contre la littérature matérialiste?

— Parbleu! et il faut qu'elle soit. Où serait la vie sans ces combats continuels? Et puis, c'est le pendule, c'est le va-et-vient, et ce qui paraît si extraordinaire, au demeurant, n'est que monotone. Regardez. La littérature de la Renaissance est une réaction contre le mysticisme du moyen âge. Qu'est-ce que le romantisme? une réaction contre l'esprit positif du dix-huitième siècle.

Elle avait même commencé plus tôt, cette réaction; mais qui est-ce qui sait quelque chose de Baculard d'Arnaud et de sa tentative sentimentale contre les Encyclopédistes?

— Les psychologues et les symbolistes vous paraissent-ils représenter cette réaction?

— La psychologie ! Mais on n'en fait pas dans les livres ! Ce n'est pas une science dont les principes se déduisent d'eux-mêmes ; c'est l'empirisme de la vie ; elle n'existe que par l'accumulation des observations qu'on peut faire sur les autres et sur soi-même. Cela peut servir à poser des règles et des axiomes, mais qui sont alors purement du domaine de la philosophie ; ce n'est donc pas encore de la littérature ; car il ne suffit pas d'inventer de toutes pièces des personnages en leur attribuant arbitrairement tels ou tels goûts, telles ou telles habitudes comme le fait Bourget pour avoir fait ce qu'on pourrait de même appeler un roman psychologique. Tenez, voyez Bourget, il écrit quelque part cette phrase : « C'étaient des femmes d'un esprit très retiré, car elles habitaient au fond de la cour ! » Eh bien ! non ! si c'est là ce qu'on appelle connaître « les rouages du cœur humain », ça n'est vraiment pas fort ! je crois plutôt que ces braves héroïnes demeuraient au fond de la cour parce qu'elles n'avaient pas le moyen d'habiter sur le devant ! Et puis cette langue de Bourget enchevêtrée, sans logique, épouvantable ! Vous avez lu la *Physiologie de l'amour ?* ces règles d'amour à l'usage des comtesses et des marquises qu'on dirait apprises dans les brasseries de femmes du quartier Latin ! Tout cela est à la fois naïf et prétentieux.

— Il n'y a pas que Bourget ! dis-je.

— Il y a encore Barrès qu'on classe aussi là. Ce

qu'il fait, lui, est très intéressant, et il sait écrire. Mais ses pages qui arrêtent l'attention, les pages descriptives surtout, c'est du naturalisme, pas autre chose, bien plus encore que du stendhalisme. Ensuite, il faudrait discuter un peu sur Stendhal et ses qualités. C'est un psychologue, oui, mais un mystificateur. Ce qu'on nomme sa psychologie résulte seulement de l'effort qu'il fait pour échapper à son instinct et à sa sensation. Voilà son intérêt ; il ne consiste pas dans la réalité de ce qu'il nous raconte, mais dans le travail de mensonge qu'il apporte dans ses analyses. Il faut tenir compte de cette nuance. La plume à la main, il se dupe lui-même et essaie de duper ses lecteurs, et je crois que tout son agrément vient de l'excès de son artifice. Sans doute, il est merveilleux, ce jeu d'esprit joué sur l'échiquier mental d'Helvétius et de Condillac, mais il faut le prendre pour ce qu'il vaut et s'en délecter, par virtuosité d'esprit, mais sans y attacher de souveraine importance.

Quant à ce que, dans le temps présent, on nous donne pour de la psychologie, c'est un simple retour à la pire scholastique du moyen âge. Des discussions sur des points de casuistique en dehors de l'humanité, c'est aussi négligeable que les devinettes et les rébus du *Monde Illustré*.

— Mais n'y a-t-il pas eu des violences dans le naturalisme ?

— Qu'appelez-vous violences ? Il y a eu le résultat

logique des chinoiseries spiritualistes contre lesquelles il luttait. D'ailleurs ces libertés de langage sont classiques et essentiellement dans les traditions françaises des mystères et des vieux fabliaux; c'est l'éternel style de la querelle entre la chair de l'esprit, entre le précis et l'imprécis. Le quinzième siècle suivait déjà le débat du corps et de l'âme, et la polémique s'établit aujourd'hui dans les livres comme jadis elle se faisait au long des porches de cathédrales. Le mysticisme a eu beau élever des monuments superbes et mettre des symboles sacrés sous la dévote architecture des nefs, au dehors, par tous les boucs en rut dans les sculptures, par toutes les femmes en obscènes attitudes, par tous les corps d'hommes accouplés entre eux et forniquant même avec les animaux, la vie effrontément s'étale et prend sa revanche. Aux accents des psaumes liturgiques sacerdotalement chantés sous les sombres piliers, elle mêle au grand soleil le cri de protestation de ses besoins physiques et l'hymne des revendications de la chair. Rabelais, lui aussi, avait été saturé jusqu'au dégoût des subtilités enseignées dans les écoles, aussi c'est pour s'en venger et rendre à la nature ses droits méconnus qu'il a embrené de sa scatologie agressive toutes les pages de son œuvre.

Pourtant si la dispute continue, les adversaires commencent à se mieux connaître. La chair a démêlé les fonctions de l'esprit et l'esprit se montre plus volontiers indulgent aux pratiques de la chair. La physiologie peu à peu a amené quelque rapprochement, et l'heure n'est peut-être pas très éloignée où les deux éléments opposés finiront par se tolérer, sinon par s'entendre.

Quant aux symbolistes, j'imagine aisément qu'ils cherchent du nouveau, mais qu'ils ne savent pas exactement comment ils espèrent y atteindre. L'étiquette même qu'ils ont prise l'indique, ce sont les apôtres de l'immatériel, n'est-ce pas? Par quel illogisme s'appellent-ils symbolistes, alors que symbole signifie représentation matérielle d'une idée!

Définition à part, je crois avoir deviné ce qu'ils prétendent réaliser. Ils ont cette préoccupation de rendre les *notes harmoniques*, les vibrations infinitésimales des circonstances et des êtres. Ils ont entrepris de décomposer la sensation comme les impressionnistes tentent en leurs tableaux de décomposer la lumière. Il est évident que les mêmes objets n'ont pas pour nous la même signification à tous les moments de notre existence. D'où vient que dans une maison que nous connaissons, rien n'ayant changé de place, à certains jours, nous y sentons une atmosphère de tristesse, de querelle ou de gaieté? Les mêmes choses ne nous affectent pas d'une manière identique, selon qu'il nous arrive un accident heureux ou défavorable.

De même, le même accord frappé sur le piano, quand nos oreilles sont ouvertes, ne produit pas pour nous la même sonorité si nous l'entendons après qu'il a été frappé quand nos oreilles étaient fermées. Tenez, vous allez comprendre.

M. Céard va à son piano, plaque un accord et dit :

— Vous avez entendu ? A présent bouchez-vous les oreilles pendant que je frapperai, et retirez vos mains aussitôt que l'accord sera lancé...

Je fis comme il me l'indiquait. Et, en effet, j'entendis longtemps après que ses mains avaient quitté pour la seconde fois le clavier, comme un lointain écho d'orchestre, phénomène que je n'avais pas constaté lors du premier accord entendu librement.

— Eh bien ! je crois que c'est cela qu'ils veulent faire, me dit-il, les symbolistes. Et je trouve que cela vaut au moins la peine qu'on s'y intéresse. Quand ils se tromperaient, où serait le mal ? et ne faut-il pas se souvenir que c'est des tâtonnements des alchimistes impuissants et acharnés à fabriquer de l'or qu'est sortie la chimie moderne, et qu'aucun effort n'est jamais inutile ni méprisable. D'ailleurs, je tiens pour toutes les manifestations nouvelles, quelles qu'elles soient. Nos préférences ne signifient rien. Les querelles d'école n'ont que l'intérêt de la circonstance, il faut les laisser de côté et voir les choses avec plus de détachement. J'ai été jadis élève en médecine, et de ces études, au moins, j'ai gardé ce besoin et cette habitude d'esprit de constater les faits d'abord. On ne cherche pas querelle à un malade et on ne lui dit pas : Pourquoi as-tu cette maladie-là ? On l'étudie et on la décrit et on s'y intéresse ; or le symbolisme existe, c'est un fait. Eh bien, examinons-le, voyons ce qu'il offre de particulier. Moi, je demande qu'on dise toujours tout, et le reste. Il me semble pourtant que le rêve, tout légitime qu'il soit, devrait commencer seulement après la constatation de la réalité.

Par exemple, je sais qu'à côté du son qu'on tire d'une corde tendue, il y a des notes harmoniques qu'on n'entend pas, mais, *je le sais*, j'ai, pour établir ma certitude, des preuves scientifiques. Aussi, demanderais-je aux symbolistes qu'avant d'étudier l'*au-delà*, ils connussent d'abord le *là !* Car s'ils ne tiennent compte que de la sonorité des choses, comme ils paraissent y tendre, ils auront vite fatigué ceux qui laisseront volontiers leur oreille artiste s'amuser un instant à la musique des mots, mais dont l'esprit a besoin, en fin de compte, d'images et d'observations précises.

La littérature est un résumé de tout, elle comprend aussi, à côté des agréments de la musique, l'ordonnance de la peinture et la proportion de l'architecture, elle comprend tant d'autres choses encore ! Il n'y a d'avenir pour un mouvement littéraire quelconque que s'il se soucie du côté scientifique. Baudelaire l'a écrit d'ailleurs, il y a longtemps : « Une littérature qui ne marche pas d'accord avec la science est une littérature suicide » et Balzac, d'autre part, l'avait prophétiquement compris alors qu'il adressait la dédicace de la *Comédie humaine* au grand naturaliste Geoffroy Saint-Hilaire.

Je demande à M. Céard son opinion sur les jeunes générations littéraires, les *Cinq*, entre autres :

— Je ne les connais pas ! me dit-il. Je les ai à peine rencontrés. J'ai lu *Sous-Offs*, de Descaves, et j'ai même signé une pétition en sa faveur. Mais je crois qu'il viendra un bonhomme qui, sans s'en douter pour un sou, ramassera tout cela, les idées en l'air, les tendances et les théories des uns et des autres, fera en littérature ce que Wagner a fait en musique, et rendra, en même temps, la musique, la sensation, la peinture des choses ! Oh ! ce sera beau, cela ! Et je voudrais bien le voir ! Ce sera bien beau ! Et puis après l'homme qui aura réalisé le rêve, on dira : « Il nous en donne trop, celui-là ! » Et on recommencera, on fera contre lui une réaction, et tout le monde se mettra à travailler et à ne pas se comprendre ; cela jusqu'à la fin des siècles. — L'histoire littéraire ne nous donne pas de plus consolante leçon.

M. LÉON HENNIQUE

L'un des cinq de Médan. Avait été auparavant romantique convaincu, et, depuis, est devenu quasi-symboliste. Il a toujours montré, dans ses différents avatars, beaucoup de talent, notamment dans *Pœuf*, un chef-d'œuvre de simplicité délicate, son originalité principale. Il a montré au Théâtre-Libre, avec un bonheur qui n'a pas été égalé, du dramatique suggestif: *La mort du duc d'Enghien*. Dans son dernier roman, *Un Caractère*, il étudie les phénomènes les plus compliqués de l'hypnotisme.

A travers ses tergiversations esthétiques, la probité artistique de M. Hennique est toujours restée entière.

« Ribemont (Aisne). Mai 1891.

» Monsieur et cher confrère,

» Je ne peux me résoudre à dauber les maîtres, à égratigner les écrivains de ma génération, à pourfendre mes jeunes confrères, ni sur un mode quelconque, à trompeter des choses médiocres et inutiles... ni même à parler de moi élogieusement. Donc, si vous le voulez bien, je ne vous en dirai pas plus.

» Veuillez agréer, monsieur et cher confrère, l'assurance de mes bons sentiments.

» Léon Hennique. »

P. S. — Je suis d'ailleurs hostile à toute espèce d'interview.

LES NÉO-RÉALISTES

Il était particulièrement intéressant de connaître l'opinion des continuateurs du Naturalisme, qui se trouvent arriver à la vie littéraire au moment même où l'on se plaît à déclarer le mouvement fini. Ce qui donne un certain piquant à cette consultation, c'est que leurs maîtres eux-mêmes se montrent de cet avis, et qu'ils se voient mis dans cette situation particulièrement délicate de vouloir les continuer, pour ainsi dire malgré eux.

On verra, d'ailleurs, que les attaques des uns et l'abandon des autres n'entament pas leur vaillance.

M. OCTAVE MIRBEAU (¹).

Le plus passionné d'art des écrivains de ce temps; l'auteur célèbre du *Calvaire*, de l'*Abbé Jules* et de

(1) Voir Appendice.

Sébastien Roch. Polémiste extraordinairement vigoureux, il s'est fait autant d'ennemis par la crâne et impétueuse énergie de ses attaques, qu'il s'est attaché d'amis sûrs par la belle générosité de ses plaidoiries en faveur de talents méconnus. Les lecteurs le connaissent sous cette double face de sa sympathique personnalité.

Je prends le train à huit heures du matin pour Pont-de-l'Arche, qui se trouve près de Rouen, à deux heures et demie de Paris. En descendant du train, je trouve sur le quai mon hôte, la figure avenante, les mains tendues. Tout de suite il me dit : « Tenez, c'est là-bas, la maison, voyez-vous, en dehors du village, ce toit qui brille ? » On grimpe en voiture, et, à peine dix minutes après, on arrive devant la grande grille ouverte sur un jardin spacieux, soigneusement entretenu, aux allées sablées. « Il n'y a rien encore, c'est trop tôt, mais vous verrez cet été ! » Nous parcourons le jardin. Dans les parterres, de place en place, des bouts de bois sont plantés, tout droits, en arcs, en angles aigus ; de ci, de là, de minuscules verdures pointent de la terre grise.

— Ça n'a l'air de rien tout cela, dit-il, eh bien ! tenez, voyez cette fraxinelle, les soirs d'été, quand elle a grandi, elle secrète des gaz et s'en enveloppe comme d'une atmosphère ; il n'y a qu'à en approcher une allumette, cela s'enflamme, et ce sont nos feux d'artifice multicolores, nos feux de bengale, à nous autres de Pont-de-l'Arche. Ici j'ai planté des *Eccremocarpus* qui grimperont aux arbres et rejoindront ces *Boussingaultia* et ces *Lophospermum*, ce sera comme une adorable pluie de fleurs qui se serait arrêtée à deux mètres du sol. Et partout, ici, là-bas, des *Heliantus*, ces immenses soleils qui s'épanouissent à deux et trois mètres de hauteur, et que Van Gogh a peints passionnément, des énormes *Eremostachys*, les divins lys du Japon, des *Iris Germanica*, plus beaux que les plus belles orchidées, un *Moréas de la Chine*, iridée magnifique à grands pétales oranges : qui vaut bien les Moréas d'Athènes, je vous assure ; là des pourpiers fastueux, de gigantesques *Héléniums*, et, sur cette pente, des pivoines, des citrouilles, des *Hypericum pedestrianum*, fleur cocasse s'il en fut jamais, et qu'il faut piétiner pendant une journée avec des souliers de maçon pour la voir fleurir ; et tant d'autres merveilleuses comme ces *Dielztras* avec leurs tiges penchées où des cœurs roses sont pendus...

Avec un grand geste heureux et un éclair dans les yeux, il ajouta :

— Vous verrez, vous verrez tout cela cet été ! Ces fleurs, c'est plus beau que tout, plus beau que tous les poèmes, plus beau que tous les arts !

— Vous savez, continue M. Mirbeau, je n'ai rien d'intéressant à vous dire, mais j'espère que vous n'aurez pas perdu votre temps, regardez cela.

Du haut de la terrasse où nous nous trouvions et qui est le jardin, nos yeux plongeaient à présent dans un paysage splendide. A cent mètres à peine du garde-fou où nous étions appuyés, la Seine, sous le soleil, roulait de l'argent et du cuivre entre les îlots, sur l'autre rive venait mourir la colline crayeuse dont les éclats blancs se coupaient de rectangles de verdure et de lignes de hauts arbres ; l'horizon se perdait dans de l'ouate bleue.

Et, en même temps, je regardais mon interlocuteur, sa haute taille, ses solides épaules, sa courte moustache rousse relevée aux pointes, la richesse paysanne de son teint, tandis que lui, de son œil vert pailleté d'or, comme strié, continuait à fixer le paysage et disait :

— Hein ! est-ce beau ! Et l'été, là, dans l'île, si vous voyiez cette végétation ! Un énorme, un fabuleux paquet de verdure impénétrable, mystérieux... Ah ! comme c'est beau !

— Et comme on respire, ici ! fis-je en humant instinctivement de larges bouffées de cet air pur qu'agitait un petit vent du Nord.

. . . .

(Je me tiens à quatre pour ne pas raconter minute par minute cette journée exquise, ce que je vis, ce que j'entendis, et la qualité des sensations que j'en rapportai. Mais je connais des Esprits Pointus et des

Sourires Fins qui me rappelleraient à l'Enquête, et, ma foi, ils auraient raison ; pourquoi, en somme, ne conserverais-je pas tout cela pour moi ?)

— Nous causerons dans la forêt. Venez, venez, me dit M. Mirbeau.

Pour éviter des circuits, nous traversâmes des guérêts, enfilâmes des chemins creux bordés de haies qui apparaissaient, avec les mille petits yeux entr'ouverts des bourgeons, comme baignées d'une atmosphère verte. Pendant trois kilomètres, nous avions marché ainsi, sans que je pusse aborder la question qui m'avait amené à Pont-de-l'Arche, parce que tout ce que me disait mon interlocuteur m'intéressait davantage, quand, soudain, au hasard de la conversation, tomba le mot : naturalisme.

— Ah! dis-je alors, enfin ! Croyez-vous qu'il soit mort ?

M. Mirbeau se mit à rire, me plaisanta sur cette obsession qui me poursuivait à travers ces paysages magiques et s'écria :

— Le naturalisme ! mais je m'en fiche ! Croyez-vous que, dans cinquante ans seulement, il subsistera quelque chose des étiquettes autour desquelles on se bat à l'heure qu'il est ! Mais qu'il soit vivant ou mort, le naturalisme, est-ce que Zola ne demeure pas l'artiste énorme, l'évocateur puissant des foules, le descriptif éblouissant qu'il a toujours été ? Quand il a écrit un beau livre, qu'est-ce que ça peut nous faire que ça soit naturaliste ou pas naturaliste ! Tout de même, il y a une réaction, réaction bienfaisante contre cette absence de toute préoccupation de l'intellectuel, contre cette négation de tout idéal, qui auront marqué d'une tache bête l'école naturaliste. Et tout le mouvement actuel est aussi le signe que la jeunesse n'est pas morte et qu'elle s'occupe un peu à se frayer un chemin au travers des vieux ronds-de-cuir qui détiennent toutes les spécialités de la littérature et de l'art.

Et ce que je reproche à Zola, par exemple, c'est justement ce dédain qu'il affecte pour les jeunes et sa façon de parler des *petites revues*, en faisant la moue. Il a donc toujours écrit où il a voulu, lui ? Il n'a donc jamais été débutant ? Oui, cette morgue de parvenu qui, autre part, d'ailleurs, s'affiche, s'étale, me gâte mon bonhomme...

Voulez-vous que nous marchions encore un peu ? Je connais, à un kilomètre d'ici, là sur la gauche, un endroit extraordinaire que je voudrais vous montrer.

Nous étions en pleine forêt, dans une large allée, et nous grimpions une côte raide. De temps en temps, nous nous arrêtions une seconde, appuyés sur nos cannes, à regarder le paysage de soleil qui resplendissait derrière nous.

M. Mirbeau continua :

— Il y a là, au *Mercure de France*, des gens

comme Rémy de Gourmont, Saint-Pol-Roux, Albert Aurier, critique d'art, et d'autres qui vraiment méritent mieux que le dédain de Zola. D'ailleurs, moi, je trouve que toutes ces « petites revues », comme il les appelle, c'est ce qu'il y a, à l'heure qu'il est, de plus intéressant à lire. Voyons ! l'*Hermitage*, les *Entretiens* et le *Mercure*, ça vaut tout de même mieux que la *Revue des Deux-Mondes* ! Et les chroniques, et les critiques qu'on y lit, sont diablement plus intelligentes et plus copieuses que les chroniques et les critiques de Sarcey et autres pisseurs de copie à six francs la colonne !

— C'est vrai, c'est vrai, dis-je.

— N'est-ce pas ?... Oh ! elle est bien développée chez moi cette horreur des critiques littéraires ! Oh ! les monstres, les bandits ! Vous les voyez tous les jours baver sur Flaubert, vomir sur Villiers, se vanter d'ignorer Laforgue, ce pur génie français mort à vingt-sept ans, qu'on s'acharne à montrer comme un *décadent* et qui ne l'est pas pour un sou, et prendre Marmeladoff pour un poète russe qu'ils ignorent. Vous les voyez tous les jours s'emballer pour les idées infâmes et sur les œuvres de bassesse, mettre le doigt avec une sûreté miraculeuse sur la médiocrité du jour, et s'étendre sur l'ordure et l'abjection, avec quelle complaisance porcine ! Oui, ils me dégoûtent bien les critiques littéraires ! N'en parlons plus, nous voici arrivés...

D'un geste machinal qui lui est familier, M. Mirbeau renvoya son chapeau sur le haut du front pour le ramener tout à l'heure sur ses yeux, et, un poing sur la hanche, l'autre main appuyée sur sa canne, il admira. C'était un grand espace de forêt tout planté de hêtres énormes. Les fûts à l'écorce lisse et bleutée, espacés dans un désordre harmonieux, s'élevaient tout droit vers le ciel dans un jet élégant et viril. La perspective s'éloignait dans une profondeur bleue.

— Hein ? Quelques femmes de Puvis lâchées là-dedans ! Voulez-vous que nous nous allongions là, au milieu, dans ce rayon de soleil ?

Etendus sur les feuilles sèches, en fumant d'excellentes cigarettes « Raïchline », très russes, comme dirait Jean Lorrain, nous reprîmes la conversation de tout-à-l'heure, à bâtons rompus, s'accrochant à toutes les incidentes et s'égarant à tous les carrefours. J'en retiens les morceaux que voici :

— Les symbolistes... Pourquoi pas ? Quand ils ont du génie ou du talent comme cet exquis Mallarmé, comme Verlaine, Henri de Régnier, Charles Morice, je les aime beaucoup. Ce que je trouve d'admirable dans la littérature, c'est justement de pouvoir aimer en même temps et Zola qui, en somme, est surtout beau quand il arrive au symbole, et Mallarmé, et Barrès, Elémir Bourges, Paul Adam, et Paul Hervieu ! Barrès, on est là à l'embêter tout le temps avec son *moi*, c'est idiot ! Mais tonnerre ! son *moi* est plus intéressant, je pense, que celui de M. Sarcey qui en encombre les colonnes de trois cents journaux tous les jours ! Et je considère son dernier livre, son *Jardin de Bérénice*, comme un pur chef-d'œuvre ; c'est très grand, très élevé, cela, et c'est plein de préoccupations très nobles. Les psychologues ! Je sais bien que le mot est devenu assommant, mais, enfin, il y en a de toutes les sortes. La psychologie de Bourget, c'est un peu de la psychologie de carton écrite par un cerveau d'une intelligence et d'une variété extraordinaires, mais c'est aussi, hélas ! de l'excellent snobisme ; et celle de Paul Hervieu est vraiment extraordinaire ; son *Inconnue* est l'œuvre d'un des hommes les plus doués de ces temps-ci.

. . . .

Ils attendent un Messie ! Quel Messie ? Mais à aucune époque de la littérature il n'y a eu une pareille floraison d'art. A part les gens qui personnifient notre siècle avec M. Meilhac et M. Halévy, qu'est-ce que les esprits les plus difficiles demandent de plus que Mallarmé, que Verlaine, que Mendès, que Zola, que Maerterlinck, que Tailhade ? Mendès ! Où est-il le poète plus exquis, plus *poète*, plus *personnel* ! Oui, plus personnel, car, enfin, elle est finie cette légende de Mendès imitateur d'Hugo et de Leconte de Lisle ! Ecoutez ce vers d'*Hespérus* :

Un jet d'eau qui montait n'est pas redescendu.

Dans le silence de la grande forêt de hêtres, à peine troublé de pépiements d'oiseaux, M. Mirbeau répéta deux fois ce vers avec un ton d'admiration sincère, presque de joie. Et ce vers, lancé ainsi parmi ces grands fûts bleus et ce silence, donnait bien cette sensation d'infini et de mystère que le poète a voulue.

— Et l'œuvre de Mendès, continua M. Mirbeau, est pleine de choses pareilles, il n'y a qu'à le lire ! C'est comme sa prose ; dans son dernier roman, par exemple, la *Femme-Enfant*, qui va paraître sous peu, et dont le succès sera énorme, croyez-vous que le passage des coulisses, entre autres, n'est pas du réalisme intense ? Et les tourments d'artiste, du début de l'ouvrage, et tant d'autres pages, croyez-vous que ce n'est pas de la meilleure psychologie ? Pourquoi nous embête-t-on alors avec des étiquettes, puisqu'un même homme, un même artiste comme Mendès résume en lui toutes les qualités possibles du plus parfait des écrivains !

Et Mæterlinck, donc !

Et voilà que reprennent à perte de vue les incidentes et les échappées dans les souvenirs.

— Celui-là m'émeut et m'enchante par-dessus tout ; dans aucune littérature, voyez-vous, aucun poète n'a trouvé d'aussi sublimes analogies, n'a exprimé des âmes par des mots aussi inouïs !

Et j'écoute, en pulvérisant des feuilles sèches, oubliant tout ce que je dois retenir, entièrement pris par le charme de la parole et l'imprévu de la pensée de mon interlocuteur. Enfin, quand j'essaie de revenir au sujet, M. Mirbeau me dit en éparpillant machinalement dans l'air une poignée de feuilles :

— La littérature? Demandez donc plutôt aux hêtres ce qu'ils en pensent !

. . . .

Soudain :
— Mais quelle heure est-il donc ?
— Six heures. Déjà !

Nous revenons. Le soleil va se coucher. Des rougeurs flamboient derrière les arbres et incendient les haies qui bordent la route ; le petit vent de ce matin est tombé, le silence se fait plus profond.

Quand nous rentrons à Pont-de-l'Arche, d'un côté le soleil tout rouge va disparaître ; de l'autre, dans un val, entre l'écartement de deux collines, des brumes violettes s'élèvent vers le ciel gris. A contempler ce spectacle, l'œil ébloui de mon hôte paraissait de l'aventurine en fusion.

— Au fond, voyez-vous, c'est de la peinture que j'aurais dû faire, dit-il avec un peu de tristesse.

. . . .

Huit heures moins cinq. Le train de Paris passe à huit heures cinq. Mes adieux hâtivement faits, on saute en voiture.

— Nous n'arriverons pas, dit le groom.
— Si, répond M. Mirbeau, hue, Coco !

Le petit cheval breton part d'un galop effréné. Il fait nuit presque noire. Cinq minutes passent.

— Nous n'arriverons pas, répète le groom. Voilà le train qui arrive !

Dans les ténèbres, au lointain, en effet, l'œil rouge d'une locomotive a paru, en même temps qu'un grondement sourd arrive à nos oreilles.

— Hue ! Coco !

Une réflexion rapide me traverse l'esprit :

— Vous ne m'avez pas dit quelle direction paraît prendre le roman ?

— Socialiste, il deviendra socialiste, évidemment ; l'évolution des idées le veut, c'est fatal, hue ! hue ! L'esprit de révolte fait des progrès, et je m'étonne, hue ! que les misérables ne brûlent pas plus souvent la cervelle aux millionnaires qu'ils rencontrent... hue ! Oui, tout changera en même temps, la littérature, l'art, l'éducation, tout, après le chambardement général... hue ! hue donc ! que j'attends cette année, l'année prochaine, dans cinq ans, mais qui viendra... hue ! hue ! j'en suis sûr !

Le cheval s'arrête, le train entre en gare. Je saute à terre, je serre fortement la main de mon hôte, la locomotive siffle et s'ébranle avant que j'aie eu le temps de me reconnaître. Par la portière, je crie : Adieu ! et une voix me répond :

— A cet été !

M. JOSEPH CARAGUEL. (1)

Il n'est pas connu du grand public ; mais aucun de ceux qui ont été mêlés au mouvement littéraire depuis dix ans, aucun de ceux que j'ai interrogés jusqu'ici, ne l'ignore. Dans la génération — fille du naturalisme — tous sont d'accord pour apprécier les qualités de son esprit puissamment généralisateur, son intense passion de vérité, la hauteur intransigeante de son caractère d'artiste.

M. Joseph Caraguel n'a pas d'ennemis, ayant toujours repoussé les occasions de réclame, et, de parti pris, décliné les avantages et les douteux honneurs des enrégimentements. Il se refusa, en 1887, à signer le Manifeste des *Cinq*, bien qu'il fût l'un des plus remarquables parmi les continuateurs de l'Ecole réaliste.

Il a publié jusqu'ici deux volumes : le *Boul'Mich* et les *Barthozouls*, deux aspects différents de son tempérament d'observateur et de coloriste. Depuis, tous les instants de sa vie ont été consacrés à l'observation et à l'étude. Très attiré par le théâtre, il s'est essayé à traduire à la scène la complexité de la vie moderne, et ses amis attendent beaucoup de cette tentative.

Trente-cinq ans, un cou puissant, un teint coloré

(1) Voir Appendice.

qui s'anime encore dans les discussions d'art ; la nature concentrée et fougueuse à la fois des fortes races du Midi narbonnais ; sa caractéristique est une timidité de solitaire qui l'a fait longtemps résister à mon interrogatoire. Il s'y est décidé pourtant et je m'en réjouis pour l'ampleur et la précision de mon enquête :

J'interroge :

— On vous dit hostile aux manifestations littéraires de ces derniers temps ?

— A l'ésotérisme, au pastiche, au charabia, à l'instrumentation, aux ineptes abracadabrances dénommées symboliques et décadentes, oui certes !

— Leur croyez-vous seulement quelque avenir ?

— Pff ! Les adhésions ne leur viennent que de jeunes gens, et sont, en conséquence, peu significatives. La littérairerie est, vous le savez, passe-temps de bas âge. Ces novices, la plupart, ceux que n'avilira pas la bohème, deviendront sous peu bureaucrates, financiers, agronomes. Les gosses littéraires d'hier se prétendaient parnassiens et naturalistes, ceux d'aujourd'hui se proclament psychologues, mages, symbolistes, décadents ; qu'importe l'opinion de ces snobs !

J'objecte :

— N'indique-t-elle pas, au moins, la vulgarisation du mouvement nouveau ?

— Elle atteste leur sottise, n'est-ce pas assez ? Ce

qui signifierait davantage, ce serait la sympathie ou seulement la complaisance des artistes de la quarantaine. Or, à peine si l'école du non-sens a conquis les pleutres de la « compréhension ». Mais à quelle niaiserie ne prostituent-ils pas leur prétentieuse incompétence, ces jobards qui font les malins, et ces malins qui font les jobards : cervelles-filles, tellement besogneuses de michés qu'elles œilladent aux passants les plus sordides !

— A quelles raisons attribuez-vous cette attitude des jeunes gens, et leur embrigadement volontaire dans le symbolisme?

— Je m'en tiendrai à la principale que, ma foi, j'excuse, approuve presque : c'est le besoin d'avoir une littérature à eux, à eux seuls, une littérature de vagissement, de balbutiement, de vague à l'esprit, une littérature d'avant les griots soudaniens. Tout en effet, se spécialise aujourd'hui, et les potaches ont bien une presse ! Le vrai grief, — oh ! qu'on n'avoue pas, — contre le Parnasse et le naturalisme, c'est la difficulté des moyens esthétiques de ces écoles, notamment la savante complication de la langue, que l'on ne parle pas ainsi qu'on bave. Même leurs défauts les plus criants, la rime riche et rare de l'une, la descriptivité parasitaire et picturale de l'autre, voulaient du labeur, comportaient de l'énergie. La veule jeunesse, plus d'une fois, s'épuisait contre ; l'apprentissage, dans tous les cas, était fort long; et puis, il y avait la comparaison désastreuse des maîtres. Le lyrisme bamboulesque des symbolistes, qu'a répandu le reportage, ne présente, lui, aucun de ces inconvénients : d'où son rapide et légitime succès, qui grandira, espérons-le.

— ... Comment !

— Mais oui ! Je veux dire que ce serait une belle aubaine si la décadence, par une sélection à rebours, débarrassait la gent artistique de la promiscuité des bouffons et des amateurs ! Et rien d'utopique à ce vœu : n'a-t-elle pas un public, bien digne de son fastueux crétinisme, dans les raffinés, ces cumulards de toutes les bêtises ?

Mon interlocuteur, le front plissé, le regard fixe, se promenait à travers la chambre, les mains dans les poches. Je m'oubliais à l'écouter et à le regarder, et cette éloquente indignation, que je sentais sincère, faisait taire toutes mes objections.

Je dis pourtant :

— Nierez-vous qu'une évolution artistique se prépare ?

— Je soutiens que cette évolution ne cesse jamais ! L'enquête que vous faites en ce moment eût été aussi opportune l'année passée, le serait non moins l'an prochain. La nature, pour enfanter des talents nouveaux, et la civilisation pour les mûrir, s'inquiètent peu qu'on les interviewe ! Tenez, ces proches temps, lorsque la critique — cette compréhensive, — et le reportage — si bien informé — ne connaissaient, ne réclamaient que le médanisme, nous existions tout de même, nous, et valions, et comptions !

— Qui vous ?

Il s'écria, d'un souffle :

— Nous, les concrets, les complexes ; — oh ! réalistes, naturalistes, si l'on veut, bien que feu Champfleury et le médanisme aient fort galvaudé ces beaux termes ; — nous, les évolutionnistes, ou mieux encore les positivistes littéraires (oui, cette dernière appellation conviendrait, il me semble), nous les héritiers, les continuateurs de Sainte-Beuve et de Flaubert, enfin. Nous les artistes, épris du monde moderne, pénétrés de l'esprit scientifique, adeptes de la philosophie positive, qui vivons en communion directe et fervente avec l'âme du prodigieux, de l'incomparable siècle dont nous sommes ! Et ce n'est point là un vain privilège, puisque la théorie de l'évolution, au lieu de nous cristalliser à l'imitation classique comme de nous restreindre à l'originalité isolante, nous fait sciemment confondre nos aptitudes aux qualités des écrivains antérieurs, de telle sorte que notre voix, sans répéter particulièrement personne, témoigne néanmoins pour l'humanité tout entière.

— Je comprends, dis-je. Mais qu'entendez-vous au juste par « médanisme » ?

— Eh ! j'entends le puffisme de M. Zola, ses polémiques, ses manifestes, et les partis-pris de vulgarité des acolytes des *Soirées*, M. de Maupassant mis à part. Vous connaissez la réclame du maître : nulle justice pour les adversaires, l'effacement des émules, sa complaisance aux seuls séides, M. Busnach, novateur, la quantité, qualité principale, la vente, étalon de la valeur ! Vous connaissez aussi la falote étroitesse des élèves, leur pessimisme puéril, le milieu réduit au local, la description intarissablement oiseuse, la physiologie volontiers... rectale. En somme, quelques dons plastiques, à la Gautier, masquant mal une médiocrité intellectuelle, à la Champfleury : d'où leurs si vaines œuvres, mesquinement caricaturales, ennuyeusement vaudevillesques.

Il s'arrêta un instant, s'adossa à l'appui de la fenêtre ouverte sur Paris noyé de soleil, puis continua :

— Mais que Diable ! ni nos glorieux maîtres, ni nous-mêmes, ne sommes responsables des excès de rétention de ces quelques-uns, qui furent quatre, et, avec les inévitables jeunes snobs, mettons dix, mettons vingt. C'est pourtant d'après eux que la critique nous dénigre, nous affirme dépourvus d'idées, inaptes à la psychologie, désintéressés des hauts problèmes, insoucieux des nobles ambitions. Peut-être eût-il été convenable d'analyser de près nos tentatives, et avisé de s'enquérir de nos allures, souvent hautaines ? Ceux, par exemple, qui, avant d'aborder les grandes œuvres, ont voulu attendre la maturité, manifestaient-ils donc des scrupules si misérables?

— Adopterez-vous une formule ?

— Nous laissons cela aux classiques, aux plagiaires. Nos maîtres, Benjamin Constant, Stendhal, Balzac, Michelet, Sainte-Beuve, et, plus récemment, Flaubert, Taine, les Goncourt, Vallès, Daudet, Zola, emploient, chacun, des moyens de réalisation personnels. Ceux de Flaubert varient même avec les œuvres, ainsi qu'il convient. Car, dès qu'un artiste a une manière, il s'imite lui-même ; et c'est aussi infécond, ou plus, que si un autre l'imitait.

— Parmi ceux que vous venez de nommer, fis-je remarquer à M. Caraguel, — il est de vos maîtres qui s'accordent à tenir pour interrompu, sinon pour fini, le mouvement qu'ils illustrèrent...

— Peut-être le désirent-ils par une vanité qui serait de leur âge ! Mais, l'œuvre de libération spirituelle qu'ils s'honorèrent de poursuivre après tant de génies, est à jamais le devoir de tous.

— Pourquoi préféreriez-vous l'étiquette de positiviste ?

— Pour rendre sensible notre collaboration à l'effort de l'humanité tout entière, à l'ascension civilisatrice par et vers la vérité. Notre art, — que l'on pourrait définir : *Le vrai devenu le beau*, — doit moins à notre valeur propre, si grande soit elle, qu'à l'apport des siècles, à la concentration de connaissances qu'il esthétise. Loin de se croire l'antagoniste de la science, il se sait un de ses à peu près, son avant-garde. C'est ainsi que les religions, en leur période légitime, furent les tâtonnements de la philosophie. A la science, qui n'enregistre et ne série que les certitudes, il propose des hypothèses, indique des probabilités. Son action essentielle consiste donc à rendre évident ce qui reste encore indémontrable. Et cet art, pour qu'il traduise la vie en ses plus extrêmes complications, nous le voulons aussi analytique que possible et aussi peu que possible abstrait. Les littératures primitives, puériles, réduisirent le plus souvent leur effort à des conquêtes isolées, que les odieuses écoles classiques, — la nôtre plus que toutes, — se complurent par la suite à rigoureusement circonscrire et à stupidement abstraire. De là, les genres procustiens, les divisions anéantissantes, les représentations abréviatives, l'ode et la satire, le tragique et le comique, le caractère et la légende. Cependant, à toutes les époques et chez tous les peuples, les profondes conceptions, les amples chefs-d'œuvre, furent concrets, complexes, analytiques, c'est-à-dire positivistes, dans la mesure du possible, et, en proportion du développement humain, toujours davantage. Suivez plutôt cette progression du réel, depuis l'épopée, à travers le drame, jusqu'au roman moderne, de l'*Iliade* aux *Oiseaux*, de la *Divine Comédie* à *Hamlet*, du *Gargantua* à l'*Education sentimentale*. C'est pourquoi, sans interdire aux petits artistes les formes fragmentaires qui correspondent aux besoins restreints des intelligences inférieures, et tandis qu'ils se confineront dans l'ode ou le vaudeville, l'élite des écrivains se proposera-t-elle, à la suite des Flaubert, des Elliot, des Tolstoï, une coordination esthétique des hétérogénéités vitales, autrement dit une synthèse où devront s'harmoniser toutes les variétés de la connaissance.

Je suivais de toutes les forces de mon attention l'harmonieux développement de ces belles théories dont l'ampleur me déroutait un peu. M. Caraguel parlait d'abondance, comme sur un sujet très familier, et je dus plusieurs fois lui demander de me préciser des idées dont le sens subtil m'échappait.

— Le roman, lui demandai-je, convient-il à ces tentatives ?

— Pas absolument, malgré son admirable polymorphie qui se prête on ne peut mieux à discipliner les moyens de l'artiste aux convenances du sujet. Ce qui le tare, c'est qu'il use, pour rendre la vie, de représentations malgré tout déformantes. Nous sommes, je crois, à la veille d'étudier les êtres et les choses directement, sans transposition aucune. Les mémoires seront la littérature de l'avenir.

— La croisade de vos adversaires, je le vois, vous émeut peu. Seriez-vous d'avis de dédaigner?

— Je préfèrerais... Si les bouffons toutefois prenaient de l'importance, il faudrait bien, si répugnantes que soient certaines luttes, combattre ce boulangisme, comme il a fallu combattre l'autre. Mais je suis tranquille, les artistes sincères vaincraient aussi aisément que vainquirent les honnêtes gens.

— Vaincrez-vous du coup les psychologues ?

— Les monarchistes de la chose, les ci-devant de la *trouée*, les fin-de-siècle de *l'action parallèle*, parbleu ! si vous désignez par là les « compréhensifs » dont je parlais tout à l'heure. Oui, M. Anatole France risque fort d'être mal payé de sa défection. Et cela réjouit la courte honte de ce scoliaste fielleux, dont les livres sentent si fort le bouquin ! Quant aux psychologues exactement dits, c'est nous-mêmes, tout bêtement ; de préférence, à la rigueur, ceux des nôtres qui réussissent mieux l'analyse des mobiles que la mise en scène des actes.

— Une réaction spiritualiste, la croyez-vous possible, du moins ?

— Il faut s'entendre. Le positivisme, bien qu'il domine la foule, est loin de l'avoir conquise ; il n'est, ne sera longtemps encore qu'une majorité morale, qu'une élite. Dès lors, que ses adversaires puissent, de temps à autre, soulever contre lui des tempêtes d'ignorance, des ressacs de snobisme, nul ne le conteste. Aujourd'hui, par exemple, le spiritualisme fait appel aux spirites, nous menace des tables tournantes. Nous en sourions, car il souligne ainsi le plus récent de nos triomphes : la pénétration, par la science, des phénomènes hypnotiques. Si nous avions besoin de quiétude, nous n'aurions qu'à nous souvenir, d'ailleurs. Toute la première moitié de ce siècle, idiots de l'idéal, bas-bleus de l'azur, cuistres de l'au-de-là, s'époumonnèrent à hurler notre mort, sous prétexte que le *Génie du christianisme* et autres fariboles encombraient les cabinets de lecture. A la même époque, la science bouleversait, magnifiait le monde de ses engendrements ; notre philosophie, coordonnant ses principes, prenait définitive conscience d'elle-même. Sous cette double influence, les plus hautes formes littéraires, la critique, le roman, l'histoire, se renouvelaient, se créaient à nouveau, et, tout de suite, irrésistiblement, imposaient leur domination. Nos adversaires de marque, à nous combattre, s'imprégnaient de nos théories, au point que le Chateaubriand des *Mémoires d'Outre-Tombe* est plutôt des nôtres. C'est qu'en effet nous sommes invincibles, du moins nous ne pouvons être vaincus qu'avec la civilisation elle-même. Augurer que les anathèmes qu'édite à l'ordinaire la librairie Perrin puissent produire un tel cataclysme me semblerait paradoxal... Je ne crains pour les doctrines, dont je m'honore d'être le servant, que les Russes, les Mongols et les Nègres.

M. J. H. ROSNY

M. Rosny, qui doit avoir trente-cinq ans, est l'un des jeunes écrivains qui entreprirent, il y a deux ou trois ans, de rompre un peu théâtralement avec l'école de Médan, à l'occasion « des ordures » de la *Terre*.

MM. Bonnetain, Descaves, Margueritte, Guiches et lui, signèrent, dans ce but, le fameux « manifeste des *Cinq* » qui fit un certain bruit à l'époque.

On put croire qu'il résulterait de cette rupture un nouveau groupement à tendances déterminées, mais il n'en fut rien, chacun des *Cinq* continua dans sa propre voie.

M. Rosny, par suite de cette dispersion, se contenta de parler pour son propre compte. Ses ouvrages : *Nell-Horn*, *Marc Fane*, le *Termite*, le *Bilatéral*, les *Xipéhuz*, et, tout dernièrement, *Daniel Valgraive*, l'ont classé parmi les talents les plus larges en même temps que les plus subtils de la jeune génération.

— J'ai été très surpris, me dit-il, d'avoir « le père Zola » vous tenir ses discours ! C'est qu'il entre là dans un ordre d'idées nouveau pour lui ! Jamais il n'avait eu cette largeur d'esprit ! Et je me suis aperçu qu'il était très tenté de lectures dans ces dernières années... surtout dans le sens de ceux qui l'inquiètent le plus... Il a toujours très bien profité de ses lectures, d'ailleurs. C'est une justice que je lui rends, d'autant plus volontiers qu'en somme il parle comme je parle depuis deux ans dans la *Revue indépendante*.

Il était, en effet, évident depuis longtemps pour moi que la fin du naturalisme était proche, qu'elle s'imposait par excès de matérialisme triomphant, par excès d'inclairvoyance et d'incompréhension de notre époque ; il était tombé à la pire des chinoiseries ; c'était l'application médiocre d'une théorie étroite et mesquine, de l'*école*. Je dis de l'*école*, car il ne faut pas rendre responsables de ce résultat les figures du naturalisme, mais bien ceux qui ont constitué *l'école*. Il faut bien distinguer entre les *créateurs* du réalisme, et ceux qui les ont suivis.

Les premiers naturalistes furent des êtres nécessaires, ils furent les apporteurs de choses nouvelles, bien plus que leurs rivaux les idéalistes ; car M. Renan, par exemple, malgré sa facilité à manier les idées générales, ne m'apparaît pas comme un esprit créateur, au contraire de Flaubert et des Goncourt qui n'ont pas cette aptitude, mais qui surent apporter à la littérature les éléments féconds qui lui manquaient.

Quant à Zola, son rôle dans le naturalisme a été de deuxième ordre ; il n'a pas été un *créateur*, mais avant tout l'homme politique de la bande, l'homme qui mit en œuvre, non sans habileté, du reste, et non sans puissance, les éléments d'art que Balzac, Flaubert et Goncourt lui ont fournis. Il vous a dit qu'il ferait peut-être l'*autre chose* qui est à faire pour remplacer le naturalisme. Eh bien ! ce sera tant pis, car il la fera mal, et gâchera et compromettra la besogne à laquelle d'autres pourvoieraient beaucoup mieux...

Pour Daudet, on ne peut le rendre responsable d'aucune des étroitesses théoriques du naturalisme, vu qu'il n'a jamais admis une doctrine unique en art ; aussi a-t-il une vision très tolérante et très indulgente des êtres : c'est un créateur de types.

— Quelle est, selon vous, l'*autre chose ?*

— L'autre chose c'est une littérature plus complexe, plus haute... c'est une marche vers l'élargissement de l'esprit humain, par la compréhension plus profonde, plus analytique et plus juste de l'univers *tout entier* et des plus humbles individus, acquise par la science et par la philosophie des temps modernes. La vérité n'est pas dans les extrêmes, et les psychologues sont tout aussi incomplets que leurs rivaux ; leur conception de l'âme est également étroite.

Cette vision étriquée de la vie les a menés tout droit au pessimisme.

L'*autre chose* sera donc aussi une réaction contre

le pessimisme ~~qui résulte surtout de l'incompréhen-~~ sion des éléments constitutifs de son époque et de l'époque elle-même.

Un homme pénétré de la philosophie de son siècle en portera, dans ses moindres actes, un reflet; un homme qui aura reçu l'éducation classique traditionnelle ne verra pas, ne sentira pas de la même façon qu'un autre dont l'éducation philosophique et scientifique sera complète : le baiser de l'amant procurera à l'un la sensation de l'espace dont il a la notion, chez l'autre il se résoudra peut-être en un simple afflux sanguin. Il est très évident que les Grecs de Périclès, par exemple, dans les moindres actes de leur existence, subissaient l'influence esthétique de leur siècle, et il est évident aussi que le sens du beau n'est pas la caractéristique de la moyenne de la bourgeoisie moderne. L'évolution sociale, le progrès matériel ont créé d'autres visions, ont suscité d'autres émotions chez les êtres; les émotions des uns ne sont pas les émotions des autres, et, pour pouvoir les comprendre toutes et les traduire, l'écrivain d'à-présent doit avoir la *compréhension* (je ne le répète pas trop) historique, scientifique, industrielle, pérégrinatrice de l'époque à laquelle nous vivons.

L'autre chose, ce sera aussi une réaction contre la morale évangélique rapportée par les Slaves, c'est-à-dire contre le reniement de la civilisation et du progrès au bénéfice des idées de renoncement.

Mais il faudra deux ou trois générations peut-être pour faire triompher cette formule, et les artistes qui l'auront comprise et appliquée devront se résigner à être sacrifiés à leurs successeurs.

Retenez que je ne veux pas dire qu'à côté de cet art, il ne puisse vivre et s'épanouir une littérature très noble et très belle, toute différente de l'autre, une littérature idéaliste qui sera le fruit de l'éducation classique, et qui satisfera certaines catégories d'esprit. Plusieurs arts dissemblables peuvent fort bien vivre côte-à-côte, et l'admettre c'est encore comprendre la variété des cerveaux modernes.

— Que faites-vous des symbolistes?

— Ils n'ont, jusqu'à présent, rien sorti de nouveau que je sache sur la théorie même du symbolisme. La plupart d'entre eux ne me paraissent pas y voir autre chose qu'un nouveau stock de métaphores à mettre en circulation... Y a-t-il seulement, dans toute cette école, deux personnalités réellement convaincues de quelque chose? Verlaine, et Mallarmé, peut-être?

Quant à Anatole France, qui les a lancés, c'est une haute intelligence dont j'admire l'art; il ne cesse pas d'être le père immédiat du bon scepticisme, du scepticisme charitable... Et Barrès, son talent est très joli, je le lis avec un vrai plaisir, mais il n'a pas encore démontré qu'il se prend au sérieux comme homme, pas plus qu'il croit qu'il puisse même y avoir quelque chose de sérieux dans une conviction quelconque. De Bourget j'ai déjà dit dans la *Revue indépendante* ce que je voulais en dire ; il serait trop long d'y insister.

— Le rénovateur, le voyez-vous ? demandai-je à M. Rosny.

— Personne ne l'annonce, me répondit-il ; mais cela n'est pas trop étonnant. Les littérateurs tendent depuis pas mal d'années à se constituer en pouvoir politique ; il y a des groupes, des sous-groupes, des centres, des gauches et des droites littéraires ; et on finit, pour devenir un pouvoir effectif, par éprouver le besoin de s'entendre au moins sur un point, et on tombe d'accord, un beau jour, pour instaurer cet aphorisme : « Moréas est encore le régime qui nous divise le moins. » Ce jour-là, on s'applaudit d'avoir trouvé son Carnot. Aussi, qu'arrive-t-il ? Que les petites revues, les revues de Jeunes, au lieu d'être des revues de combat, deviennent le refuge des clans, et que ce sont les grands périodiques qui signalent Mæterlinck, en Premier-Paris, alors que les petites revues lui consacraient obscurément trois lignes jusque-là... Voulez-vous que nous nous arrêtions ici ?

M. GUSTAVE GEFFROY (1)

M. Gustave Geffroy est le critique officiel, reconnu et très dévoué de l'Ecole naturaliste. C'est aussi le critique d'art très distingué des mouvements d'avant-garde. Il collabore à la *Justice* où il publie depuis près de dix ans, sur les mœurs et sur des cas de vie, de fines et délicates chroniques; il y a donné aussi de pittoresques Souvenirs de voyage. D'origine bretonne, il a surtout un talent d'estompeur ; il excelle, dans le descriptif, à peindre les brumes des vagues paysages et cette atténuation des teintes se retrouve un peu dans ses critiques.

Il est âgé de trente-cinq ans ; de taille moyenne, avec une légère barbe noire et une fine moustache, des yeux gris-bleu très clairs, un front intelligent, une voix sympathique et musicale, Gustave Geffroy apparaît un doux passionné. Je l'ai vu chez lui, tout en haut de Belleville, dans son cabinet de travail qui prend jour sur un jardin en terrasse, planté de marronniers dont les bourgeons goudronnés vont craquer tout à l'heure. Pendus aux murs, des toiles de Carrière, de Monet, de Pissarro, de Renoir, de madame Bracquemond; des dessins de Delacroix, de

(1) Voir Appendice.

Raffaëlli, de Chéret, de Willette, un portrait gravé d'Edmond de Goncourt avec une dédicace du maître, que j'ai vu, d'ailleurs, sans le noter toujours, chez la plupart des écrivains que j'ai jusqu'ici visités. Sur la cheminée, un bronze de Rodin, une faunesse au corps souple, au visage funèbre.

Avec une modestie qu'on sent sincère, il se retranche d'abord derrière les opinions intéressantes qui m'ont déjà été données. Puis dans la fumée des cigarettes et la chaleur de la conversation qui s'anime, il se laisse doucement aller à dire :

— Pourquoi faire, des Écoles ? Cela ne signifie rien, et le temps fait bon marché de ces classements arbitraires : voyez, au dix-septième siècle, Bossuet et La Fontaine, Corneille et Racine, Molière, Pascal et Saint-Simon ; au dix-huitième, Voltaire, Rousseau, Diderot, Chénier, toutes les personnalités accusées et contraires, et qui pourtant constituent cet ensemble qu'on appelle un siècle littéraire ; en ce siècle, le nôtre, c'est identique ! Non, à vrai dire, il n'y a pas d'École, il n'y a que des individus ; une École suppose des élèves, des imitateurs, et ceux-là ne sont pas intéressants ; il n'y a que le Créateur, la Force, le Maître, en un mot, qui compte et qui reste. Que deviennent les autres ? Ah ! il y a des dominantes d'idées, des orientations générales, il y a des courants de siècles, et sur ces courants, des barques à pavillons différentes, mais des barques à un seul rameur. Je suis pour ces barques-là, je suis pour l'anarchie...

Les symbolistes ne me paraissent pas dans le mouvement déterminant de notre siècle; ils représentent une réaction mort-née, ils s'occupent surtout de procédés, et ils affectent vraiment un trop extraordinaire dédain pour les conquêtes de l'esprit moderne. Mais, comme il y a parmi eux de vrais artistes, Henri de Régnier, par exemple, ils apportent à la langue des qualités intéressantes, une jolie fluidité de mots, un charme musical souvent exquis. Je trouve que Zola a fort bien dit quand il a qualifié leurs vers : ramage obscur; il rend justice à ce gazouillis parfois harmonieux; malheureusement, il est, en effet, obscur; et comment s'intéresser à des choses qu'on ne comprend pas? Et puis, c'est encore plus malheureux quand, à l'aide de clefs sans nombre, on arrive à déchiffer, on se trouve devant des idées, à la vérité trop minces et qui récompensent mal d'un pareil labeur.

L'orientation littéraire? Les Ecoles nouvelles? Comment prévoir? On s'embarque, mais on ne sait pas trop pour où... Va-t-on découvrir l'Amérique ou Port-Tarascon? L'Eldorado ou une terre aride où rien ne peut germer? Question. Il me semble pourtant que le roman très souple, très apte à toutes les combinaisons, pourra devenir en partie socialiste, socialiste dans le sens très étendu et très élevé du mot...
On ne fait plus de tragédies, plus d'épîtres, plus de

fables, on fera de l'histoire, du socialisme, de la science. Rosny, qui a écrit le *Bilatéral*, Caraguel qui vous exposait si bien l'autre jour ses théories de positivisme littéraire, Octave Mirbeau dont l'art est tout enflammé d'une ardeur d'humanité, pourraient bien être parmi les meneurs d'un tel mouvement.

Avec un grand charme de simplicité, et une douceur vibrante et chantante dans la voix, M. Geffroy, le dos enfoncé dans son fauteuil, continua :

— Et puis, comme tous ceux qui nous ont précédés, on continuera à écrire les Mémoires de son esprit. Ne trouvez-vous pas que la littérature ne doit être que la continuation de la vie ? La vie passée sur la page. L'homme habite dans une énigme affreuse, en somme ; il me semble que, quand il écrit, c'est pour noter ses sensations d'éphémère, sa vision de l'existence au moment du temps où il passe. On dit que tous les sujets sont usés ! Je pense qu'au contraire tout est à faire, que tout recommence pour des yeux neufs. L'émotion, l'inquiétude de l'homme devant la nature qui existait avant lui et qui lui survit ; la passion, le désir de justice à voir les hommes en société, la tristesse de l'attachement fugace, l'artiste sent tout cela plus vivement, et s'exprime instinctivement, parle pour marquer ce rapide passage à travers les choses, pour faire vivre les êtres qu'il a aperçus, — et il parle aussi pour ceux qui se taisent... Oh ! la littérature est une haute et violente distraction.

Et je ne suis pas un sectaire, dit-il encore. J'admets les individus différents, les inattendus, les personnels, et je prends du plaisir aux choses les plus contraires, qui m'émeuvent. J'aime dans le journalisme la notation possible de sensations au jour le jour, comme j'aime le langage rare de Huysmans, la poésie de nature et la musique extraordinaire de Rollinat, le *Prélude des poèmes anciens et romanesques* de Henri de Régnier, comme je m'intéresse aux psychologies de M. Barrès, lorsque je peux me figurer qu'il ne s'amuse pas à se mystifier lui-même, de même que j'adore les foules de *Germinal*, et tant d'admirables mouvements de passion chez Balzac, Barbey d'Aurevilly, Goncourt, Flaubert, Zola...

Nous sortîmes. Et, pour jouir de cette superbe après-midi de printemps ensoleillée, nous descendîmes à pied des hauteurs de Belleville. Il était près de six heures, des ouvriers rentraient, des femmes se hâtaient à travers les voitures à bras, les mains comblées des provisions du dîner; tant de têtes passaient, si différentes et, qui, pourtant, disaient tant de choses pareilles que M. Geffroy ralentit un instant le pas, me fit remarquer ce tableau, cette foule, les silhouettes qui passaient sur les ponts et au long du canal, dans la lumière du soir, et ajouta :

— Tenez, voilà la vie et l'art. Cette poésie du faubourg, c'est la leçon de littérature qu'on peut prendre tous les jours en sortant de chez soi, en se mettant en contact avec ce décor, ce ciel, ces pavés, cette eau, avec ces personnages qui apparaissent et s'évanouissent comme des ombres, avec ce monde de passions et de souffrances qui palpite là devant nous...

M. PAUL BONNETAIN

Pas facile à rejoindre, l'auteur de l'*Opium*. Pour ne pas lui infliger au *Figaro littéraire*, dont il est le secrétaire de rédaction très sollicité, une aggravation de peine sous forme d'interview, j'ai dû le relancer loin de Paris et de sa banlieue, dans le coin de campagne et de province où il habite, ne passant à Paris chaque jour que les trois ou quatre heures qu'il doit à son journal.

— Horreur de Paris, me dit-il ; — non pas haine : terreur. Je ne connais guère que mon ami Gustave Geffroy qui comprenne, s'il ne les partage, l'angoisse bête, l'anémie cérébrale, le dépaysement que me donne le pays du « boulevard » et des « premières ». Mais il faut vivre !

Vous venez me demander ce que je pense de « l'Evolution littéraire », évolution de tortue gigotant sur le dos ! C'est d'une gracieuse impartialité, car vous avez, à l'*Echo*, cette qualité, cette force : d'être unis et de vous serrer les coudes, solidairement...

Une belle et bonne idée, vos enquêtes. Vous avez dû voir des gens, pas vrai ! que votre venue a forcés à penser, et qui, maintenant, ont du moins une opinion pour quelque temps. Mais que voulez-vous que je vous dise, moi ?

— N'êtes-vous pas le promoteur de la protestation des *Cinq ?*

— Ah ! la protestation des *Cinq !* En voulez-vous l'histoire ? J'étais au *Gil-Blas* où je donnais une nouvelle par semaine. Paraît la *Terre*, avec un parti-pris d'ordures qu'à tort ou à raison je croyais voulu. Justement je venais d'apprendre d'un des convives de Zola qu'un jour à table, en parlant du naturalisme, le « patron » s'était vanté de se moquer du public. La plume me démangea et je proposai à M. Magnard, mon directeur des années précédentes, un article indigné sur le livre ; mais je ne pouvais le signer, cet article, puisque, transfuge du *Figaro*, j'écrivais au *Gil Blas* qui publiait la *Terre ;* or, M. Magnard ne voulait point d'un pseudonyme. L'auteur de *Charlot s'amuse* se bouchant les narines devant le bouquin de Zola : l'antithèse était en effet pour amuser le public ! Je contai mon embarras à mon ami Descaves qui partageait mon opinion et l'idée nous vint d'une protestation collective. De la sorte, mon journal ne se formaliserait pas de ma rentrée rue Drouot.

C'est amusant, hein, la littérature ?... Il faut vivre, vous dis-je.

Ce qui fut dit, fut fait. Un troisième ami, Paul Margueritte, me donna pleins pouvoirs par lettre et nous mandâmes Guiches et Rosny. Ce dernier rédigea le « manifeste » (car nous l'appelions ainsi n'étant pas jeunes qu'à moitié), et n'accepta point d'amendements. De là, le côté scientifico-pompier de la tartine, ce bon Rosny aimant à gâter son énorme talent par un abus de néologismes pharmaceutiques. — J'aurais pu, et, promoteur de la campagne, *dû* l'écrire, cette protestation, mais, j'ai cette originalité — la seule — d'être timide étant batailleur, et, par-dessus tout, de n'être pas peu l'ami de mes amis. Ceux-ci voulurent bien mettre mon nom en tête, et, partant, plus échiné qu'eux tous, je broutai la chicorée amère d'une célébrité de quarante-huit heures. Voilà !... Zola ne s'en serait pas porté plus mal s'il ne fallait pas toujours, chez nous et en tout, quelqu'un pour accrocher le grelot. Un courant se forma qui devint à la longue l'unanime opposition, la lassitude intransigeante que vous constatez à présent.

Que vous dirai-je encore ? Ah ! une anecdote à côté, l'histoire comique du manuscrit de cette « protestation ».

Je l'avais envoyé au domicile particulier de M. Magnard, 27, boulevard X... à deux pas du Bois. Je sors l'après-midi, je vais dîner en ville avec ma femme et je passe au *Figaro* à onze heures. Pas d'épreuves ! La copie, dont naturellement je n'avais pas le double, n'est pas arrivée, et le secrétaire de la rédaction, peu content, m'apprend que depuis cinq heures on me cherche dans les cercles et cafés où je suis censé aller, à la maison, partout, et que le téléphone carillonne en vain dans toutes les directions. Je saute en voiture, je cours chez moi, je hèle le concierge qui va quérir le commissionnaire auquel le matin il a confié le pli. L'homme juché sur le siège, nous filons boulevard X... sans que ma femme, aussi sagement illettrée qu'il convient à la femme d'un homme de lettres et nullement au courant, comprenne un mot à mon affolement et à mes tartarinades encolérées. Le sapin s'arrête 27, boulevard Y !... « Mais, triple brute, ce n'est pas ici ! » Le commissionnaire s'était trompé, le boulevard X... continuant le boulevard Y !!... La lettre est ici pourtant. Je sonne à l'hôtel. Personne ! Volets clos. Les propriétaires villégiaturent et la boîte au courrier bâille devant moi de toute sa mâchoire de cuivre. Du bout d'un crayon, je sens, je reconnais mon enveloppe !... Il pleuvait à verse — par bonheur. Me voilà tentant une effraction, arrachant un fil de fer à la haie du chemin de fer de ceinture pour faire un harpon. Cependant des passants s'arrêtent. Tout à l'heure, ce sera le poste de police, un esclandre, des explications, du temps perdu et notre tapageur premier-Paris à vau-l'eau. Mais Zola n'a pas en vain baptisé Jésus-Christ un héros de la *Terre*.

La Providence veille, vengeresse, et je sors à propos cent sous de mon gousset. Un passant finit par me dénicher, chez un troquet lointain, le domestique chargé de veiller sur l'immeuble, et je parviens à rentrer en possession du « manifeste ». — « Cocher, au *Figaro !* et au galop ! » Je m'affale sur les coussins. Soupir énorme. Alors, ma femme : « C'est donc bien précieux, cet article, et vraiment utile ? » « Je te crois... » et je vais pour lui expliquer, mais elle m'arrête : « Je savais bien que tu le retrouverais : j'ai dit un *Souvenez-vous Marie !* »

C'est bête, ça, et de l'intimité et du sacré, mais si je vous l'ai dit, c'est que de l'histoire je ne veux me rappeler que cette minute heureuse, que ce beau cri d'affection sûre et d'enfantine foi.

— Et voilà, reprit M. Bonnetain après un silence, tout ce que je puis vous confier sur l'évolution littéraire de ce temps-ci... Venez-vous voir mes lilas ?

Mais j'insistai jusqu'à l'agacement de mon hôte.

— Evolution ! évolution ! Il n'y en a pas d'évolution ; chacun sent qu'il en faudrait une, et chacun se désespère de ne savoir, de ne pouvoir la créer, la diriger ; alors, chacun plaide à côté. Le certain c'est que, si le naturalisme a fait son temps, comme étiquette, mode et procédés, le réalisme reste invaincu. La grosse majorité des grandes œuvres de tous les temps n'est-elle pas réaliste, de la Bible à Pascal, du grand siècle aux Goncourt? On ne reviendra pas plus à l'idéalisme et au romantisme d'antan qu'on ne reviendra aux diligences. On tentera peut-être un retour au mysticisme si les derniers croyants nous donnent un homme de génie sans tolstoïsme. Et puis, on recourra fatalement à la science pour lui prendre, les uns le merveilleux qui leur manque, les autres un approximatif absolu. (Jusqu'ici, nous ne lui avons emprunté que des mots et des miettes — mal digérées — de méthode.)

Ce que nous serons, nous autres, dans le mouvement? Je ne sais. Geffroy est, à mon sens, le premier critique de ce temps. Margueritte, Mirbeau, Descaves, Guiches, Rosny, Ajalbert et d'autres que j'oublie, parce qu'ils sont moins près de mon amitié que de mon esprit, sont encore assez jeunes et d'assez souple talent, pour être les disciples heureux et admirés du messie que je ne pressens pas en eux. De nos aînés, Huysmans est le plus doué, le plus original, celui à qui le public doit le plus de sensations neuves. Mais de même que la plupart des métis, il restera sans lignée directe... Ah! l'originalité, le mouton à cinq pattes! Pourvu qu'on ne gâte pas, à l'écarteler de louanges, Jules Renard, l'auteur de ces exquis *Sourires pincés*. Original, celui-là, et qui ira loin s'il a du souffle et secoue les pucerons des jeunes revues...

Tenez, cher confrère, je vous parle franc. Pourquoi avez-vous donné la moindre importance aux décadents, aux symbolistes ? D'abord, ces prétendus évolutionnistes sont des poètes. Or, le vers c'est, en littérature, aujourd'hui, ce qu'est la harpe ou le triangle dans un orchestre. Comptez-les chez Lamoureux ! Et pourtant la presse s'occupe d'eux, les cite, les consulte ! Muette sur le livre d'un romancier, elle consacre trois colonnes au vaudeville d'un Déjazet, ses échos à un Péladan, son feuilleton de critique à un Moréas !... Enfin, ne se fait pas naturaliser qui veut !

Pour me résumer, vos *enquêtés* me produisent l'effet de ces femmes grosses, discutant du sexe du fœtus qu'elles ne sont pas sûres de mener à terme. Nous sommes dans un des âges ingrats que traverse la littérature tous les cinquante ans en moyenne. Une guerre européenne, une lutte sociale peuvent chavirer les prédilections les mieux raisonnées. La littérature de demain, après tout, serait purement socialiste que je n'en serais pas surpris. Pas fâché non plus. Après tant de pitié à la Slave, un peu de vraie et simple justice semble dû.

Qui vivra verra. Le véritable évolutionniste sera celui qui aura le plus de talent — et écrira le moins. Car ce qui nous a lassés du naturalisme, ET DE TOUT en littérature, c'est la production à outrance. Tout le monde écrit des romans, les grues en retraite, les Ligues des Patriotes, les rastaquouères, les notaires et les cabots. Voilà le mal, mon cher Huret, et le seul.

Peut-être nos enfants, à la suite de quelques révolutions, jouiront-ils de moins de pléthore. On verra peut-être venir le temps où les journaux seront confiés tout entiers, y compris, et surtout, les faits-divers, à des hommes de lettres qui, mis ainsi à même de vivre, pourront n'écrire qu'un ou deux, trois livres au maximun, en leur vie. Fromentin n'a guère laissé qu'un bouquin : *Dominique*, mais ce qu'il dégotte les psychologues du *jour d'aujourd'hui!*...

Et là dessus, M. Bonnetain m'ayant indiqué le chemin de la gare, s'en retourna dans son jardin.

M. LUCIEN DESCAVES

L'un des *Cinq*. L'auteur des *Misères du sabre* et de *Sous-Offs*, qui firent le bruit qu'on sait. Une trentaine d'années, de petite taille, trapu, le front têtu, l'œil petit, mais vif et droit, une moustache rare, un nez bizarre et amusant, dilaté aux narines avec la pointe qui se rebelle : une tête de *sous-off*, ma foi, qui serait intelligente. Je le trouve chez lui, où le retient sa jambe cassée il y a six semaines dans un accident de voiture. Très gai, malgré cela, et crâne comme tout ce qu'il écrit.

Il me dit :

— Mais ce mouvement dont on parle tant à présent, cette réaction contre l'outrance du naturalisme, il faut en rechercher les premiers signes dans notre fameux manifeste des *Cinq* paru en 1887 ! Avons-nous été, à ce moment, assez conspués ! On nous accusa de vouloir nous faire un peu de réclame sur le dos de Zola ; à présent tout le monde tombe d'accord que le règne du torchon est passé, tout le monde, le Pontife lui-même ! Et il est bien temps, en effet. D'ailleurs, Zola commence vraiment à se fatiguer... c'est vrai, depuis *Germinal*, il baisse... Vous ne trouvez pas ? Tenez, je viens de lire l'*Argent*. Plus que jamais il me fait l'effet d'un grand entrepreneur de bâtisse qui construit des maisons de rapport à six étages dans les quartiers ouvriers de la littérature... Et toujours la même distribution de pièces, les mêmes escaliers, les mêmes portes et les mêmes cordons de sonnettes. Au temps de la *Conquête de Plassans* c'était un architecte, qui savait vous installer avec goût un mobilier et choisir les tentures qu'il faut ; à présent, je le répète, c'est un maître-maçon qui fait coller les moellons les uns par-dessus les autres, v'lan ! ça y est. C'est de la copie de journal tout bêtement bâclée, avec autant de facilité qu'on démarquerait un fait-divers. Aujourd'hui il faut trois cents lignes ? les voilà ! C'est de l'ouvrage à l'année. Avez-vous lu cette phrase, dans l'*Argent* : « Jeantrou avait gardé sur le cœur les coups de pied au derrière que lui allongeait le père de la baronne ! » Si c'est permis d'écrire ainsi, avec une truelle !... Non, je vous dis...

depuis *Germinal*... il bousille... C'est égal, c'est tout de même un Maître, qui a droit au coup de chapeau alors qu'il suffit d'un léger salut de la main quand il s'agit d'Alexis ! Ce pauvre Alexis ! Il n'y a plus que lui qu'hypnotise le tas énorme des éditions de Zola. On a calculé que cela faisait trois fois la hauteur de la tour Eiffel. C'est à mourir de rire !

— Voyez-vous les successeurs du naturalisme ?

— Mais ce sera tout le monde ! Entendons-nous, tous ceux qui auront du talent et du tempérament. Evidemment on ne fera pas comme les autres ont fait, on ne traînera pas dans les ordures exprès. Je serais assez de l'avis de Huysmans qui rêve un naturalisme spiritualiste...

— Oui, mais quel mot ? fis-je.

— Il l'explique ainsi : un égal souci de la chair et de l'esprit, psychologie et physiologie mêlées, deux chemins parallèles courant au même but, un à terre, un autre en l'air. Je vous dirais bien que j'essaie présentement d'appliquer cette théorie dans un roman sur les aveugles, si rien justement ne m'horripilait à l'égal des théories et des ratiocinations. Ayez d'abord du talent, tout est là. Si vous voulez vous offrir, par surcroît, le luxe d'une esthétique particulière, je le verrai parbleu bien, car les livres sont écrits, j'imagine, pour en recevoir l'endosse.

— Aimez-vous bien les Psychologues ?

M. Descaves haussa les épaules et fit la moue :

— Les poitrinaires chics de la littérature ? dit-il. Leurs jours sont comptés, mais, comme de vrais phtisiques qu'ils sont, ils ne se voient pas mourir ; et, dans les milieux où sonne leur toux, on leur cache leur position en les couvrant de fleurs : ce sont de beaux mariages, des sièges à la Chambre, des décorations, etc., etc... Mais, tonnerre ! qu'on leur colle des bureaux de tabac, et qu'ils nous fichent la paix ! Quant à Lemaître et à Anatole France, c'est quelque chose de pire : la sournoiserie dans la malfaisance. Celui des *Débats* avec son sourire de vitrier, qui grince en coupant le verre, celui du *Temps* qui jamais n'a taillé sa plume pour parler d'une œuvre d'art, d'une œuvre intéressante. Il y a cependant au *Temps*, comme partout, des lecteurs intelligents et lettrés qui ne seraient pas fâchés d'être tenus au courant du mouvement de la jeune littérature. *Jamais*, vous m'entendez bien, *jamais* Anatole France n'a daigné parler des efforts des jeunes... Si encore il les discutait ! Mais non, rien... Ah ! si, de temps en temps, il lance un Moréas, parce qu'il sait que ça ne tire pas... à conséquence, d'abord, et à plus de deux ou trois cents exemplaires, ensuite. Est-ce que ça compte ? En revanche, qu'un livre de valeur soit publié, vous lirez au *Temps*, dans le mois de son apparition, un article sur Pascal, un autre sur la *Vie des Saints*, un troisième sur... un sonnet de Boileau ! Il garde celui-là en réserve pour la semaine où Huysmans donne *Là-*

Bas! C'est comme cela qu'il entend son rôle de critique moderne. Enfin !...

— Etes-vous aussi sévère pour les Symbolistes ?

— Qui cela les symbolistes ? Moréas ! qui s'habille de la mise-bas de Mallarmé, de Verlaine et de Laforgue ! Une noisette creuse dans laquelle il y a *un* vers, *un* seul ! Et encore, il faudrait chercher ! Moréas ! un virtuose qui aurait le goût déplorable de n'exécuter que des variations sur les opéras d'Auber !

Je demandai à M. Descaves quels étaient, parmi les jeunes écrivains de sa génération, ceux qui lui paraissaient destinés à représenter le mouvement nouveau.

— Il n'en manque pas, de beaucoup de talent et d'avenir ; vous les connaissez comme moi : c'est Hennique, Margueritte, Rosny. Ah ! Rosny !... Mais il a vraiment quelque chose qui me dépasse : c'est son orgueil, un orgueil incommensurable, fou, dont on n'a pas d'idée ! Et un théoricien ! Et un esthète ! A-t-il du temps à perdre ! Il me rappelle ce pasteur protestant des *Mémoires* de Goncourt qui, dans sa manie de prêcher, se promenait toujours avec une chaire sous le bras ; de temps en temps, il calait la chaire, y grimpait, et en avant les boniments ! Rosny me fait un peu l'effet de ce pasteur protestant. De même, je n'ai pas été surpris quand des amis m'ont dit que *Daniel Valgraive* était accompagné d'un double envoi d'auteurs. Ayant entendu célébrer l'exemple *unique* en littérature de la collaboration des Goncourt, frères par le sang et frères par l'esprit, Rosny, sans doute, n'a pas voulu qu'il fût dit que quelque chose de rare et de difficile lui était impossible à réaliser... Et il y a aujourd'hui les Rosny, comme il y a les Goncourt ! Acceptons-en l'augure. C'est beau, l'orgueil !

... Mais je me suis arrêté dans ma nomenclature : n'y a-t-il pas encore Mirbeau, Geffroy, Paul Bonnetain, Mæterlinck, Ajalbert, la rédaction du *Mercure de France*, Vallette, Jules Renard, et Gourmont en tête ; et Abel Hermant, un encore, celui-ci, qui dans son dernier livre : *Amour de tête*, a joliment lâché Zola !

— Quels sont, dans le roman moderne, les maîtres dont vous vous réclamez ?

— Oh ! d'abord, nos maîtres à tous, Balzac, Hugo, Flaubert et les Goncourt, puis Alphonse Daudet, qui a écrit *Sapho*, Huysmans, et les grands sacrifiés que vos interviewés ont négligé de nommer : Barbey d'Aurevilly, Villiers de l'Isle-Adam, Vallès auquel Caraguel seul a pensé, et qui a laissé, dans le roman, deux arrière-petits-cousins de talent : Henry Fèvre, avant qu'il fît du roman comique, et Darien, celui de *Bas-les-Cœurs* et de *Biribi*.

Je quittai M. Descaves en faisant des vœux pour son rétablissement.

— N'oubliez pas, s'écria-t-il, les coups de pied au cœur de Jeantrou !

M. GUSTAVE GUICHES

M. Gustave Guiches a débuté, il y a peu d'années, par deux romans, *Céleste Prudhommat* et l'*Ennemi*, qui le firent remarquer parmi l'un des plus brillants disciples de l'Ecole naturaliste. Il fut, ensuite, l'un des signataires de la protestation des *Cinq*, et sa rupture avec l'Ecole ne se borna pas à cette manifestation de combativité. Ses nouvelles œuvres, l'*Imprévu* entre autres, le montrent préoccupé d'analyses psychologiques, et s'orientant dans l'art à la suite de maîtres moins populaires et plus raffinés, et particulièrement de Villiers de l'Isle-Adam.

A ma prière, M. Guiches a eu l'obligeance d'écrire la lettre que voici :

« Monsieur et cher confrère,

» Impossible, hélas ! d'ajouter n'importe quoi d'à peu près neuf à tout ce qui vous a été dit et si bien dit au sujet des diverses manifestations dont la littérature est affectée.

» J'ai lu vos enquêtes si pittoresquement promenées à travers les innombrables esthétiques du jour. Il m'a semblé relire la *Tentation de saint Antoine*. Il se dégage de ces études un cauchemar aussi angoissant que celui suggéré par la vision du chaos religieux dans l'œuvre de Flaubert. J'ai vu défiler des symbolistes, des instrumentistes, des décadents, des naturalistes, des néo-réalistes, des supra-naturalistes, des psychologues, des parnassiens, des mages, des positivistes, des bouddhistes, des tolstoïsants, etc... J'ai entendu des imprécations furieuses, des rires amers, des exclamations de pitié, des anathèmes solennels, des analyses subtiles, des synthèses probantes, des proclamations éloquemment improvisées. Tout a été dit, redit et contredit.

» Comment ne pas se sentir à jamais troublé en présence de contradictions telles que celle-ci ? Plusieurs de nos confrères déclarent que le naturalisme est mort. Aussitôt un télégramme de M. Alexis annonce : « *Naturalisme pas mort. Lettre suit.* » La lettre démontre en effet que le naturalisme avait été inhumé par erreur et qu'il était on ne peut mieux portant. Alors, que penser ?

» Il est bien certain que si le naturalisme n'est pas mort, il a subi toutefois de fortes dislocations. Combien reste-t-il de naturalistes authentiques parmi les soiristes de Médan ? M. de Maupassant est retourné aux traditions de Flaubert si personnellement appliquées dans *Boule-de-Suif*. M. Huysmans a créé le supra-naturalisme. M. Hennique a évolué vers le spiritisme. M. Céard s'est adonné plus spécialement à la critique. M. Alexis reste seul naturaliste impénitent.

» Parmi les néo-réalistes qui paraissaient vouloir

suivre la voie indiquée par leurs aînés de Médan, mêmes transformations. Bonnetain s'intéresse, de préférence, à l'étude des phénomènes de la suggestion. Rosny s'est retourné vers un lyrisme scientifique dans lequel s'affirme toute la haute personnalité de son talent, et l'auteur de *Sous-Offs* va s'élancer, lui, sur les traces de M. Huysmans vers des « au-delà » mystiques, vers un naturalisme tout à fait supra.

» Quant aux psychologues, je ne m'explique pas qu'ils puissent former une catégorie spéciale d'écrivains. Chaque écrivain est psychologue à un degré plus ou moins intense proportionné au développement de ses facultés de pénétration, mais de ce que beaucoup d'entre eux, soit par scepticisme, soit par système, soit encore par défaut d'esprit philosophique, ne transforment pas leurs observations en lois générales, il ne s'ensuit pas pour cela qu'ils ne soient psychologues au même titre que les psychologues de profession.

» Le mouvement symboliste a été la première protestation contre le matérialisme des naturalistes intransigeants. Mais ce mouvement s'est tant divisé et subdivisé qu'il a perdu tout intérêt. Les symbolistes réclament le vers libre, l'émancipation du vers. Le vers serait opprimé! C'est une petite ligue d'anti-esclavagistes, s'exagérant les misères de la poésie et prêchant, à des jeunes gens zélés, l'affranchissement des alexandrins.

» Avec quel plaisir rare on s'abstrait de toute idée d'école ! Comme il est agréable d'admirer les œuvres en elles-mêmes sans s'infliger la préoccupation de classer leurs auteurs ! Est-il bien utile, pour juger leur talent, de s'inquiéter si MM. Zola, de Goncourt, Alphonse Daudet, Paul Bourget, Maupassant sont naturalistes, impressionnistes, ironistes ou psychologues ? Chez MM. Leconte de Lisle et Catulle Mendès n'aime-t-on pas les très puissants évocateurs et très merveilleux poètes qu'ils sont, et n'oublie-t-on pas volontiers les parnassiens dont ils furent et restent les maîtres incontestés ? De même ne suffisent-elles pas les admirables et charmantes personnalités chez des poètes tels que Paul Verlaine, Stéphane Mallarmé, Dierx, Henri de Régnier, Viellé-Griffin, Jean Lorrain, Gustave Kahn ?

» Cette idée d'école tend à disparaître. Les groupes, en effet, ne cessant de se multiplier, un jour viendra sans doute où chaque écrivain formera son groupe à lui tout seul, réalisant le maximum de la personnalité. Ainsi serait accomplie non pas l'évolution littéraire, mais une révolution complète dans les idées reçues, ce qui, à mon très humble avis, serait encore mieux.

» Agréez, je vous prie, monsieur et cher confrère, l'assurance de mes biens dévoués sentiments.

» GUSTAVE GUICHES. »

M. PAUL MARGUERITTE

L'un des *Cinq*. Celui d'entre eux qui se rapproche le plus des psychologues, et qui a le plus d'affinité avec le talent délicat et raffiné des Goncourt. Il se complaît à noter les douces tourmentes des âmes particulièrement sentimentales. Ses romans, si je n'en oublie, s'appellent : *Tous Quatre, Pascal Géfosse, Amants, Confessions posthumes*. Il a écrit des pantomimes pour le théâtre. Sa fine tête de Pierrot distingué le destinait à les jouer, et il en joua, avec beaucoup de succès, au Théâtre-Libre.

Je n'ai pas pu joindre M. Paul Margueritte. Mais le lendemain de ma visite chez lui, il m'envoya, très complaisamment, les notes suivantes. Je les donne telles quelles. Elles ne répondent peut-être pas directement au programme de mon enquête, mais elles sont une si parfaite marque de bonne amitié !

— Les symbolistes? Vous leur avez fait une grosse réclame, gratuite et libérale. Tant mieux pour eux ! La vie littéraire est dure, la concurrence acharnée, la réclame coûte cher. La vôtre leur permettra, bien mieux ! les mettra en demeure de nous donner de beaux livres, et non plus des préfaces. J'avoue cependant que leur attitude — mis à part Mallarmé, de

Régnier et Charles Morice, — m'a semblé peu noble. Leur mépris pour leurs aînés et leurs camarades est chose qui me passe. Il existe pourtant, en dehors d'eux, de grands poètes, comme Maurice Bouchor. Haraucourt et Rodenbach ne sont-ils rien, non plus ?

Parlons d'autre chose, voulez-vous ? Réclame pour réclame, mieux vaut en faire à ceux dont on ne parle pas assez, qu'à ceux dont on parle de trop. Laissons de côté mes sympathies et admirations personnelles pour MM. de Goncourt et Alphonse Daudet, pour Huysmans, Lavedan, Elémir Bourges, Bonnetain, Mirbeau, Hennique, Descaves, Jules Case et J. Rosny qui mérite une épithète à part, spécifiant tout ce qu'il apporte de neuf et d'humain. Tous ces écrivains sont connus et reconnus. J'ai mieux attirer votre attention sur deux manifestations très particulières et très différentes du jeune Roman, dans la personne d'Antony Blondel et de Jean Lombard.

Voilà Blondel, par exemple ! Qui, en dehors de quelques lettrés, connaît son *Camus (d'Arras)*, son *Bonheur d'aimer* ? Il va publier chez Havard un livre : *le Mal moderne*. La critique, complaisante aux vantards, s'intéressera-t-elle à ce modeste ? Ses romans ont, à un degré rare, l'odeur, le goût et le sens de la vie. Aucune littérature ! les sentiments et les sensations mêmes dans leur fleur ! Nul n'a mieux dépeint la plante humaine et ses dépérissements, sa lente ascension vers le jour, son épanouissement difficile au bonheur, au succès, à l'amour. Richepin a qualifié Blondel : un Saint-Simon paysan, tant ses paysans fleurent la terre. Mais il a étudié depuis des types plus complexes, une casuistique d'âme plus raffinée.

Jean Lombard! vous connaissez sans doute ses grandes fresques hallucinées, où grouillent, en un style polychrome et d'une barbarie voulue, les foules mortes de Rome sous Héliogabale, et de Byzance sous Constantin Copronyme. On dirait d'immenses tapisseries que l'air agite, et dont les personnages vivent et défilent, le long d'une spirale où on les voit réapparaître, en des retours d'attitude et des répétitions de geste. Lombard sait rendre l'ondoiement des masses, l'enchevêtrement des rouages politiques. Rosny et lui me semblent appelés à écrire le roman social, qui sera une des formes les plus intéressantes de la littérature de l'avenir.

Il est bien d'autres jeunes de valeur! Camille de Sainte-Croix, tenez! Deux de ses romans déjà, dans un style de belle race, ont confessé des dandysmes du cœur, des cas de conscience singuliers. Robert Godet, pénétrant et lucide analyste du *Mal d'aimer!* Georges Beaume, et ses paysans du Languedoc; les délicats et sincères romans de Jean Blaize, François Sauvy et Amédée Pigeon. Mais à quoi bon insister? Ils ont tous publié un, deux ou trois romans; ils travaillent et réussiront. Car, en définitive, il n'y a que cela qui compte, le livre, la chose faite bravement, simplement, honnêtement !

M. ABEL HERMANT

L'enfant chéri du Naturalisme, ce transfuge de l'École normale qui fut singulièrement choyé, justement on pourrait croire, pour ses délicatesses de nature si différentes des brutalités voulues et alors exubérantes de l'École à son apogée. Dès ses débuts, en effet, il fut accueilli avec une tendresse spéciale par M. de Goncourt et M. Zola. Le *Cavalier Miserey* qui souleva tant de tempêtes, la *Surintendante*, une curieuse et pénétrante étude du monde parisien, dernièrement *Amour de Tête*, qui est une très subtile psychologie, sont des titres qui lui ont valu de mériter la prédilection dont les maîtres l'accueillirent tout d'abord.

J'ai reçu de lui la lettre suivante :

« Moscou, 22 mai 1891.

» Monsieur et cher confrère,

» Vous avez bien voulu m'écrire pour me demander mon sentiment sur l'Évolution littéraire contemporaine. Pardonnez-moi de vous avoir fait attendre ma réponse. Votre lettre est venue me chercher si loin ! A ces distances, les querelles littéraires semblent un peu vaines. Mais l'enquête que vous poursuivez se recommande à l'intérêt de tous, tous y doivent apporter leur contribution. Je me suis bien souvent posé à moi-même les questions qui en font l'objet : je ne crois pas à la valeur absolue des théories déduites, mais j'estime qu'un artiste, à notre époque réfléchie, doit prendre conscience de l'évolution où il participe, et du rôle que personnellement il y peut jouer.

» Malheureusement, cette conscience ne s'acquiert pas d'un seul coup. Je veux espérer que j'arriverai quelque jour à une lucidité parfaite : pour l'instant, mes idées me semblent plutôt en voie de formation. J'envie la sécurité de mes confrères qui ont pu résoudre d'emblée les difficultés que vous proposez à notre examen.

» Pour moi, j'ai fréquemment varié, et je me flatte de n'être pas encore paralysé dans une certitude. Je ne vois guère qu'un principe, d'apparence bien élémentaire, presque naïve, sur lequel je ne saurais transiger : c'est qu'un artiste, même dans le roman à sujet contemporain, dans le roman que nous prenons sur le vif, doit avoir pour unique souci de faire œuvre d'art et de créer de la beauté.

» A ce titre, je répudie les théories naturalistes, qui, appliquées à la lettre, feraient en somme du roman une œuvre utilitaire ou encyclopédique ; je répudie les théories psychologistes, qui lui donneraient un objet différent mais une forme pareille, et qui en feraient également une œuvre d'exposition ou d'instruction.

» Entendons-nous : si je me sépare des naturalistes, c'est pour des motifs d'esthétique sérieuse, et je ne m'associe point à la réaction commerciale qui se tente contre le naturalisme aujourd'hui ; je ne réédite point le vieil acte d'accusation qui en incrimine la vulgarité, la lourdeur et le pessimisme un peu simple. — Je me sépare des psychologistes pour des motifs analogues, mais je veux encore moins m'associer à la croisade bouffonne qu'une partie de la jeunesse actuelle prêche contre les sciences et contre l'esprit de la modernité.

» Je crois tout au contraire que si nous prétendons créer de la beauté originale et portant bien la signature de notre époque, nous ne pouvons pas négliger ce qui est l'apport et l'originalité de notre époque. Je crois que la science psychique, et en général toutes les sciences, nous ont fait envisager l'homme et la nature sous des aspects nouveaux, et qu'il y a là de riches matières pour les œuvres futures, des mines d'art inexplorées.

» Il ne s'agit pas de prendre la science toute brute, et de la transporter par exemple dans le roman. A chacun son domaine. Quand on a lu le plus humble psychologue de profession, les découvertes du psychologue littérateur font sourire. Mais je crois fermement que la psychologie peut fournir des motifs d'art entièrement neufs, et non pas seulement ces fines et délicates analyses, ces descriptions d'âme, ces inventaires parfois un peu puérils de sentiments, auxquels nous ont habitués les Stendhaliens. Des tentatives véritablement remarquables ont déjà été faites dans le sens que je vous indique, et je vous citerai l'exemple de Rosny, qui a su mettre en œuvre, comme artiste, une belle intelligence de penseur et de savant.

» Puisque je vous ai cité un nom, je passe des généralités aux personnes. Vous me demandez, monsieur, quelques mots sur mes aînés et sur mes contemporains. Je vous signale en passant que la correspondance de Flaubert porte les traces d'une opinion tout à fait conforme à celle que je viens d'indiquer, touchant le rôle réservé dans la littérature prochaine à la haute science de l'homme; mais je n'ai point là le volume pour vous faire les citations. Dans un autre ordre d'idées, dans un autre esprit, M. Renan a mainte fois et admirablement exprimé la valeur esthétique des conceptions nouvelles. — Des maîtres actuels du roman, que vous dirais-je, que des banalités? Vous savez bien le respectueux attachement que nous avons tous pour M. de Goncourt, pour Alphonse Daudet. Je vous ai parlé tout à l'heure contre le naturalisme : il va de soi que je ne m'attaquais pas à la personnalité d'Émile Zola; j'ajoute que s'il a formulé la doctrine, il a été le premier à en faire bon marché : certains de ses adversaires sont naturalistes comme il ne l'a jamais été.

» Parmi les nouveaux venus qui sont encore mes anciens, je ne vous nommerai personne avec plus de sympathie que l'éloquent, le passionné, l'imaginatif Octave Mirbeau. Je vous nommerai Hennique, un artiste de haute valeur, patient, peu bruyant, et à cause de cela mal récompensé de son effort continu. Je vous nommerai Huysmans, qui n'est pas un intellectuel, mais qui est un ouvrier d'art merveilleux.

» Je vous nommerai, parmi les jeunes, Margueritte, déjà arrivé au public, Bonnetain, le romancier de la mer, qui, si j'en crois des annonces réitérées, nous prépare une variation nouvelle sur son thème favori. Je ne puis insister sur Lucien Descaves, envers qui je serais suspect de partialité : nous sommes presque deux fois confrères. Je ne veux pas manquer de vous nommer aussi, comme un des plus subtils et des plus spirituels d'aujourd'hui, Paul Hervieu.

» Mais, Monsieur, je m'arrête, les talents sont nombreux, et cette lettre menace de tourner au catalogue. Permettez-moi de vous serrer la main cordialement.

» ABEL HERMANT. »

M. JEAN JULLIEN

M. Jean Jullien est surtout connu du monde des lettres par sa brillante campagne au Théâtre-Libre où il s'est efforcé d'apporter sur la scène la reproduction la plus directe possible de la vie. Ses efforts n'ont pas été vains, puisque si sa première pièce, la *Sérénade*, fut considérée comme un scandale, le *Maître* fut apprécié comme un chef-d'œuvre. Depuis, il a bataillé, pour les mêmes principes, dans *Art et Critique*, et l'Odéon nous donnera prochainement l'occasion de voir appréciées par le grand public ses tentatives qui ont déjà vaincu dans le public d'élite.

Il m'a dit :

— Les querelles d'écoles me laissent absolument froid ; je crois que l'artiste doit se préserver autant de l'opinion des coteries que de celle de la foule et se tenir prudemment éloigné des chapelles, hors desquelles il n'est pas de salut.

J'admire Zola aussi bien que Mallarmé et Verlaine et je comprends aussi bien Barrès que Péladan, Bourget ou Rosny. J'estime que nous ne devons nous préoccuper, nous, écrivains, ni des théories, ni des formules, ni de la manière de M. Untel, ni des appréciations de MM. de la critique, nous devons faire ce qui nous semble être de l'art et voilà tout.

Les jeunes littérateurs, ainsi que les vieux d'ailleurs, uniquement occupés du dénigrement de leurs confrères et de leur propre gloire, me font l'effet de nos députés qui discutent toujours sans travailler jamais, plus soucieux de leur réélection que des intérêts du pays, et notre pays à nous c'est l'Art.

Qu'ils fassent des œuvres et, pour ma part, que ces œuvres soient tirées directement de l'observation de la nature, ou indirectement, à l'aide de symboles, cela m'est parfaitement égal si j'y reconnais la marque d'un artiste sincère.

Quant à dire : telle forme d'art est supérieure à telle autre, ce genre-ci a plus de chance de réussir dans l'avenir que celui-là, ce sont des calculs de commerçant, de tailleur, se demandant : « Que portera-t-on l'année prochaine? Que faut-il préparer en magasin? » Un écrivain qui raisonne ainsi n'est plus qu'un marchand de lignes.

La vérité est qu'il y a du talent et énormément de talent des deux côtés. Malheureusement ils sont tous d'une infatuation telle qu'ils s'imaginent être arrivés, comme ils le disent, à la forme *définitive*; ils se cantonnent dans une formule de plus en plus étroite et ne progressent plus.

— Pourtant, vos préférences à vous?...

— Je préfère l'interprétation directe de la nature, car je la crois plus haute en beauté que toutes les œuvres humaines et je crains que les symboles ne la défigurent. Je ne parle pas uniquement de la nature morte ; mais, et surtout, de la nature vivante, pensante, agissante et je recherche la puissance artistique dans la synthèse des vérités naturelles, philosophiques et humaines, naturellement, simplement, humainement présentées. C'est ce que que j'ai cru faire dans le roman et le théâtre ; mais je comprends parfaitement que d'autres aient de l'art une conception toute différente. L'art n'est pas une royauté vacante et il y a place pour plus d'une esthétique dans la république des lettres.

Ainsi le théâtre n'est pas un, il est aussi bien et même beaucoup plus romantique que psychologique ou naturaliste. Nous admettons les farces de MM. Bisson, Gandillot, Grenet-Dancourt, les mondanités inconsistantes de MM. Dumas, Pailleron et Meilhac ! A plus forte raison devons-nous accueillir avec joie les œuvres artistiques promises par : Verlaine, Maeterlinck, Moréas, Morice, etc. Cela ne nous empêchera pas de faire du théâtre tel que nous le sentons, et je plains sincèrement les symbolistes de ne pouvoir admettre et comprendre qu'eux seuls, quelquefois même un seul d'entre eux.

Je suis très curieux de les voir au théâtre, d'entendre le déchaînement de la grosse critique et les ricanements des soiristes, nous avons eu perspective une jolie série d'articles imbéciles.

— Vous paraissez les bien connaître...

— Ah! si je les connais, les critiques! Qui nous délivrera de ces esprits rétrogrades qui condamnent d'avance toute tentative originale, qui jugent les pièces sans les entendre, et dont le critérium d'art est la recette! Pendant dix-neuf mois, dans la Revue que j'avais fondée, *Art et Critique*, j'ai mené campagne contre ces aristarques, j'ai montré leur ignorance et leur cynisme, et j'ai gourmandé les auteurs, les comédiens et le public de leur aplatissement devant ces pompeux farceurs. A ce moment-là j'ai fait aussi mon enquête, en appelant à la Revue tous les littérateurs sans distinction d'écoles contre l'ennemi commun ; un bien petit nombre de ces jeunes, si prompts à se combattre les uns les autres, a répondu : ils sont si déférents auprès des nullités importantes, dispensatrices de la réclame! Ce n'est que lorsque après avoir bataillé jusqu'au dernier jour, la Revue a été morte de misère, qu'ils ont osé m'adresser l'assurance de leur sympathie.

Et pourtant c'est de la critique que dépend l'avenir du théâtre. Je veux bien que l'art triomphe toujours en dehors d'elle, il n'en est pas moins vrai qu'elle est un obstacle qui, pour certains, devient insurmontable. Et puis, il n'est pas un seul critique qui fasse consciencieusement son métier (c'est, du reste, un horrible métier). Toujours des raisons d'à côté! Pourtant que de choses intéressantes il y aurait à faire et à dire ! Je le vois par les quelques critiques techniques que j'ai faites et que je fais encore depuis deux ans. On trouve que ces critiques sont méchantes, je ne le suis que lorsque je suis en présence d'un faiseur, d'un épateur, d'un de ces commerçants sans talent qui nous inondent de leur prose insipide et pédante : Ah ! oui, quand je rencontre un de ces êtres malfaisants, je l'écraserais avec plaisir...

Pour en revenir au théâtre, quel sera le théâtre futur ? je n'en sais rien ; mais, je doute fort que le symbolisme réussisse mieux que le naturalisme réduit aujourd'hui à une formule ridicule. Encore le naturalisme suit-il le mouvement de la pensée moderne scientifique et socialiste, tandis que le symbolisme n'est qu'une œuvre de réaction qui comme toute réaction sera vague et stérile. Il faut voir plus grand, au delà des formules. Et puis, on n'arrive pas ainsi d'emblée à s'imposer, il faut chercher, travailler. Travailler, surtout, et que chacun apporte sa pierre sans s'imaginer qu'il apporte l'édifice. L'année passée j'ai émis quelques idées sur le théâtre vivant, aujourd'hui je publie les résultats de mes observations expérimentales sur le théâtre, mais je n'entends point être assimilé aux écrivains à théories et à formules, ce n'est que lorsque la pièce est jouée que l'on peut conclure, la démonstration se fait sur la scène et nous sommes sur la scène...

M. JEAN AJALBERT [1]

Vingt-huit ans. A débuté il y a cinq ou six ans dans les revues ultra-décadentes du quartier-Latin ; puis il a publié des plaquettes de vers subissant un peu l'influence de Coppée. Enfin, il y a peu de temps, son roman : *En amour*, l'a mis en bonne place parmi les néo-réalistes ; et, plus récemment encore, il s'est acquis de la notoriété par une adaptation au théâtre, habile et sincère, de la *Fille Elisa* de notre maître, M. Edmond de Goncourt.

D'une blondeur et d'une chair flamandes, le parler lent et jamais essoufflé, avec un parti pris de bonhomie auvergnate un peu gouailleuse, M. Jean Ajalbert est un correct boulevardier, très soucieux des contingences.

Comme il a été l'ami de la plupart des symbolistes et décadents actuels, et qu'il a passé l'eau, il m'a paru légitime de le consulter dans cette éclectique information. Il me dit :

— C'est à mon tour de déposer ? Bon. Je jure de dire la vérité. Mais, monsieur, contre qui cette contre-enquête ? Les décadents, les instrumentistes, les symbolistes ? Votre enquête était bien suffisante ! Ils

[1] Voir Appendice.

se sont si bien entre-dévorés, vos chevaliers du symbole, qu'il n'en reste plus ! J'ai lu cette curieuse série d'interviews ! Cela m'a fait penser aux combats de coqs. Ah ! tous ces paons, qui s'arrachaient les plumes en faisant la roue. Vous les avez vus, vous, comment sont-ils ? Lorsque je les ai connus, ils blanchissaient déjà ! Moréas touche à la quarantaine, Tailhade a dépassé quarante-cinq ans. Ils ont donné ce qu'ils pouvaient donner. Je ne crois pas que ce soit eux le *jeune attendu*, vous savez !

En fait d'idées, jusqu'à présent, ils n'ont guère sorti que des couteaux !

— Le mouvement symbolique...

— Il n'y a pas de mouvement, une simple petite poussée de talents, de très réels talents, mais disparates, sans cohésion. Vous avez bien vu qu'ils ne marchent pas derrière un drapeau, derrière une idée commune. Je vois de jolis phraseurs, d'élégants chanteurs, mais pas plus... Il y a d'exquis roseaux, de délicieuses petites flûtes, mais pas de clairon...

C'est la presse qui, très arbitrairement, a groupé tous ces noms sous ces étiquettes de décadents et de symbolistes... On a confondu sous une seule enseigne les écrivains les plus divers. Les maîtres comme Verlaine et Mallarmé, de vrais jeunes comme Barrès, Régnier, Griffin, pêle-mêle avec les ratés, les piliers de café, les éternels jeunes à poils blancs... Et tous ont laissé dire... pour avoir l'air d'être beaucoup !

C'est la trouée boulangiste ! la catapulte ! Mais aujourd'hui, ils ne sont plus boulangistes : ils sont royalistes, impérialistes... ils ne sont plus symbolistes... Chacun tire la couverture à soi... Moréas a beau leur crier qu' « Il n'est pas un ignorant dont les Muses ont ri, — je suis un Baudelaire avec plus de couleur, — et le plus grand formiste du siècle, c'est moi ! » — ils ne veulent rien entendre, et le Palikare reste seul sur sa galère.

Non, je ne vois pas de mouvement !

L'assonnance, le vers libre, c'est vieux comme la littérature. Et Gérard de Nerval en a glané de jolies gerbes dans les chansons populaires... Quant à l'instauration de Ronsard, c'est un mouvement... en arrière, et cela s'appelle d'un mot bien ordinaire : du *pastiche*. Je ne crois pas qu'il sorte de là un frisson nouveau capable d'électriser les foules.

Quant à l'avenir, je laisse au Sar Péladan le soin de pronostiquer.

— Mais n'avez vous pas été symboliste ?...

— Comment ! Un symboliste de la première heure ! J'ai fondé le journal le *Symboliste*. — Quatre numéros, avec Kahn, Paul Adam, Moréas, la collection complète. — C'était un progrès : notre précédente feuille, avec Paul Adam, le *Carcan*, n'avait tenu que deux numéros. Le titre vous indique ces tendances : nous devions flageller l'humanité de la belle sorte ; nous allions la dire, la vérité, au boulevard, à la

presse, à tous ! Naturellement, personne n'entendit...
et le *Carcan* se rouilla. Il en fut de même au *Symboliste*, où je fus déshonoré dès l'apparition. Le canard
s'imprimait à Montrouge, dans une petite rue... Nous
arrivons... l'imprimeur et sa femme se désolaient...
Ils n'avaient guère pu composer le numéro : *ils ne
comprenaient pas !* Pensez : Moréas en ce temps-là
« instaurait » Rabelais... « Je n'ai compris que ça : un
article de M. Ajalbert » murmurait la vieille femme !...
Tous les regards de mes co-symbolistes me fusillè-
rent... Evidemment, je n'étais pas un pur... Je tra-
hissais... Dès lors, je cessai d'être cité dans les écrits
symbolistes. Et depuis la *Fille Elisa* je suis excom-
munié. Mon nom ne figure plus aux couvertures du
bibliopole Vanier !

— Et, sans doute, vous êtes considéré comme un
naturaliste ?

— Oh ! je ne suis guère plus naturaliste que symboliste. Tout cela, ce sont des mots pas souvent
justes. En tout cas, c'est dans les revues décadentes,
symbolistes et instrumentistes, dans le *Décadent*,
dans le *Symboliste*, dans la *Vogue*, dans *Lutèce*,
dans la *Revue Indépendante*, que j'ai publié la plupart de mes vers et mes premières nouvelles. C'est
en compagnie des symbolistes que j'ai vécu mes premières années littéraires, et je ne le regrette pas, la
bohème est douce, quand elle ne dure pas. Et quels
beaux rêves ! Que de soirs nous avons conquis Paris...

Notre ambition à tous, c'était d'écrire dans les grands journaux. Si vous saviez les plans de deux heures du matin, les quotidiens pris d'assaut, Tortoni envahi... Tortoni hypnotise absolument la brasserie, qui s'y risque quelquefois, en été, à la terrasse, quand Scholl même n'y est plus, lorsque les Anglais envahissent le boulevard... Ah! oui, quels plans de romans, de drames, d'articles, qui restent en plan...

— Que pensez-vous des formules émises, de l'esthétique projetée?

— Je suis surtout frappé du soin jaloux avec lequel vos interviewés ont tu les noms des absents et des morts, dont quelques-uns occuperaient le premier rang aujourd'hui. Pourquoi ces petitesses? Oh! l'étroitesse de ces coteries! Dans votre galerie, ils n'ont guère fait de place à Jules Laforgue, l'auteur des complaintes à *Notre-Dame la Lune*, du *Concile Féerique*, des *Moralités légendaires*, un poète original, qui dépasse tous vos Moréas de cent coudées, — mort à vingt-sept ans! Et Tristan Corbière, que Verlaine a classé dans ses poètes maudits, Corbière, un Breton au vers salé comme l'Océan d'Armor, et qu'ils passent sous silence... Pourtant, nous récitions tous ses rudes poèmes, où se dressent les calvaires de granit, dans la lande; nous savions par cœur ses cantiques et ses pardons! Et Hennequin, dont ils n'ont pas soufflé mot, mort à trente ans, une des intelligences du groupe! Silence sur ceux-là!...

Je n'ai pas entendu parler non plus de Camille de Sainte-Croix, — bien vivant, pourtant, — qui dirige le vaillant supplément littéraire de la *Bataille*, — l'auteur de la *Mauvaise aventure* et de *Contempler* — un de la première heure aussi — qui fut du *Symboliste*; ni de Teodor de Wyzeva, ni d'Edouard Dujardin, ni de Félix Fénéon?

Ces morts, ces absents étaient des premiers groupements.

Pourquoi les oublier ainsi? Les décadents ont-ils tant d'œuvres à leur actif?...

Je regardais, pendus au mur, le pantalon rouge et la capote bleue du lignard.

— Oui, me dit M. Ajalbert, je vais faire mes vingt-huit jours — une corvée à laquelle échappent les symbolistes! Ils sont Grecs, Espagnols, Suisses, Belges... ou bien ils ont franchi la limite d'âge!

LES PARNASSIENS

En commençant cette *Enquête* sur le mouvement littéraire contemporain, j'ai divisé en deux catégories les écrivains qui paraissent résumer les nouvelles tendances artistiques : en poésie, les *Symbolistes;* en prose, les *Psychologues*.

Les uns et les autres ont pu, à cette place, formuler leurs théories. Puis, j'ai demandé aux maîtres naturalistes, à leurs disciples et aux dissidents du naturalisme de se prononcer sur les deux esthétiques neuves ou soi-disant telles. Il restait à faire spécialement la critique de la métrique symboliste : et cette tâche incombait aux poètes, illustres aujourd'hui, qu'on a appelés les *Parnassiens*. Les jugements qu'ils porteraient, sur les partisans de la jeune école et sur son avenir, seraient, en outre, d'un intérêt capital en cette enquête.

M. LECONTE DE LISLE

Il fallait commencer par l'auteur des *Poèmes Barbares* ; c'est l'auguste maître qui, depuis de longues années, a groupé autour de lui le plus de disciples ; quand « le Père était là-bas dans l'île », la jeunesse poétique s'approchait passionnément du grand Parnassien. Son avis sur les tentatives symbolistes aura certainement beaucoup de retentissement dans les chapelles de la rive gauche et dans toute l'Europe littéraire.

64, boulevard Saint-Michel, un petit cabinet de travail sur la rue ; des rayons de bibliothèque, quelques sièges, une table où sont épars des volumes de poésie piqués de coupe-papier. Tout le monde connaît la physionomie du maître, sa figure entièrement rasée, sa longue chevelure grisonnante, et le monocle encadré d'écaille rivé à son œil droit. Il a aujourd'hui sur le tête une calotte de velours rouge vénitienne, qui s'érige en tiare.

— Ce que vous venez me demander, me dit le maître, est très délicat... Je connais beaucoup de ces jeunes gens, et je ne voudrais pas leur faire de la peine. Il est vrai, ajoute-t-il en riant, que je leur ai assez souvent dit mon opinion à eux-mêmes... D'ailleurs, mon opinion, elle est bien simple : comme je ne comprends absolument pas ce qu'ils disent, ni ce qu'ils veulent dire... je n'en pense absolument rien !

— Pourtant...

— Pourtant, quoi ? Oui, je pense qu'ils gâchent leur temps, leur jeunesse à faire des choses qu'ils brûleront dans quelques années. C'est vraiment extraordinaire et c'est triste aussi, cela ! J'en vois quelques-uns ici qui parlent très bien, très clairement, comme des Français et comme des gens sensés, et puis, aussitôt qu'ils mettent leur encre sur leur papier, c'est fini, éclipse totale de français, de clarté et de bon sens ! C'est prodigieux, une pareille aberration ! Et cette langue ! Tenez, prenez un chapeau, mettez-y des adverbes, des conjonctions, de prépositions, des substantifs, des adjectifs, tirez au hasard et écrivez : vous aurez du symbolisme, du décadentisme, de l'instrumentisme et de tous les galimatias qui en dérivent. Vous riez ? Mais je vous assure que c'est sérieux ; ce qu'ils font n'est pas autre chose. Ce sont les « amateurs de délire » dont parle Baudelaire : lancez en l'air, disait-il, des caractères d'imprimerie, et cela retombera en vers sur le papier ! Eh bien ! les symbolistes ont cru Baudelaire, ah ! ah ! ce sont des *amateurs de délire !*

Un moment, on rit. Je regardais M. Leconte de Lisle dont le monocle glissait sur la peau, moite sans doute de la chaleur du foyer et de l'animation de la conversation. Il riait et ses joues glabres rosissaient, ses lèvres minces frémissaient un peu, et son œil enfoui sous les barbes des sourcils s'allumait d'une lumière malicieuse.

— Ceci c'est pour les œuvres, dis-je. Mais de la technique du vers symboliste, que pensez-vous?

— Je leur demande pourquoi, quand ils font deux phrases de quinze pieds, sans rime, ils s'acharnent à appeler cela des vers? C'est de la prose tout bonnement, — et de la mauvaise, puisque les vers y sont! Tenez, regardez-moi cela : c'est le dernier opuscule de Viellé-Griffin. Voyez le prélude. Est-ce que ce sont des vers? Ils prétendent que oui! c'est invraisemblable. Il serait si simple d'écrire de jolie prose rythmée, puisqu'ils en veulent tant à la poésie! Sérieusement, Monsieur, le vers français vit d'équilibre, il meurt si l'on touche à sa parité. Qu'on rompe comme on voudra l'alexandrin intime, que même on change la césure de place, je veux bien... parce que je ne suis pas maître de l'empêcher! — mais qu'on lui conserve au moins son harmonie externe! Banville a écrit :

Elle filait pensivement la blanche laine.

Voyez, l'harmonie en est tout de même superbe! L'alexandrin se retrouve pour ainsi dire inviolé.

Ils viennent me dire aussi : Corneille a fait des vers ternaires :

Toujours aimer, toujours souffrir, toujours mourir;

Mais ce n'est pas un vers ternaire ! La césure subsiste, puisqu'il y a un temps fort à la sixième syllabe, sur *toujours!*

C'est comme pour la rime ! Sans aller aussi loin que Banville qui soutenait que tout le vers était dans la rime, je crois, raisonnablement, n'est-ce pas ? que la rime est la raison d'être du vers français. Eh bien ! non, eux la suppriment tout à fait ! Ils se disent : Ah! ah! on a abusé de la rime riche, nous allons la faire crever de misère !

Et puis, ils nous parlent de musique ! Hélas! y a-t-il rien de moins musical que leurs vers ? Ouït-on jamais pareille cacophonie ? L'un d'eux, un jeune homme charmant, d'ailleurs, très bien élevé, Henri de Régnier, m'a dit un jour :

— Mais nous tâtonnons, cher Maître !

— Tâtonnez tant que vous voudrez! lui ai-je répondu; c'est votre droit; mais au moins conservez vos tâtonnements pour vous, ne tâtonnez pas dans des livres imprimés! Tout le monde a tâtonné! Moi, j'ai conservé sept ans dans un tiroir mon premier recueil, j'ai brûlé quatre mille vers, j'ai refait la plupart de mes morceaux plusieurs fois. Eux, font du tâtonnement une école, et ils veulent l'imposer au monde ! C'est un peu fort !

Il rit de nouveau. La chaleur de la pièce empêchait décidément le monocle de tenir, il retomba. Au bout d'un instant de silence, M. Leconte de Lisle reprit :

— Ils ont cherché la nouveauté dans la désarticulation de la langue, oubliant que nous avions déjà le *volapuck*, avec lequel le leur faisait double emploi. Ils n'ont rien inventé, d'ailleurs, ils n'ont fait qu'étendre à beaucoup de phrases le procédé de M. Jourdain : Belle Marquise, vos yeux me font mourir d'amour. D'amour, belle marquise ; etc. Ils chavirent la langue de fond en comble, sans rime ni raison, et ils prétendent que c'est évocatoire ! Eh bien ! ça n'évoque chez moi que le désir de m'en aller !...

— A quoi attribuez-vous, mon cher Maître, ce développement pourtant indéniable du symbolisme ?

— A l'impuissance d'abord. C'est dur d'avoir du talent ! Il faut travailler longtemps, avec ténacité, avant d'obtenir un résultat d'art ; ils ont trouvé plus simple, eux, de se créer de toutes pièces une langue d'enfant, comme vous l'a dit très justement M. Joseph Caraguel, une langue balbutiante et incompréhensible, qui cachait et le vide de leurs pensées et la pauvreté de leur forme.

Ensuite, cela doit être une épidémie d'esprits. Jean-Jacques l'a dit quelque part : il y a des contagions d'esprits, je crois que c'est cela. Mon vieil ami Stéphane Mallarmé, avec lequel je fus très lié et que je comprenais fort bien autrefois, eh bien, je ne le comprends plus à présent !

— Considérez-vous le symbolisme comme une suite du Parnasse ou comme une réaction contre lui ?

— Ni comme l'une ni comme l'autre. Ou plutôt si, c'est évidemment, comme je vous l'ai dit, une réaction d'enfants et d'impuissants, contre un art viril et difficile à atteindre.

— Et contre l'*impassibilité*... ?

— En aura-t-on bientôt fini avec cette baliverne ! Poète impassible ! Alors quand on ne raconte pas de quelle façon on boutonne son pantalon, et les péripéties de ses amourettes, on est un poète impassible ? C'est stupide.

Comme c'est curieux, ce besoin d'éreinter ses aînés ! Hugo, jusqu'à Hugo qu'on veut déboulonner ! Je sais bien qu'il n'est pas parfait, qu'il est plein de trous et de verrues, mais dans toutes ses œuvres il y a des morceaux de haute perfection et en telle quantité qu'il demeure encore un formidable poète. Eh bien ? il n'est pas jusqu'au dernier des symbolistes qui, à l'exemple de Jules Lemaître, ne s'ingénie à le représenter comme un simple jocrisse ! Au moins le Parnasse a ce mérite de n'avoir pas renié ses auteurs...

— Selon vous, Maître, vers où s'oriente la littérature ?

— Je n'en sais rien. Le naturalisme était, en théorie, une ineptie ; en résultat, ç'a été un amas d'ordures. C'est fini. Le romantisme, qui était surtout *égotiste*, a épuisé toutes les conceptions, ne laissant d'indéfrichées que les vieilles théogonies en lesquelles j'ai tâché de m'incarner. A présent, je ne vois plus trop ce qui reste à faire... C'est peut-être ce qu'ils se disent, les jeunes ! Et alors ils se mettent à traduire en incompréhensible les vieux sujets.

Oui, où va-t-on ? Il n'y a plus d'esthétique commune comme aux belles époques de l'histoire littéraire, au dix-septième siècle ! Chacun rentre dans l'indépendance de sa propre nature, et il en résulte le chaos, une anarchie toute naturelle, d'où émergent des individualités de beaucoup de talent, c'est vrai, mais qui s'opposent à la production harmonieuse des esprits... Nous sommes donc en décadence... et les décadents nous le prouvent !... Jusqu'au jour où quelqu'un de très fort arrivera, balayera tous les demi-talents et les doubles prétentions, et ramènera tout le monde à l'esthétique générale qu'il aura créée.

Mais, voyez-vous, ajouta-t-il, tout pourra arriver, les pires révolutions et les cataclysmes, et les cerveaux de génie, nous aurons des pensées basses et des pensées magnifiques, jamais la littérature française ne se passera de ces trois qualités-là : la netteté, la précision, la clarté.

— Quels sont les poètes, en dehors des premiers

Parnassiens, qui représentent, selon vous, à l'heure qu'il est, la tradition poétique?

M. Leconte de Lisle réfléchit un instant, et dit :

— Eh! Haraucourt! Il fait de très jolis vers. Et M. le vicomte de Guerne, dont nous venons de couronner à l'Académie les *Siècles morts*, une très belle œuvre. M. de Guerne est un vrai grand poète, le plus remarquable sans contredit depuis la génération parnassienne. Et Quillard qui, pourtant, est sur la pente...

J'allais partir, mais je dis :

— Pardon, Maître, j'ai oublié de vous parler des *psychologues*.

M. Leconte de Lisle sourit, hausse légèrement les épaules, et répond ensuite, d'un ton grave :

— Il y a un homme dont je ne vous parlerai pas, à qui j'ai donné dans le temps, de toutes les façons, des preuves d'amitié, mais qui, depuis, m'a odieusement offensé. C'est M. Anatole France (1). Je reconnais son talent qui est délicat et subtil, mais j'estime peu son caractère. Il a inventé le *symbolisme*, sans y croire, dans l'espoir de jouer un vilain tour à son ami de Hérédia et à moi, et vraiment il y a peu réussi... Il en sera pour sa courte honte.

Il y a encore Bourget, un esprit ingénieux, surchauffé, plus apte, je crois, à la critique qu'au roman. Il nous raconte, dans un autre genre, les mêmes ba-

(1) Voir Appendice.

nalités fatigantes et puériles que le naturalisme qui sténographie les propos de trottoir.

Et puis encore, Maurice Barrès, *un moïste*. Je me rappelle, je l'ai vu à son débarqué de Nancy, tout frais, tout pimpant ; il n'a presque pas changé ; il a du talent, mais je le crois très fumiste.

Nous rîmes de nouveau, lui en laissant dégringoler son monocle, moi d'un air entendu.

En me reconduisant, il me répéta :

— Tous fumistes, ces jeunes gens !

M. CATULLE MENDÈS

Une des figures les plus complexes et les plus larges de la littérature contemporaine.

A une extraordinaire activité de prosélytisme qu'il met magnifiquement au service des intérêts généraux de l'art, se joint une universalité de dons littéraires, plus surprenante encore et qui en fait l'un des rares hommes de ce temps qu'on puisse comparer, pour l'ampleur et la variété des facultés, aux grands artistes de la Renaissance. Véritable fondateur du « Parnasse », il groupa autour de lui les jeunes talents de la Renaissance poétique qui succéda au romantisme épuisé. Cette combativité littéraire l'a occupé à toutes les périodes de sa vie : c'est ainsi qu'après la guerre de 1870, alors que les préoccupations artistiques n'étaient pas encore ranimées, et que les esprits demeuraient engourdis, sous le coup du désastre, son initiative s'employa aux premières tentatives de réveil littéraire. C'est ainsi qu'un peu plus tard, après le *Parnasse*, après la *Revue fantaisiste*, où il avait rassemblé les talents les plus originaux et les plus rares, il fondait la *Vie populaire*, destinée à diffuser dans les masses les chefs-d'œuvre de la littérature de ce temps. Son âme d'artiste passionnée pour toutes les nouvelles tentatives d'art, quoique follement éprise de préférences très marquées, n'a jamais montré d'étroitesse.

On connaît le poète exquis, le poète vivant et lyrique, d'une puissance pénétrante et douce, on connaît le romancier subtil, opprimant, le conteur inimitable, le dramaturge puissant et original des *Mères Ennemies*, des *Frères d'armes*, de la *Femme de Tabarin*, du *Capitaine Fracasse*, de la *Reine Fiametta*, de *Justice*, on a entendu le conférencier charmeur, le causeur adorable, on sait peut-être moins généralement sa passion musicale et l'œuvre de vulgarisation wagnérienne qu'il a entreprise des premiers en France.

N'est-ce pas Armand Silvestre qui le trouvait, avec ses fins et longs cheveux de soie blonde et sa barbe légère, « beau comme un demi-dieu »? Et où sont ceux du monde des lettres que sa camaraderie n'a pas servis?

A Chatou, dans sa maison du bord de l'eau, par une après-midi de soleil de ces jours derniers. Voici tout ce que j'ai retenu de notre conversation :

— Ne me parlez pas d'écoles, c'est horripilant ! il n'y a rien de misérable, de petit et de déprimant, comme ces querelles sur une étiquette. Parlons plutôt d'autre chose...

— Mais pourtant, le Romantisme ? Et le Parnasse ?

M. Mendès s'écrie :

— Ça n'a jamais été des écoles ! ou du moins, ce qui équivaut, les plus grands romantiques se sont toujours défendus d'en faire partie ; Victor Hugo a répété souvent qu'il consentait à s'appeler romantique si « romantisme » signifiait : *Liberté de l'art*. Et, justement, celui qui prétendit faire du mouvement romantique une école, et qui, en effet, à l'époque jouissait après Hugo de la plus grosse célébrité, c'est... Pétrus Borel ! vous voyez comme cela lui a profité !

... Le *Parnasse !* Mais nous n'avons seulement pas écrit une préface ! Feuilletez la *Revue fantaisiste*, et tâchez d'y trouver une ligne de critique de l'un de nous ! Le Parnasse est né d'un besoin de réaction contre le débraillé de la poésie issue de la queue de Murger, Charles Bataille, Amédée Roland, Jean du Boys ; puis ç'a été une ligue d'esprits qui sympathisaient en l'art. Mais nos admirations ne sont pas nées de nos amitiés, ce sont nos amitiés qui sont nées de nos admirations. Quand quelque part un artiste se montrait, dans un besoin de solidarité bien naturel nous courions à lui; c'est ainsi que j'ai rencontré Dierx un jour, chez Leconte de Lisle, où il lisait des vers qui me ravirent. En sortant, je lui pris le bras et je lui dis : « Oh! Monsieur! comme vous avez du talent! » Nous devînmes amis; il me lut de ses vers, je lui lus des miens, et jamais ni l'un ni l'autre n'essayâmes d'unifier nos façons de voir et de rendre la beauté. C'est comme cela, d'ailleurs, que nous nous sommes tous liés, par des haines communes et des amours pareilles. Le groupement Parnassien ne s'est fait sur aucune théorie, sur aucune esthétique particulière; jamais l'un de nous n'a entendu imposer à un autre son optique d'art, c'est ce qui fait la belle variété des talents du groupe, et aussi, sans doute, que nous ne nous sommes jamais détestés.

Une autre preuve encore? Le premier *Parnasse* était sous-intitulé : *Recueil de vers nouveaux*, ce qui témoigne de son cadre éclectique; et l'éditeur, dans un avant-propos que j'avais rédigé, disait : Le « Parnasse » sera à la poésie ce que le Salon est à la peinture. Et, en effet, on y vit des vers de Lafenestre, de Theuriet, de Verlaine, de madame Blanche Cotte, de Ratisbonne, de Charles Cros, de Lepelletier, d'Alexis Martin, de tout le monde! Il n'y avait pas d'églises, et par conséquent pas de chapelles dissidentes, et pas de cultes rivaux!

Aujourd'hui, au contraire, quand on a fait une pièce de vers, vite on cherche à bâtir autour une formule, on fabrique une enseigne, on ramasse quelques amis, et on se proclame maître de chœur! Mieux! avant même de rien faire, on se demande quelle esthétique on adoptera... Vraiment, on ne met pas la charrue avant les bœufs avec plus de naïveté! Qu'on produise! qu'on produise donc! et qu'après, si cela fait plaisir, on cherche à quelles tendances on a obéi, quelle beauté vous a instinctivement guidé. Mais non! A-t-on pris un mot à Ronsard, vite on s'installe rénovateur de la langue du seizième siècle! C'est une mauvaise plaisanterie.

— Nous arrivons aux symbolistes, dis-je.

M. Mendès répondit:

— Symbolistes! si on entend par là l'ensemble des jeunes poètes que nous connaissons, je les aime beaucoup, j'en admire quelques-uns, je suis avec eux de tout mon cœur. Et je loue beaucoup l'*Écho de Paris* de cette attention accordée aux efforts, même confus, de la jeunesse, en me rappelant le temps où le *Figaro littéraire* arrêtait au troisième numéro la publication des *Petits poèmes en prose*, de Baudelaire! Nous avons été, nous aussi, moqués, bafoués, piétinés, et nous devons éviter ce sort aux autres, si nous le pouvons.

Et il continua lentement, d'un ton de voix adouci et profond, en répétant des mots:

— Oh ! voyez-vous, il ne faut jamais rire d'un jeune, la jeunesse c'est sacré. Qu'on examine, qu'on discute, mais qu'on tienne compte : dans dix ans, ce sera peut-être le Poète ! Moi, je mourrais inconsolable si je pouvais croire que j'aie jamais méconnu un véritable artiste ; et s'il est vrai qu'à un certain âge nous ne comprenons plus ceux qui nous suivent, nous portons là une des infirmités les plus lamentables, les plus désespérantes qui soient...

Puis il reprit :

— Mais si le Symbolisme veut être une école révolutionnaire, avec une philosophie, une esthétique, des règles qu'elle prétend inventer, un sens de la beauté qu'on n'a jamais eu et qu'on aura après un court noviciat... je me réserve. Symbolistes ! Tous les poèmes du monde, les beaux poèmes, sont des Apocalypses, et l'Apocalypse est-elle ou non symbolique ? Voyons, comment voulez-vous être poète sans espérer le prolongement de votre idée chez les êtres qui vous lisent, et comment se passer de symbole pour cela ? On est plus ou moins grand poète, justement en raison de la grandeur, de la noblesse et de la beauté des symboles qu'on crée ! Et, à part les chansonniers du Caveau et les poètes didactiques, tous les poètes sont symbolistes. De même que tous les romanciers sont naturalistes ! Un écrivain qui met un chapeau de soie sur la tête d'un bourgeois du Sentier, au lieu de lui mettre un fez, fait du naturalisme. De même que tous les romanciers sont psychologues, que diable ! Et il fait de la psychologie celui qui, après avoir habillé une femme de soie, de fleurs et d'un voile de dentelle, cherche à démêler le pourquoi de sa hâte à courir, vers les trois heures, chez sa corsetière !

Non, voyez-vous, tout cela c'est de la mauvaise plaisanterie. Il n'y a pas d'école et il n'en faut pas. On a du talent ou on n'en a pas ; il n'y a pas d'autre distinction admissible. Ceux qui en ont peuvent faire tout ce qu'ils veulent, voilà tout : du symbolisme, du naturalisme, de la psychologie, et le reste ! Et que je vous dise une chose que vous imprimerez en petites capitales : FAIRE CE QU'ON PEUT LE MIEUX QU'ON PEUT.

— Des réformes que se proposent les symbolistes, touchant la mesure du vers, la rime, les allitérations, que pensez-vous ?

— Ah ! ici par exemple, nous allons nous battre !

Voici le premier point : la mesure du vers.

« Les symbolistes ont cru inventer, dit M. Achille Delaroche, un vers, une strophe dont l'unité fût plutôt psychique que syllabique, et variable en nombre et en durée selon les nécessités musicales. »

Voilà bien, n'est-ce pas, la théorie de ce que certains poètes nouveaux appellent le vers libre ? Eh bien ! j'ai une crainte : comment le lecteur, vous, moi, n'importe qui, s'y prendra-t-il pour découvrir le rythme de cette strophe, « plutôt psychique que syllabique », et comment en sera-t-il touché? Oui, où trouvera-t-il le point de repère qui lui permette de suivre le rythme choisi par le poète? Car, enfin, on ne saurait soutenir qu'il y ait dans la langue française une *quantité* syllabique comparable à celle dont se formaient le vers grec et le vers latin, et dont se forment, incomplètement d'ailleurs, le vers anglais et le vers allemand! L'auteur et le lecteur seront vis-à-vis l'un de l'autre — quant à la strophe libre dont il s'agit, — un peu comme deux violonistes qui essaieraient de déchiffrer ensemble un morceau de musique dont on aurait supprimé la mesure et toutes les indications de cadence... Entendez-vous cette cacophonie? Qu'on change, qu'on transforme à l'infini la mesure du vers, soit! Mais qu'on la conserve si l'on ne veut pas tuer le vers français! L'alexandrin ne renferme-t-il pas les vers libres les plus variés, tous les vers, de tous les nombres, de tous les rythmes! Et, au moins, l'alexandrin et sa césure vous donnent le mouvement, forcent le lecteur à suivre, syllabe par syllabe, à l'aide des temps forts, des temps faibles et des muettes des mots, l'eurythmie du vers : c'est ce qui remplace dans notre poésie ce que les longues et les brèves étaient dans le vers latin et dans le vers grec. Toute l'erreur des novateurs provient, je crois, de cette confusion, qui s'explique, d'ailleurs, si on observe que, parmi eux, il y a, entre autres, un Grec, Moréas, un Américain, Stuart Merrill, qui ont, tous deux, dans leur atavisme, des langues chez lesquelles la quantité est possible.

— On a dit, pourtant, que cette dernière révolution était la conséquence logique des précédentes transformations du vers ?

— Mais pas du tout ! du tout ! du tout ! Mon vieil ami Anatole France, qui ne se trompe que quand il veut, a fait un calembour quand il a paru croire que l'alexandrin a varié d'âge poétique en âge poétique, et que les libertés prises par les symbolistes dérivaient directement des vieilles libertés auparavant conquises ! Il sait bien, au contraire, que l'alexandrin n'a jamais varié depuis qu'il existe ! Qu'il a toujours eu douze pieds et une césure ; que les pires audaces d'Hugo sont dans Boileau ! et qu'il est impossible de trouver dans les modernes une liberté poétique dont on ne puisse découvrir l'équivalent chez les classiques ! Seulement, ah ! seulement ! attendez ! Ce qui était autrefois l'exception est devenu par la suite plus commun ; de même qu'il y a à présent trois mille cocus dans une ville qui n'en contenait autrefois qu'un ! Oui, oui, Anatole France a confondu la guerre civile avec la guerre extérieure ! Il y a eu dissensions intestines, mais pas de conquêtes de l'étranger ; l'alexandrin s'est modifié de mille façons, on peut encore le transformer peut-être de mille autres manières, je l'accorde, mais — c'est là son admirable gloire, — depuis la chanson de geste où il est apparu pour la première fois, à travers Ronsard et Malherbe, il est resté et il restera cette chose merveilleuse que les plus grands artistes ont fait servir à tant de magnifiques chefs-d'œuvre : l'alexandrin français !

Et quand, à travers tant de crises, tant de transformations, tant de révolutions, le vers n'a pas changé, quand tant d'esprits insurgés, tant de tempéraments brouillons et tant de purs génies nous l'ont transmis, finalement intact, après l'avoir ajusté à des lyres si diverses, c'est qu'en effet, il doit avoir en lui autre chose qu'une harmonie de hasard, c'est qu'il est, dans son essence, éternel, croyez-moi.

— Et la rime riche ? demandai-je.

— Oh ! pour cela je ne suis pas entêté... Qu'on me montre des vers à rime pauvre ou même sans rime qui soient beaux, et j'y applaudirai. Mais je ne peux pas m'empêcher de penser que lorsque Victor Hugo a rimé pauvrement, il a fait de mauvais vers, témoins ceux-ci, tenez, du *Satyre* : l'éclat de rire...

> Si joyeux, qu'un géant enchaîné sous le mont,
> Leva la tête et dit : « Quel crime font-ils donc ? »

La rime de ces deux vers bébêtes est lamentable et il se trouve que c'est en effet du Hugo de deuxième plan, du Hugo seulement tribun que le sublime poète s'amusait à être quelquefois.

C'est comme Musset, d'ailleurs ! Chaque fois que son vers est beau, incontestablement beau, il est bien rimé, et tous ses mauvais vers sont « rimés comme des cochons » :

> Un pas retentissant fait tressaillir la nuit...
> C'est toi, maigre Rolla ? que viens-tu faire ici ?

Mais, je vous le répète, je ne suis pas entêté, si on trouve le moyen, avec la rime pauvre, d'obtenir des effets plus variés, plus étranges, je suis d'accord, je ne demande qu'à voir.

Quant aux allitérations, je pense que les jeunes poètes ont raison d'en faire... lorsqu'elles se présentent. Mais je ne comprendrais pas qu'on en fît un système. L'allitération est un charme que le poète emploie sans s'en apercevoir, que le lecteur subit sans s'en rendre compte non plus. Chez les romantiques et chez les parnassiens, il s'en trouve de fort belles. Tenez, dans Hugo, celles-ci :

> Le pêcheur de corail vogue en sa coraline,
> Frêle planche que lèche et mord la mer féline.

Hein ! ce deuxième vers, est-ce assez l'ondulation du flot, interrompue par *mort* et répétée par *mer* et reprise par *féline !* Est-ce assez joli !

Et celle-ci, de Leconte de Lisle :

> La palpitation des palmes !

N'est-ce pas ? ça fait du vent !

J'en ai fait une dans le *Soleil de Minuit* très complète et qui se complique d'une bizarrerie :

*P*lane ! et domine au *loi*n *l*es po*l*aires pâ*l*eurs.
La rougeur solaire...

Vous remarquez que le *p* et l'*l* de « polaires pâleurs » se trouvent pour ainsi dire annoncés à l'origine du vers, dans *p*lane. Seulement, tout cela, on s'en aperçoit après. Un poète qui le ferait exprès serait une fichue canaille !....

— Faites-vous aux *symbolistes* un reproche de leur obscurité ?

— Oh ! non, du tout. Plus on va, dans notre temps de démocratie, et plus l'art pur tend à devenir l'apanage d'une élite, d'une aristocratie bizarre, maladive et charmante. Il n'est pas mauvais, pour que le niveau s'en maintienne haut, qu'un peu d'ésotérisme l'entoure.

— On a dit aussi que le symbolisme était une réaction contre l'*impassabilité* parnassienne ?

— Tenez, c'est encore un calembour, cela. Parce que Glatigny a fait un poème intitulé : *Impassible*, que Verlaine a écrit :

Est-elle en marbre ou non, la Vénus de Milo ?

et que moi, dans une pièce appelée, d'ailleurs, *Pudor*,

j'ai dit ce vers dont la pose avouée se dément dans la suite même du poème :

Pas de sanglots humains dans le chant des poètes !

on a conclu que les Parnassiens étaient ou voulaient être des *Impassibles!* Où la prend-on, où la voit-on cette sérénité figée, cette sécheresse dont on nous affuble ? Chez qui ? Pas chez Glatigny, ce Villon moderne. Pas chez Sully-Prudhomme, toujours inquiet des problèmes qui bouleversent l'âme humaine. Pas chez de Hérédia, ce mangeur de rubis et de chrysoprases, fou de joie et de lumière ! Pas chez Coppée, si moderne ! Pas chez Dierx, ce rêveur et cet attendri...

Et M. Mendès, ici, s'arrête, et dit :

— Quand je nomme Dierx, voyez-vous, je suis obligé de m'interrompre, plein de respect ; car je vois en lui le plus pur et le plus auguste et le plus sacré poète de nos générations.

Puis il reprend :

— Ça n'est pas chez Banville non plus, ce poète débordant de joie, lyrique comme Orphée et terrible comme Balzac ! Où donc, alors ? Chez Silvestre ? un des plus grands lyriques du siècle, qui monte tout le temps en ballon et dont les vers sont grands, sont hauts, sont bleus comme l'éther lui-même ! Pas chez Leconte de Lisle qui fut et demeure le maître de nos âmes, dont le cœur tourmenté des hautes idées de néant et d'infini se soulève à chaque instant, se gonfle et rugit comme un Maëlstrom !

— On a dit aussi que le symbolisme était un produit du wagnérisme ?

M. Mendès se met à rire, et s'écrie de toutes ses forces :

— De Wagner, qui obtient tous ses effets grâce à l'intensité formidable de ses sensations ! de Wagner, le classique par excellence ! qui emploie jusqu'à l'abus les moyens et les conventions que lui offre son art pour arriver à des émotions nouvelles, qui ne se sert pas d'un instrument dont Lecocq ne se serve, qui n'use pas d'un accord qui ne soit autorisé par les solfèges ! Mais Wagner, c'est justement le contraire de l'esprit anarchiste ! Il est pour l'expression directe de la passion, et jamais il ne cherche la petite bête ! Si son œuvre est symboliste, c'est comme l'est l'Apocalypse, pas autrement.

On veut aussi mettre Villiers de l'Isle-Adam dans le symbolisme... lui qui se serait fait pendre plutôt que d'écrire un vers qui n'eut pas été régulier, qui aurait plutôt compté sur ses doigts ! C'est comme Mallarmé, qui n'a jamais rompu une césure de sa vie ! Mallarmé, je l'ai dit quelquefois, c'est ce qu'on appelle en classe un auteur difficile ; mais quel esprit élevé, ingénieux et pur, et qui ne se trompe jamais ! Mais Verlaine non plus n'a rien de commun avec eux,

— quoique ce très délicieux poète se trompe souvent, lui, par exemple.

— Croyez-vous que le *symbolisme*, en tant qu'école, ait quelque avenir ?

— Je crois... je crois qu'à notre époque le nombre des jeunes gens de talent qui font de jolis vers et qui savent mettre un roman sur pied est considérable. Mais il faut attendre, on ne verra que plus tard. Nous étions *quarante-deux* au Parnasse, et à la lecture de certains vers, il était quasi-impossible de dire où était le talent véritable... Eh bien ! comptez-les à présent ! Plusieurs sont morts, il est vrai, mais aussi combien retirés en province, devenus médecins, notaires... et qui ont bien fait !

Pourtant, il y en a quelques-uns qui paraissent se manifester plus définitivement que les autres. Tout à fait au premier rang de ceux-là, et bien qu'étant parmi les moins excentriques, il y a Henri de Régnier. Ses *Poèmes anciens et romanesques* sont vraiment très beaux : c'est vaste, c'est clair et pur. Il y avait surtout ce pauvre et cher Mikhaël... qui a laissé une petite œuvre, petite par le nombre, haute par la beauté, et qui, croyez-le bien, ne sortira jamais de la bibliothèque des lettrés. Il y a encore Quillard, qui a un grand sentiment du lointain, du mystère. Sa *Fille aux mains coupées* est une très étrange et très suggestive œuvre. Mais il y a du talent aussi chez Moréas, qui s'ingénie aux petites trouvailles ;

Moréas, dont l'archaïsme se modernise et se pimente d'un peu d'exotisme, m'intéresse, à vrai dire, beaucoup ; il a trouvé des rythmes curieux ; et puis, il y a chez lui un côté palikare assez piquant. Faire des trouvailles, c'est bien, mais enfin, de là à édifier des théories et à lancer des manifestes révolutionnaires, il y a loin ! Je ne veux pas oublier non plus Rodenbach, un poète envers qui on est injuste ; il est peut-être un peu juste milieu, mais il s'est dégagé des imitations et de l'influence de Coppée, il devient plus personnel, et il y a de bien jolies choses dans *Du silence*.

M. Mendès ajouta, comme s'il se parlait à lui-même :

— Ah ! ce n'est pas tout de couper les queues aux chiens qui passent ! A côté de ceux qui font du fracas, il y en a d'autres, qu'il faut écouter avec d'autant plus d'attention qu'ils sont plus silencieux...

M. JOSÉ-MARIA DE HÉRÉDIA

— Ces jeunes gens ! Tous fumistes !

Cette exclamation, lancée joyeusement par une jolie voix de femme à travers des éclats de rire, m'accueillit quand j'entrai dans le cabinet de travail de M. de Hérédia. Je me rappelai à temps, pour ne pas en être déconcerté, que c'était la dernière phrase prononcée par M. Leconte de Lisle dans mon interview avec lui, et je pris ma part de la gaieté générale. J'étais tombé au milieu d'un gracieux cercle féminin où l'on venait sans doute de parler littérature et symbolisme; l'*Echo de Paris* était là à demi déplié, sur la deuxième page. Les dames partirent, non toutefois, sans que j'aie entendu :

— Oh! vos symbolistes ! Je les exècre !

Et, comme je faisais déjà mine de chercher mon carnet, on m'interrompit, en riant :

— Mais ce n'est pas de l'interview, cela ?

— Non, madame, dis-je en riant aussi, mais c'est de la couleur... si locale !

— Considérez-vous le mouvement symboliste, — demandai-je à M. de Hérédia, quand nous fûmes seuls, — comme issu du Parnasse, ou comme une réaction?

— C'est plutôt une réaction, me dit-il, — une réaction contre la perfection du vers parnassien. Mais il y a là une erreur, un malentendu évident où les jeunes gens sont tombés et qu'il est peut-être bon d'éclaircir. A la suite des maîtres du Parnasse est venue une génération d'élèves, d'imitateurs plutôt, et d'imitateurs naïfs qui, trouvant un moule parfait, un canon impeccable, se sont mis à produire, sans talent et sans originalité, des vers banals sur des sujets banals; qui ont cultivé l'illusion bête que l'emploi mécanique des procédés des maîtres suffirait à en faire des poètes, qui, en un mot, ont banalisé les conquêtes que Chénier, les Romantiques et les Parnassiens, après Ronsard et toute la Pléiade, avaient faites dans la forme du vers.

Oui, la réaction symboliste me paraît provenir de ce quiproquo : que puisque la perfection de la forme et le respect des lois de la poétique avaient produit la platitude, l'insouci de la forme et le dédain des règles s'imposaient à des novateurs. De là est née cette tentative d'émeute dans la versification ; car il n'y a que cela, vous savez, au fond, dans le mouvement symboliste : une *révolution de forme*. Et l'étiquette de « symbolisme » ne signifie pas autre chose.

Mais (ils n'ont pas l'air de s'en douter !) bien avant eux on avait tenté cette révolution. Jean-Antoine du Baïf, Jacques Pelletier, Ponthius de Tyard, Ronsard lui-même, qui a fait des vers saphiques, ont essayé les formes du vers que les symbolistes reprennent aujourd'hui comme des nouveautés. Et ce n'est qu'après les avoir essayées toutes que Ronsard régularisa la versification, et qu'il nous a transmis, dans la préface de sa *Franciade*, les principes les plus nouveaux de l'art des vers. Si donc, après tous ces essais, on en est revenu à l'alexandrin, c'est qu'il y a évidemment quelques bonnes raisons pour cela.

Le vers polymorphe ! Mais l'alexandrin est le vers « polymorphe » par excellence ! Le poète qui sait son métier peut en varier les formes à l'infini, à l'aide de la brisure, de la césure et de l'enjambement. Nous pourrions prendre dans Ronsard, dans Régnier, dans La Fontaine, dans Racine, des exemples à n'en plus finir. Contentons-nous d'en prendre un dans Chénier, dans son admirable idylle de *Néére* :

Mon âme vagabonde à travers le feuillage frémira.

N'est-ce pas pour un symboliste un très beau vers de seize pieds?

Mais Chénier a écrit :

Mon âme vagabonde à travers le feuillage
Frémira.

C'est un alexandrin avec un rejet de trois pieds !

En voulez-vous un autre, d'exemple, de mesure brisée, de souplesse, de l'infinie variété de coupe à laquelle se peut prêter le vieil alexandrin manié par une main savante? Je le trouve encore dans un fragment d'élégie du divin André :

Les belles font aimer. Elles aiment. Les belles
Nous charment tous. Heureux qui peut être aimé d'elles.

Vous voyez bien qu'avec cet admirable outil de l'alexandrin on peut tout faire, tout! Parbleu! Le tout est de savoir s'en servir.

Pourquoi donc allonger le vers à plaisir ? Et, notez-le bien, sans raison! car...

M. de Hérédia s'interrompit, et en riant, me dit :

— J'ai à ce propos une histoire bien amusante à vous conter. On sait que les symbolistes n'ont pas de règle de technique fixe ; mais je m'en suis assuré de la façon suivante : l'un d'eux, que je ne vous nommerai pas pour ne pas l'ennuyer, me communiquait un jour une pièce de vers. J'en lorgnai un de dix-sept pieds ; j'insinuai à mon jeune ami que le vers serait bien plus joli s'il supprimait un qualificatif qui l'alourdissait, et je lui demandai s'il verrait un inconvénient à le retrancher :

— Pas du tout ! me répondit-il.

Et il biffa le qualificatif.

— Il n'aura plus que quinze pieds, voilà tout, me dit-il.

Cet aveu m'a paru précieux à recueillir.

Mais non seulement ils brisent, fâcheusement à mon avis, la cadence du vers en l'allongeant outre mesure, mais ils traitent la rime avec une coupable légèreté. La rime n'est pas une gêne pour le poète : c'est un tremplin. La difficulté même excite le génie de l'artiste. La langue française, qui est intermédiaire entre les langues du Midi et celles du Nord, n'a pas la sonorité de l'italien ou de l'espagnol où les rimes abondent à tel point que leur emploi constant pourrait paraître fastidieux. Et, pour faire une comparaison qui me paraît très juste et qui m'est souvent venue à l'esprit en regardant monter la mer, une rime heureuse arrivant au bout d'un beau vers, c'est quelque chose comme le panache ou la frange d'écume qui parachève, avec un fracas de tonnerre ou un murmure délicieux, le déferlement d'une belle lame !

Mais pour notre nouvelle école tout cela ne compte pas ! Ils mêlent arbitrairement les rimes féminines et les rimes masculines, ils font rimer des mots à cinq ou six vers de distance, ils emploient des rimes fausses, ils ne riment pas du tout, ils font des assonnances... Bast ! qu'importe si l'œil et l'oreille s'y perdent ! C'est du symbolisme.

— Alors, selon vous, le symbolisme n'a pas d'avenir ?

— Je crois que cette tentative servira surtout au drame lyrique. Ils feront des vers qui pourront être mis en musique et qui seront moins fastidieux que ceux des opéras d'à présent. Mais alors, c'est que leur vers n'aura plus sa musique propre. En effet, le vers, quand il est beau, renferme sa musique en soi et il est impossible de le revêtir d'une harmonie étrangère : la preuve en est faite avec les vers d'Hugo et de Leconte de Lisle qu'on n'a jamais pu mettre en musique. Ils auront obtenu là un résultat assez inattendu, mais qui s'explique lorsqu'on sait que la plupart des jeunes symbolistes sont très férus de musique wagnérienne.

— Vous admettez donc que le mouvement symboliste doit quelque chose à l'influence de Wagner ?

— Mais oui ! Voyez, comme Wagner ils ressuscitent le décor moyen-âge, ils déterrent les vieilles légendes et les vieux fabliaux, ils y prennent des mots, des tours, des noms propres, des sujets même ! Wagner en musique, Puvis de Chavannes en peinture, sont pour quelque chose dans tout cela.

— Leur voyez-vous aussi des ancêtres littéraires ? Ah ! voici, selon moi, l'une des filiations symbolistes. Avez-vous lu le *Gaspard de la Nuit* d'Aloysius Bertrand ? Ce sont d'exquis poèmes en prose rythmée, qui n'étaient guère connus que des poètes. Baudelaire, qui faisait très difficultueusement les vers, laissa en prose, peut-être un peu à l'imitation de Bertrand, des poèmes auxquels il n'était pas arrivé à donner la forme poétique. Mallarmé en fit aussi, puis Charles Cros, puis, plus près de nous, Jules Laforgue, leur ami qu'ils oublient y ajouta de vagues assonances, des réminiscences de rimes, accentua le rythme de ces petits poèmes. De sorte que ce que nous voyons aujourd'hui, c'est de la prose rythmée, coupée avec des lambeaux de vers et présentée à l'aide d'artifices de typographie qui lui donnent l'apparence de vers de toutes les mesures arbitrairement accolés.

Ajoutez à cela l'influence des étrangers qui sont nombreux dans le groupe... car je remarque avec assez d'étonnement que ce sont des Belges, des Suisses, des Grecs, des Anglais et des Américains qui veulent rénover le vers français...

M. de Hérédia s'interrompt brusquement :

— Moi je suis Espagnol, c'est vrai, mais je suis latin... Et puis je n'ai la prétention de rien révolutionner!

Puis il continue :

— Tenez, Viellé-Griffin, par exemple, qui est anglo-saxon et qui a eu, je crois, une très grosse influence dans le mouvement symboliste, eh bien! il nous donne aujourd'hui, sous le titre de vers, une prose qui ressemble à une sorte de traduction linéaire d'un poème étranger. Beaucoup de talent, d'ailleurs, là-dedans, et un vrai sentiment poétique. Mais encore une fois ce ne sont pas des vers!... Et que de Belges aussi! et que de Suisses! On dirait, ma parole, que les symbolistes de France ont pris le mot d'ordre à Bruxelles, à Liège, ou à Genève!

Notez, monsieur, me dit mon interlocuteur avec un grand accent de franchise et de sincérité, que je ne mets pas la moindre animosité dans mes paroles. J'aime beaucoup ces jeunes gens, ils m'envoient tous leurs ouvrages, car ils savent que je m'intéresse à tout ce qui vient d'eux. Les samedis, je les vois ici, autour de moi, je leur répète à satiété tout ce que je vous dis là. Et je vous assure très sincèrement que si je voyais naître parmi eux un grand poète, je serais le premier à m'incliner devant lui et à manifester hautement mon admiration. Mais (je n'ai pas le droit d'être aussi sévère que mon maître Leconte de Lisle), je reconnais que quelques-uns d'entre eux ont du talent : Henri de Régnier, qui me parait avoir de magnifiques dons de poète qui seront visibles pour tout le monde le jour où il se débarrassera des langes du symbolisme; Viellé-Griffin dont je vous ai parlé tout-à-l'heure, Quillard, Ferdinand Hérold, le fils de l'ancien préfet de la Seine, Bernard Lazare, un brillant et solide écrivain qui fait des poèmes en prose qui seraient de très beaux vers symbolistes s'ils étaient imprimés en lignes inégales.

... Mais pourquoi diable s'appellent-ils symbolistes? Je l'ai écrit à Moréas quand il m'a envoyé son livre : depuis que ses illustres compatriotes Orphée et Linus ont fait des odes et des chansons, tous les poètes sont symbolistes! Et Hugo plus qu'aucun, Hugo qu'ils affectent de tant mépriser, et qui en arrivait dans sa *Légende des Siècles* à symboliser tout, les êtres et les choses, qui écrivait la Mer avec un grand M, les Etoiles avec un grand E. Et Alfred de Vigny! tous, d'ailleurs, vous dis-je, tous les poètes de quelque talent sont forcément symbolistes. Qu'y a-t-il de plus symbolique que l'*Hymne de l'Or*, de Ronsard? Seulement, il y en a d'obscurs et de clairs. — Dante, que je considère comme le plus grand de tous les poètes, son poème tout entier n'est qu'un symbole! La figure seule de Béatrice contient trois ou quatre symboles. Mais jamais poète n'a écrit dans une forme plus magnifiquement claire; les quelques obscurités que nous trouvons dans le poème de Dante sont dues soit à des allusions politiques ou théologiques qu'il est aisé d'élucider. Je ne nie point qu'il n'y ait du charme dans le mystère et même dans l'obscurité ; mais je crois que plus la pensée du poète est *absconse*, comme ils disent, plus la forme doit être claire. Est-ce donc une nécessité d'être inintelligible?

Et puis, voyons, est-ce une nécessité aussi, ce manque de vénération des jeunes gens à l'égard de leurs anciens, et cette absence totale de fraternité entre eux ? Cette lutte acharnée pour la gloire, et cette irrévérence pour les vieux maîtres, — que vous avez notées dans vos interviews, — ce sont les traits les plus caractéristiques de la jeunesse d'aujourd'hui.

Nous autres, au temps du Parnasse, je vous assure que nous n'étions pas ainsi. Nous nous aimions tous beaucoup ; tous les bonheurs qui sont arrivés à plusieurs d'entre nous : l'Académie, les distinctions, le succès, nous réjouissaient tous à la fois. Et je me rappelle avec quel plaisir nous nous rencontrions, boulevard des Invalides, chez notre grand ami fraternel Leconte de Lisle, où nous allions, le samedi, « comme les Musulmans vont à la Mecque ! ». Le mot est de Coppée, et comme il est juste ! Leconte de Lisle ! Mais il nous a appris à tous à faire des vers ! et les conseils qu'il nous donnait ce n'était pas du tout pour que nous fassions des vers comme les siens, il se mettait dans la peau de chacun : « moi, à votre place, je mettrais ceci, je changerais cela. » Et gaiement, fraternellement ! Oui, nous devons tous le respecter, le vénérer, l'aimer comme il nous a aimés, d'une grande affection dévouée...

M. de Hérédia se promenait à travers l'appartement, et il appuyait sur chaque mot avec énergie.

— Oui, pour nous tous, Coppée, Sully-Prudhomme, Mendès, Mallarmé, Silvestre, Cazalis, France, et tant d'autres, et pour moi le moindre, mais non le moins reconnaissant, ce grand poète a été un éducateur admirable, un maître excellent. Par son illustre exemple plus encore que par ses conseils, il nous a enseigné le respect de la noble langue française, l'amour désintéressé de la poésie. Nous lui devons la conscience de notre art. Aussi, tout ce que nous avons pu faire de bon doit-il être compté à l'actif de sa gloire...

Je repris :

— De l'évolution du roman, que pensez-vous?

— Oh! je n'ai rien à en dire, ce n'est pas mon état. Je les connais tous, Goncourt, Zola, Daudet, un de mes plus chers camarades et que j'admire infiniment. Il me semble, pourtant, que les derniers venus ont des tendances mystiques et de psychologie attristée semblables à celles qui marquèrent la suite des guerres de la Révolution et de l'Empire. Ce siècle m'a l'air d'un serpent qui se mordrait la queue ! Il y avait alors, — sans remonter jusqu'à Werther, — Chateaubriand, Benjamin Constant, madame de Krudner, M. de Sénancourt, l'auteur d'*Obermann*; à présent nous avons, dans le même ordre d'idées, Bourget, un de mes plus vieux amis et un des écrivains les plus intelligents que je sache; Barrès, le plus ingénieux de tous et d'un charme si délicieusement pervers; Anatole France, qui est un homme de grand talent que je considère comme un des plus parfaits écrivains de ce temps. Il m'a assez souvent cité et loué pour que je ne puisse lui garder rancune de quelques pointes que j'estime d'ailleurs assez anodines. Il me suffit d'ouvrir et de relire un de ses livres pour tout lui pardonner en considération du plaisir que j'y ai pris...

M. FRANÇOIS COPPÉE

Très gaiement :

— Alors, c'est des symbolistes que vous voulez que nous parlions? Allons pour les symbolistes! Je ne sais pas si mon opinion est très intéressante... Ils me considèrent comme un vieux pompier, et ne s'empêchent pas de le dire dans leurs petites revues, que ma sœur lit, car moi je n'ai pas toujours le temps. Je trouve qu'ils ont raison, d'ailleurs. Il est bon que la jeunesse soit batailleuse et révolutionnaire. Mais il ne faut pas qu'elle soit seulement ºla, pourtant! Je les vois bien lancer des mani．　 brandir des plaquettes, mais c'est tout. Ils m'apparaissent comme une bande d'esthètes qui ont des théories à revendre, mais les poètes, où sont-ils? Et leurs œuvres! Leurs œuvres! Je n'en vois pas. Je ne vois rien! Vraiment rien!

Gravement :

— Qu'est-ce qu'on demande à un poète? Qu'il se montre lui, nous dévoile son âme, qu'il nous fasse participer à ses visions personnelles de la vie et de la beauté, qu'il nous fasse frémir de ses frissons. Où est-il celui d'entre eux qui nous procure cette impression neuve que nous avons un peu le droit d'exiger qu'il nous donne?

Très carré :

— Car, — cela je tiens à ce que vous le disiez bien, — on n'écrit pas pour soi tout seul!

Ils prétendent qu'ils se fichent des bourgeois, qu'ils écrivent pour l'art... (me menaçant le cou de son doigt tendu) :

Ils mentent par la gorge!

On écrit pour être lu, d'abord, pour laisser quelque chose à la postérité, ensuite! ou alors on conserve ses manuscrits dans son tiroir. N'est-ce pas vrai? Mais du moment où l'on fait gémir les presses, c'est qu'on veut des lecteurs. J'admets qu'ils n'en espèrent pas beaucoup, eux, mais ils comptent bien sur vingt, sur dix, sur un, enfin! Eh mais! il faut au moins se faire entendre de celui-là! Et moi qui ne suis pas tout à fait fermé à ces choses, j'avoue que je ne les entends pas, mais là, pas du tout.

Simplement :

— Et je vous le dis simplement, sans la moindre aigreur, vous le sentez bien. Car j'aime la jeunesse, et j'estime que c'est toujours respectable et très noble la recherche d'une nouvelle expression d'art. Mais, sapristi! tout de même, je veux comprendre! Et quand je les lis, ils me font l'effet d'enfants qui essaieraient de parler, qui feraient péniblement des efforts, et qui n'y arriveraient pas... C'est comme le cochon de l'enseigne du charcutier : il ne leur manque que la parole! Oui, je sais bien, ils parleront peut-être demain! C'est possible, en effet. Et ce me serait une grande joie de voir sortir de tout ce chaos un poète qui parlerait vraiment, qui nous dirait quelque chose...

Il eut un long geste de résignation, et ajouta :

— Attendons !

Je demandai :

— A quelle influence attribuez-vous le mouvement symboliste?

— Au dégoût général que tout le monde a de tout. Lamartine a dit : « La France s'ennuie. » Eh bien, à l'heure qu'il est, on peut dire : la littérature s'ennuie. Il n'y a plus que des dilettantes, voyez : cette vogue des exotismes, le succès de tout ce qui vient de l'étranger, le roman russe, le théâtre danois, cette curiosité banale qui s'éparpille sur des choses si contraires. On effleure tout, on ne va au fond de rien, et toutes les nouveautés un peu bizarres nous attirent... La critique subit l'influence de cet ennui universel, Anatole France fait une invraisemblable gageure, et il la gagne. Brunetière lui-même, Brunetière, ce préfet de police de la littérature ! il s'embarque aussi, donne son avis, *compromet* la *Revue des Deux-Mondes !* Comment voulez-vous expliquer autrement des phénomènes pareils ?

— Le symbolisme vous paraît-il être une suite, une conséquence du Parnasse ?

— Peuh... Peut-être. Pas une suite naturelle, ni nécessaire, pourtant ! Mais ils se réclament de Mallarmé et de Verlaine, qui sont en effet de nos amis du Parnasse. Mallarmé a fait autrefois des vers très compréhensibles, de beaux vers ; mais je dois le dire, malgré toute l'estime que j'ai pour son esprit élevé, sa vie si pure, si belle, à présent je ne le comprends plus. Verlaine, lui, a écrit les *Poèmes saturniens* et les *Fêtes galantes* qui sont d'un poète parnassien ; depuis, malgré de belles choses, sa langue désarticulée et balbutiante, cette recherche pas naturelle de naïveté enfantine, donnent à sa littérature l'aspect d'un vieillard qui voudrait retrouver le parler de sa prime enfance...

Quant à leur technique du vers, Mendès vous a dit ce qu'il y avait à en dire, et ce n'est pas la peine d'y revenir. Mais on peut répéter tout de même, c'est si vrai ! que l'alexandrin permet de tout faire, de tout dire. Ils vous parlent de rythmes nouveaux ! Oui, je sais bien, Ronsard en a trouvé d'ingénieux, de bizarres, d'amusants, et il s'en est servi, comme les autres, quand il a voulu s'amuser. Mais, quand la passion vous enlève, comme on y revient bien vite, au bon alexandrin ou au vers de huit pieds, et à la bonne strophe carrée, et avec quelles délices on laisse couler son cœur dans ce vieux moule ! Hugo aussi s'est amusé à en trouver, des rythmes amusants. Parbleu ! quand on écrit *Sarah la baigneuse* on n'emploie pas le vers de la *Tristesse d'Olympio!* Hugo...

Et M. Coppée rit de son rire sonore.

— Hugo, qu'ils estiment un « poète regrettable » ! C'est à mourir de rire, ma parole ! Hugo qui est l'honneur de la poésie tout entière, aussi grand qu'Homère et que Virgile, — plus grand que Virgile ! car il est plus varié, — Hugo qui restera comme la gloire du dix-neuvième siècle et de la France !

Ah ! ils sont bien rigolos !... Voulez-vous une cigarette ?

— Quels sont, alors, selon vous, ceux qui continuent la tradition poétique ?

— Leconte de Lisle vous a nommé Haraucourt et il a raison, Haraucourt fait de très jolis vers. Et puis, il y en a d'autres, sapristi ! Et Richepin, et Bouchor ! Et

Bourget, car, lui aussi, a fait dans le temps des vers très distingués, et Gabriel Vicaire ! Il est personnel, celui-là, je suppose ; ses *Émaux Bressans* ne sont-ils pas un pur bijou ! et qui ne doit rien à personne. Et Fabié, qui a chanté son Rouergue d'assez jolie façon, je pense ! Il y en a d'autres encore parmi les jeunes, tenez, il n'y a qu'à chercher... Ajalbert, par exemple. Connaissez-vous ses *Paysages ?* C'est très bien, cela ! J'y mets peut-être un peu de complaisance, parce qu'il est plus près de mon cœur, car il m'a lu. Évidemment, cela se voit ; il fait plus réaliste, mais il m'a lu. Mais, enfin, c'est plein de talent quand même !

Ah ! je ne dis pas qu'il n'en sortira pas un de tous ces jeunes ! Je l'espère même beaucoup, je le répète. Mais il n'en vient pas trente-six tous les matins ; c'est rare, un vrai poète, vous savez ! Il ne suffit pas de prendre des inscriptions dans une école de brasserie... Faire des vers, parbleu, ce n'est pas difficile. Ils font un embarras, sans pareil avec leur technique... Mais moi je me charge d'enseigner à faire des vers comme Brard et Saint-Omer apprenaient l'écriture, en vingt leçons ! (Je mettrais une enseigne, là : Poésie en vingt cachets !) Qu'on m'amène un jeune homme intelligent et tant soit peu lettré, oui, en quinze jours je lui apprends son métier. Ah ! bien sûr qu'il ne saura pas faire des vers variés, avec de la couleur, etc. Je ne lui donnerai pas du génie s'il n'en a pas. Mais il la saura, cette fameuse technique ; et s'il a quelque chose dans le ventre il apprendra le reste... en le faisant. Ils sont extraordinaires !

M. Coppée s'était tu.

— A présent, dis-je, du naturalisme ?

Aussitôt :

— Mais le naturalisme, je ne le vois pas, moi ! Je ne vois que Zola ! Goncourt, Zola, Daudet se sont rangés sous le drapeau de Flaubert — et ils ont bien fait parce que Flaubert est un admirable écrivain, — mais ça n'a été que pour faire colonne. Goncourt, un artiste en dehors de toute classification, Daudet avec son ironie vibrante et cette exquise délicatesse de nerfs, et Zola que j'ai soutenu à l'Académie, — et je ne le lâcherai certes pas, — Zola... c'est un rude bonhomme, allez ! Mais enfin, ils sont tous trois aussi dissemblables que possible !

— Et les psy....

— Ben oui, c'est comme les psychologues ! Où sont-ils ? J'en vois un, Bourget. Et je trouve qu'on a été très injuste pour lui dans toute cette enquête ; on l'a vraiment traité avec un peu trop de désinvolture ; le monsieur qui a fait les *Études* et les *Portraits* et les *Essais*...

— On m'a surtout parlé du romancier, interrompis-je.

— Oui, eh bien, le monsieur qui a campé le baron Desforges et la femme de *Mensonges*, vous savez !...

— Barrès...

— Barrès, c'est surtout... un mystificateur ! On ne comprenait pas grand'chose à ses premiers livres, les *Barbares*, l'*Homme libre*, mais dans son dernier, la *Mâchoire de Bérénice*, non, c'est d'Edgar Poë, comment donc ?... ah oui ! le *Jardin de Bérénice*, il y a de très jolies choses, curieuses. Dites-moi, comment expliquez-vous cela, vous ? Quand Charles Morice fait des vers, je ne les comprends pas ; quand il écrit la *Littérature de tout à l'heure*, il est d'une clarté admirable, et il y a, là-dedans, des pages sur Pascal et le dix-septième siècle, qui sont tout à fait de premier ordre. Eh bien ! c'est comme Barrès ; quand il fait des articles au *Figaro*, il est d'une clarté... éblouissante, presque banale ! Oui, c'est pour le bourgeois... je sais bien ! Mais, vous avez beau dire, devant des gens qui allument et qui éteignent leur lanterne avec tant de facilité, je me méfie, moi, je me méfie...

M. SULLY-PRUDHOMME

J'ai trouvé M. Sully-Prudhomme, l'auteur de *Justice*, des *Vaines Tendresses* et de tant d'autres œuvres poétiques qui l'ont mené à l'Académie française, très préoccupé de la question qui m'amenait près de lui : la signification et la portée du mouvement symboliste.

— Je prépare, en ce moment, m'a-t-il dit, une longue étude où je tâcherai d'analyser les états d'esprit de ces jeunes gens afin de les définir au point de vue poétique. Je ne suis pas encore fixé, j'en suis à la recherche des éléments de mon analyse, et, tenez, j'ai trouvé là-dedans, les *Entretiens Politiques et Littéraires*, une note importante pour mon étude : l'auteur d'un article confond, dans leur définition, la poésie et l'éloquence. Il se trompe, il erre regrettablement, et je crains fort qu'il n'en soit de même pour beaucoup de ces messieurs dans la plupart de leurs théories... Mais, je vous le répète, je ne suis pas encore fixé, et je ne peux me prononcer à présent.

Ce que je puis vous dire, par exemple, après Leconte de Lisle, Mendès, de Hérédia et Coppée, qui vous ont tout dit, c'est que mon oreille n'est pas sensible du tout, du tout, au charme que les novateurs veulent introduire dans leur nouvelle forme de vers. Ils me disent que j'ai l'oreille vieillie, gâtée par la musique des vieux rythmes, c'est possible ! Depuis vingt-cinq ans, trente ans même, je me suis habitué à voir dans le Parnasse la consécration de la vieille versification : il m'a semblé que le Parnasse, en fait de législation poétique, avait apporté la loi, et il se peut très bien que je m'expose à être aussi injuste envers eux que les romantiques envers Lebrun-Pindare et Baour-Lormian ! Aussi, je cherche à m'instruire... Pour savoir si c'est moi qui ai tort, je m'applique à analyser les ressources d'expression dont dispose la versification française. Mais c'est très difficile ! Leurs œuvres ne m'y aident pas du tout. Généralement, n'est-ce pas, on apporte, avec une forme nouvelle, un sens nouveau ? Or, il arrive ceci : c'est que non seulement la musique de leurs vers m'échappe, mais le sens m'en demeure tout à fait obscur, également !

De sorte, ajouta M. Sully-Prudhomme, avec un vague sourire, que je me sens dans un état de prostration déplorable...

— Ce jugement, un peu général, s'applique-t-il, demandai-je, à tous indistinctement ?

— D'abord, je ne les connais pas tous ; ils m'ont quelquefois pris pour tête de Turc, et vous avez, d'ailleurs, enregistré leurs aménités à mon endroit. N'est-ce pas l'un d'eux, Charles Morice, qui m'a dit : Si vous étiez un poète ! et qui prend l'air de me breveter poète à l'usage des jeunes filles sentimentales ? Bast ! qu'est-ce que ça me fait ! Il oublie que j'ai écrit *Justice* et traduit *Lucrèce*. Mais ça n'a pas d'importance. Dans son livre, *La Littérature de tout à l'heure*, il y a des choses très bien, d'ailleurs. Mais quel cas voulez-vous que je fasse d'opinions si peu renseignées ?

J'en vois quelques autres ici : Henri de Régnier,

par exemple, avec qui je parle souvent de tout cela. C'est celui qui, dans ses vers, chaque fois qu'il condescend à me faire participer à sa pensée, me paraît introduire le plus de musique dans le signe conventionnel du langage, et qui doit être par conséquent le plus apte à exprimer l'indéfinissable.

Oui, insista M. Sully-Prudhomme, chaque fois que de Régnier daigne faire un vers qui me soit intelligible, ce vers est superbe, — d'où j'en conclus qu'il pourrait faire un poète supérieur si tous ses vers étaient intelligibles ! Mais, vous me comprenez, quand j'ai un volume de lui devant les yeux, que je cherche à le déchiffrer, je suis dans la situation d'un bonhomme qu'on aurait conduit au milieu d'une immense forêt, en lui disant : « Si tu as soif, il y a une source là, quelque part, cherche. » On en fait un Tantale, quand ce serait si simple de lui dire où elle est, la source. Eh bien ! moi, je lui demande, à de Régnier, de me conduire à son rêve...

Je demandai encore :

— Y a-t-il, selon vous, en dehors des Parnassiens et des symbolistes, une génération de poètes à considérer ?

— Mais, monsieur, n'y a-t-il pas Bouchor, Richepin, le petit Dorchain, Fabié, qui n'ont rien de commun avec nous que de se servir de la langue française telle qu'elle nous est venue de 1830, et d'en faire un usage personnel ? Ce sont là, il me semble, des poètes très originaux, et ce sont précisément des témoins de la puissance d'expression et de la féconde diversité qu'on peut trouver dans la langue poétique actuelle.

M. ARMAND SILVESTRE

— Que voulez-vous que je vous dise, maintenant ? La question a été retournée sous toutes ses faces par Leconte de Lisle, Mendès, Coppée, — et vraiment, je ne peux plus que répéter ce qu'ils vous ont dit.

Mais comme j'insistais :

— Je ne suis pas de ceux que révolte l'idée d'une nouvelle forme prosodique, mais la question ne me touche pas, n'étant plus d'âge à en pouvoir user, et l'ancienne, — celle de l'admirable *Petit traité de poésie*, de Théodore de Banville, — ayant produit assez de chefs-d'œuvre pour satisfaire les aspirations des poètes les plus ambitieux.

D'ailleurs, j'attendrai, pour croire à cette révolution, que la formule nouvelle ait reçu l'autorité d'un maître.

Dans tous les cas, le maître ne peut pas être Moréas. Moréas est un charmant poète grec, mais je ne le reconnais pas pour un poète français, la sève originelle d'une race résidant précisément dans sa poésie.

Voyez ! Les Belges s'amusent aussi à faire des prosodies françaises.

Ce n'est pas Verlaine non plus dont le chef-d'œuvre pour moi est les *Fêtes galantes* qui sont d'un pur poète parnassien !

Tout ce que les symbolistes ont fait jusqu'ici n'est donc qu'un bégaiement... en attendant qu'un poète de génie en fasse une langue. L'ancienne n'était pas si pauvre qu'elle en avait l'air ! Un nombre déterminé de pieds et la rime, ça semble une prosodie barbare comme les premières hymnes liturgiques, le *Dies iræ* le *Stabat Mater*, qui sont admirablement rimées. Mais les vrais poètes y mettaient autre chose, une pondération de mots constituant vraiment à l'oreille une alternance de brèves et de longues. Pas de règle absolue à cet égard, comme dans l'hexamètre latin, et le poète restait livré à son caprice et à son goût instinctif d'harmonie. Mais l'instrument était d'autant plus riche et plus précieux qu'on n'en jouait pas comme du clavecin, où toutes les notes sont présentées aux doigts, mais plutôt comme du violon où il les faut chercher, avec sa propre inspiration, sur toute la longueur des cordes !

Et pourtant, — ajouta mon interlocuteur, — s'il n'y a pas, et s'il ne peut y avoir dans la poésie française de règle absolue de cadence, je suis bien sûr qu'en s'y attachant, on découvrirait, dans l'ensemble des chefs-d'œuvre poétiques de notre langue, des lois rythmi ques auxquelles inconsciemment ont obéi les maîtres du vers; il y en aurait dix, vingt peut-être, davantage même, mais je crois fort qu'elles existent en nombre déterminé, en dehors desquelles l'oreille française n'est pas satisfaite.

Oui, le vers doit avoir une musique *avant tout*, même avant une clarté dans l'idée. Je reproche simplement aux vers de quinze ou seize pieds de n'avoir pas une musique perceptible à mon oreille... Peut-être est-ce d'ailleurs un fait d'habitude? Peut-être est-ce aussi parce que j'ai de mauvais yeux, que je ne perçois pas bien la couleur des mots, et ne crois pas à leur musique. Les symbolistes admettent des vers de toute mesure, moi aussi, parbleu! mais jusqu'à douze pieds seulement. Le vers libre est une affaire de pondération et de rythme instinctif; mais il peut certainement arriver à la musique. Cela suffit à ce que les vers libres soient vraiment des vers. Quoi de plus beau, de plus parfaitement eurythmique que certains chœurs en vers libres des tragédies classiques?

... Vous voyez bien, — s'interrompt M. Armand Silvestre, — je n'avais rien à vous dire de bien intéressant? Mais si vous voulez, pour votre enquête, le résumé de mon opinion, le voici en deux lignes :

« La rime étant l'unique règle de la poésie française, on cesse de faire des vers français dès qu'on la supprime. On fait autre chose, — de la prose rythmée, tout simplement. »

La rime ! ajouta ensuite mon interlocuteur avec un sourire d'adoration, la rime ! Mais ça n'est une entrave à rien ! Le vers, sans elle, a l'air d'un long jet d'eau horizontal qui s'en irait tout droit, banalement, bêtement ; mais si, en route, il rencontre une feuille, n'importe quoi, il éclate, s'épanouit en une gerbe éblouissante, s'irise ! Oui, si la rime est une entrave, voilà à quoi elle sert !

M. LAURENT TAILHADE

Je connaissais M. Laurent Tailhade pour un poète d'un talent rare et ultra-personnel, et j'avais le dessein de faire figurer son opinion parmi celles des poètes symbolistes, avec lesquels il avait, dès 1884, et derrière les précurseurs Mallarmé et Verlaine, posé les bases de l'école alors dite décadente. Dans le temps, quand Moréas parlait de leurs débuts, il disait : Tailhade, Vignier et moi ; Vignier, à son tour, répondait : Tailhade, Moréas et moi. Laurent Tailhade apparaît donc bien comme l'un des initiateurs du mouvement actuellement dénommé symbolisme, et son opinion importait à connaître.

Il faut dire, pour les lecteurs qui l'ignorent, que M. Tailhade joint à sa brillante réputation de poète celle d'un railleur féroce, se complaisant parfois à des mystifications échevelées dont il sort toujours avec des mots à l'emporte-pièce. Son esprit, à la fois précieux et mordant, s'est éparpillé en mille revues ; il vient de réunir en une plaquette, précédée d'une préface d'Armand Silvestre, une série de ballades et de quatorzains qui va paraître sous le titre : *Au Pays du Mufle*. Ses mots ont fait le tour du quartier Latin, l'album de la comtesse Diane en ruisselle, et combien de ceux qu'ils ont lardés en conservent les cuisantes brûlures ! Certains, les plus rares, sont seulement drôles ; c'est lui qui disait, et avec quelle délicatesse de ton, à une hétaïre qui voulait blaguer : « Est-il vrai, madame, que l'on soulage les poitrinaires avec l'huile de votre foie ? » Et puis : « Vous m'inspirez un sentiment bien pur : l'horreur du Péché ! »

J'ai rencontré hier, par hasard, Laurent Tailhade, et comme je lui soumettais mon projet d'interview, il acquiesça sous cette réserve que je placerais son opinion partout ailleurs que parmi celles des poètes : « Ces gens-là, dit Rivarol, comme le rossignol ont reçu leur cerveau en gosier ».

Voilà pourquoi je classe ici ma conversation avec l'auteur d'*Au Pays du Mufle*, conversation que je reproduis sténographiquement, sans commentaire.

— D'abord, dis-je, le naturalisme est-il fini ?

— C'est-à-dire que Zola ne fera plus que continuer dans sa formule. Quant à ses successeurs, ils se sont vu forcés de chercher d'autres éléments que l'observation quotidienne de la vie sur le trottoir ; lorsqu'on a eu noté tous les propos des blanchisseuses et des égoutiers, on s'est demandé si l'âme humaine ne chantait pas en d'autres lyres. Comme la fréquentation des gens qui se servent de brosses à dents et à qui l'usage des bains est familier répugne aux romanciers expérimentaux, ils ont dû s'adresser à d'autres couches sociales rudimentaires. M. Daudet ayant casé son fils et s'étant assuré l'héritage des Goncourt (1), M. Zola postulant l'Académie, les jeunes disciples de ces maîtres inventèrent le roman slave et le drame norvégien, sans compter le parler belge qui est le fond même de leur quiddité littéraire. Ils ont mangé de la soupe aux choux fermentés, avec les paysans de Tolstoï, découvert, avec M. Hugues Leroux, les jongleuses foraines, — ces sœurs d'Yvette Guilbert — et surtout créé, avec Méténier, les rapports de police accommodés en langue verte.

— Quels vont être leurs successeurs ?

— Il me paraît que l'évolution sera partagée nettement entre deux catégories, c'est-à-dire : les jeunes hommes n'ayant aucune fortune ni de métier avouable dans la main, se destinent à un riche mariage, ce sont les psychologues ; puis ceux à qui suffit l'approbation des brasseries esthétiques et d'intermittentes gazettes ; ce sont les symbolo-décadents-instrumento-

(1) Voir à l'appendice la lettre de M. de Goncourt.

gagaïstes, à qui le français de Paul Alexis ne saurait plaire et qui le remplacent par un petit-nègre laborieux.

Un peu « estomaqué », comme dirait M. de Goncourt, par cette sortie inopinée, je demandai à M. Tailhade, avec un léger ahurissement :

— Vous n'êtes donc pas symboliste ?

— Je n'ai jamais été symboliste, me répondit-il. En 1884, Jean Moréas, que n'avaient pas encore élu les nymphes de la Seine, Charles Vignier, avec Verlaine, le plus pur poète dont se puisse glorifier la France depuis vingt-cinq années, et moi-même qui n'attribuai jamais à ces jeux d'autre valeur que celle d'un amusement passager, essayâmes sur l'intelligence complaisante de quelques débutants littéraires la mystification des voyelles colorées, de l'amour thébain, du schopenhauérisme et de quelques autres balivernes, lesquelles, depuis, firent leur chemin par le monde. J'ai quitté Paris et vécu de longs mois en province, trop occupé de chagrins domestiques pour m'intéresser à la vie littéraire. Ce n'est qu'accidentellement que j'appris l'instrumentation de M. Ghil, les schismes divers qui déchirèrent l'école décadente et les démêlés de Verlaine avec Anatole Baju.

— Du symbolisme lui-même, que pensez-vous ?

— Mais de tous temps les poètes ont parlé par figures ! Depuis Dante et la *Vita Nuova*, depuis même toujours, ceux qui composèrent des poèmes ont été symbolistes ! Pourtant, il faudrait s'entendre. Si l'on désigne par symbole l'allégorie et la métaphore, il y en a partout, même chez Nicolas, qui montre le Rhin appuyé d'une main sur son urne penchante.....

Mais, de vrai, les symbolistes, qui n'ont aucune esthétique nouvelle, sont exactement ce qu'ont été en Angleterre les euphuistes, dont le langage a laissé de si détestables traces dans Shakespeare ; en Espagne les gongoristes dont le parler « culto » sigilla toute la poésie des siècles derniers, depuis les « agudas » amoureuses de Cervantès jusqu'à la glose de sainte Thérèse : « Yo muero porque no muero (1) » ; en France, la Pléiade, au redoutable jargon continué par les Précieuses, que railla et pratiqua Molière ; en Italie les secentistes fauteurs de si terribles pointes, le cavalier Marin, l'Achillini et tant d'autres : « Sudate o fochi a preparar metalli ! (2) »

— En voulez-vous donc aussi aux archaïsmes ?

— Les archaïsmes des ronsardisants modernes ont été fort agréablement raillés par Rabelais, pour ne citer que des souvenirs nationaux (car s'il faut en croire Suétone, Auguste reprochait à son neveu Tibère ce genre de cruauté). L'Ecolier Limousin ne parle pas d'autre sorte que les plus accrédités poètes de notre temps :

(1) Je me meurs de ne pas mourir !
(2) Suez, ô feux, à préparer les métaux !

« Nous transfretons la séquane au dilicule et au crépuscule... puis cauponisons ès tavernes méritoires... nous inculcons nos verètres ès pudendes de ces meretricules amicabilissimes... m'irrorant de belle eau lustrale, élue et absterge mon anime de ses inquinaments nocturnes. »

La Collantine, de Furetières, et les amis de Gombault, faisaient paraître le même style ; il fallut que Malherbe vînt et biffât tout son Ronsard pour détourner le goût français de ces chemins rocailleux. Le principal effort des jeunes littérateurs contemporains consiste, comme je le crois, à découvrir la Pléiade et à la traduire en moldo-valaque.

Récemment, Barrès inventait Ignace de Loyola, auquel il voulait bien reconnaître des mérites égaux à ceux de M. Deschanel. Je ne désespère point, avant ma mort, de rencontrer un hardi novateur par qui nous seront appertes les *Oraisons funèbres*, et qui nous fera savoir qu'il existe, sous le nom d'*Athalie*, un drame assez honnêtement charpenté.

— Vous avez lu le *Pèlerin passionné ?*

— Et je suis passionné pour ce pèlerin, encore que la facture moins inattendue des *Cantilènes* et des *Syrtes*, par quoi nous fut révélé Jean Moréas, s'accorde mieux à mes habitudes spirituelles et me laisse goûter sans effort les riches trouvailles de ce glorieux artisan. Sous le même titre (*Passioned Pilgrim*), Shakespeare écrivit un poème qu'ont fait oublier la

Tempête et le *Roi Lear*. Jean Moréas, dont les lectures s'étendent sur diverses nationalités, favorisa le grand Will dans le choix de son titre, mais pour consoler nos nationaux emprunta au vieil Rutebœuf « le dict du chevalier qui se souvient », sans compter les grâces vendômoises dont je vous parlais tantôt.

— Quel avenir accordez-vous à ces deux écoles nouvelles : les psychologues et les symbolistes ?

— Ceci est plus sérieux : je crois que le premier poète qui, dans la langue savamment préparée par nos devanciers du Parnasse et par les écoles contemporaines, exprimera simplement une émotion humaine, et pleurera d'humbles larmes en racontant que sa bonne amie lui a fait du chagrin, ou qu'elle a cueilli des pervenches sous les arbres en fleur, sera le maître indubitable des générations d'artistes qui viendront après lui. Entre Musset et Verlaine, toute voix sincère avait fait silence, étouffée par les rugissements méthodiques de M. Leconte de Lisle, ce bibliothécaire-pasteur d'éléphants. Cette circonstance est pour expliquer la fortune sans précédent mais non illégitime de *Sagesse* et de la *Bonne chanson*.

Quant aux psychologues, MM. Bourget et Barrès ayant contracté d'opulents mariages, l'école a certainement accompli sa destinée, tout aussi bien que le héros Siegfried, quand il eut reconquis le fameux anneau.

— Quelle est donc votre formule littéraire, à vous?

— Je vous le dis tout de suite :

Je considère que, lorsqu'on n'est point un sot, ni un bélître, ni un pion, ni un quémand, l'art de faire des vers est la manifestation *intellectuelle* d'un ensemble d'élégance qu'à défaut d'autre terme je qualifierai de dandysme, nonobstant l'abus qu'on a fait de ce vocable, éculé par les génitoires de Maizeroy et le pied de Péladan. Je réprouve donc toutes les exhibitions foraines ou mondaines qui assimilent le poète à un phénomène ou à un cabotin, et je n'aime pas plus les veaux à deux têtes des parlotes symbolo-décadentes que les Vadius des salons basbleuesques où Jean Rameau gasconne ses pleurardes inepties (1).

Voilà.

Je m'arrêtai là de mon enquête pour cette fois, me promettant bien de recueillir, en temps utile, les réponses qu'il faut, n'est-ce pas? à cet impitoyable coup de caveçon.

(1) Voir Appendice.

M. EDMOND HARAUCOURT

— Normal? D'abord, tout ce qui arrive est normal, car ce qui ne le serait pas n'arriverait point. Cette tentative que vous appelez « symbolisme » est normale deux fois : parce qu'elle résulte de ce qui l'a précédée, permise, engendrée ; et puis, elle est normale comme l'ingratitude.

Car, en vérité, la seule tendance commune que l'on puisse remarquer dans ces différents groupes de théoriciens, c'est un besoin d'effacer avec mépris le nom de ceux qui vinrent naguère, et qui dressant leur œuvre, permirent aux derniers venus d'en profiter pour essayer la leur. Il ne suffit pourtant pas de nier pour supprimer. On aura beau dire et écrire que l'on ne doit rien à personne, que l'on n'est issu de personne, qu'on a inventé Dieu et l'art, jeudi dernier, en buvant un bock : il n'en restera pas moins éternellement vrai que l'on n'invente rien, que l'on peut se perfectionner mais non pas se créer, et que nos esprits ont des pères comme nos corps. De ces pères, de leur œuvre et de leur effort nous sommes nés ; nous vivons de leurs rentes et de leur labeur accumulé : depuis le premier anthropoïde qui mangeait des poissons crus sur le bord de la mer et balbutiait de vagues paroles, jusqu'au plus raffiné décadent, c'est une chaîne non interrompue d'héritages. Ceux dont vous vous occupez pourraient-ils ce qu'ils peuvent en notre art, sans le métier que leur montrèrent les Parnassiens vilipendés?

Remontons. Anatole France eût-il fait ce bijou des *Noces Corinthiennes*, ou Hérédia ses merveilleux sonnets, sans la formule que leur enseigna Leconte de Lisle? Celui-ci aurait-il édifié son œuvre, si Victor Hugo ne fût venu d'abord? De père en fils, c'est l'héritage d'efforts que l'on se transmet pieusement. Nier qu'on l'a reçu me semble peu louable; insulter ceux qui l'ont transmis, me semble un essai de parricide: acte infiniment peu recommandable.

Réussira-t-il, cet essai, et les aïeux resteront-ils morts parce qu'on les déclare tels? Les pâles phalanges que voici remplaceront-elles Hugo qui nous créa? J'en doute. Le colosse apportait des montagnes dans ses bras, et nous les a jetées, en disant : « Voilà de la pierre, bâtissez. » On ne veut plus bâtir en pierre. C'est trop long, c'est trop dur. On cisèle des noix de coco, ou parfois des noisettes. — « Mon Dieu, je vous l'offre », disait la nonne aux pénibles entrailles, et vous savez de quelles noisettes nous parle le conteur. On fait comme elle. On présente son « symbole » dans un vase d'argent :

— « Postérité, je te l'offre. — Grand merci pour l'avenir, mais en voudra-t-il? Les noix et les noisettes sont rangées sur le parvis Notre-Dame : la Postérité choisira entre les deux « symboles ».

Car Notre-Dame aussi est un symbole : et tout est symbole. Il ne suffit pas de n'avoir rien à dire, et de le dire d'une façon inintelligible, pour symboliser. Je ne connais guère en art que des symboles. La *Légende des Siècles* en est faite ; Corneille, non moins conspué, n'édifia pas autre chose ; et je vous demande ce que nous léguèrent la Bible et le Paganisme, sinon des symboles ? Il n'y a pas d'école symboliste. Il y a un parti de mécontents et de gens pressés. C'est du boulangisme littéraire ! Il faut vivre ! *For life !* On veut tenir une place, être notoire, ou notable. On bat la caisse, qui n'est même pas une grosse caisse. C'est la faute au journalisme, au téléphone et aux chemins de fer ! Voilà leur vrai symbole. « Colis pressé ». Tout le monde prend le rapide. Destination : la gloire. Malheureusement, on prend des billets d'aller et retour. Et l'on revient aussi vite que l'on est parti.

Ah ! comme à ce symbolisme je préfère le « zutisme » de Charles Cros et de Goudeau ou « l'aquoibonisme » de Georges Lorin ! Ne vous occupez pas de ce qu'on pense de vous : rêvez pour vous ! Si vous vous êtes fait plaisir à vous-même, il se trouvera toujours quelqu'un à qui votre rêve fera plaisir. Ne luttez pas, ne dogmatisez pas, travaillez : c'est le fonds qui manque le plus. Travaillez seul, pour vous seul, et advienne que pourra! L'art n'est point une querelle politique ou sociale. C'est une solitude en prière.

— Vous ne croyez donc pas que cette manifestation littéraire soit viable?

— Je le crois peu, car, en toutes choses comme en tout temps, la France a prouvé qu'elle aimait à comprendre. Elle a le génie net et précis, l'esprit droit et le parler clair. Tout ceci nous vient ou nous revient de l'étranger. Dans les écoles en question, on est volontiers Belge ou Roumain, Suisse ou Anglo-Saxon, la petite Pologne et la grande Bohême. Voulez-vous un *symbole?* En France, on fleuretait; les Anglais trouvant la chose jolie et le mot joli, continuèrent la chose et prirent le mot, qu'ils écrivirent conformément au génie de leur langue, et qui devint *flirt*. Aujourd'hui, nous leur reprenons ce que nous leur cédâmes, et nous *flirtons* au lieu de *fleureter*. La jaquette de Jacques Bonhomme a passé la Manche, et l'a repassée sous le nom de *Jacket*. Une mode! C'est la mode! On ne dit plus que jamais en France l'Anglais ne règnera. Albion se venge de Jeanne d'Arc par le *Smoking*, le *Tea room* et le *five o'clock*. Nous nous prêtons de bonne grâce aux invasions, étant hospitaliers et naïfs sans le savoir. Mais ces heures-là n'ont qu'une heure, et le démarquage de Ronsard restituera la place à feu Ronsard, comme on oubliera de flirter pour se reprendre à conter fleurette aux belles de France.

— Ce n'est donc là, selon vous, qu'une mode?

— Une mode, éphémère comme les modes! On l'a déjà vue. Rabelais s'en est gaussé, l'hôtel de Rambouillet en vécut, puis en mourut, comme il sied. On pensa, alors aussi bien qu'aujourd'hui, que c'était l'art suprême, et les plus beaux esprits l'affirmaient à plaisir. Il devait pourtant suffire de Corneille pour qu'il ne restât plus de tout cela que quelques académiciens, des mortels. Sans souci d'eux, le grand siècle commença. Peut-être lui servirent-ils. Tout sert à quelque chose, et nulle force ne se perd, ni dans la nature, ni dans l'art. Mais les mortels sont devenus des morts, et l'ont voulu : *Amen*. On recommence derrière eux pour le même résultat : *Amen*.

— Les symbolistes représentent-ils pour vous les tendances de la jeunesse littéraire?

— Assurément, ils représentent une partie de notre génération, puisqu'ils en sont : mais une partie seulement. A côté d'eux, il y a des hommes que l'on comprend, qui vivent et disent leur vie, d'intelligible manière; il y en pour qui la suppression de toute forme ne constitue pas la forme suprême, et pour qui l'idéal de l'idée n'est point l'absence d'idée. Et ils sont nombreux : Vicaire, avec sa bonne odeur d'herbe écrasée entre les doigts. Michelet, subtil et nerveux, le savant de Guerne et le voyant Quillard, Donnay qui dira notre gaieté triste et Bouchor notre mysticisme, Georges Clerc, la jeunesse rouge, et Daniel de

Venancourt, la jeunesse pâle; Darzens qui mit dans un vers toute notre âme

Qui se meurt d'un amour qu'elle ne comprend pas.

Et aux choses bâtardes qui ne sont ni vers ni prose, je préfère sans hésiter ces savantes eaux-fortes que signe Jules Renard.

— Du vers libre, que dites-vous ?
— Je dis qu'il est commode.
— C'est-à-dire ?
— Qu'il n'en faut pas. Il supprime des difficultés pour les faibles, et des ressources pour les forts : c'est sa condamnation. Il enlève toute cadence et n'offre rien en place. Il n'est point de vers libre qu'on ne puisse tailler dans l'alexandrin : l'alexandrin a ceci de merveilleux, que je défie de trouver une combinaison mathématique de nombre ou de rythme, qu'on ne puisse faire entrer dans son moule. En lui, tout se trouve en puissance, le vers de un pied, ou le vers de trente-six, si goûté dans les derniers accidents. Le vers libre et le vers décadent auront leur prix, comme jeux de société, dans cette époque où les jeunes filles passent leur baccalauréat : je ne leur vois pas d'autre avenir.

Au surplus, que chacun fasse ce qu'il veut, c'est-à-dire ce qu'il peut : l'important est de faire quelque chose; et je crois qu'on gagnerait davantage à donner moins de théories et plus de preuves, c'est-à-dire plus de résultats; je crois qu'on prouverait plus en faveur de son art, si l'on prenait moins de brevets avant la mise en œuvre, et qu'on prouverait plus en faveur de soi-même, si l'on était capable, alors qu'on n'a rien fait encore, de conserver fièrement un respect pour les pères dont l'œuvre est terminée, les pères vivants ou morts à qui l'on doit beaucoup, sinon tout.

M. PIERRE QUILLARD

M. Pierre Quillard est, avec MM. Henri de Régnier et Collière, l'âme d'un groupe de poètes qui, loin de tout fracas, continuent la tradition d'une vie très noble, très calme, comme s'ils étaient convaincus qu'elle est la formelle condition des hauts soucis d'art qui sont toute leur vie.

M. Pierre Quillard est l'auteur de *La Gloire du Verbe* et de *La Fille aux mains coupées*. M. Catulle Mendès me disait l'autre jour de lui : « Quillard a un grand sentiment du lointain, du mystère. La *Fille aux mains coupées* est une très étrange et très suggestive œuvre. » M. José-Maria de Hérédia et M. Sully-Prudhomme m'en ont parlé dans des termes analogues. Il a été, en outre, l'ami, le confident intime d'Ephraïm Mikhaël, cet admirable poète mort si jeune quand il touchait déjà à la gloire. Il me le fallait donc consulter ici.

— L'école symboliste ! me dit M. Pierre Quillard en commençant. Mais vous savez bien qu'il n'y a pas d'école symboliste, et que, sous ce nom, on a réuni, bien arbitrairement, des poètes du plus réel talent et de purs imbéciles. Ne parlons pas des imbéciles pour ne faire de peine à personne ; mais, même parmi les gens de talent, les différences de composition, de langue, de rhythme — avec deux *h !* — apparaîtraient, s'ils se voulaient donner la peine de quelque attention, au plus stupide et au plus malveillant des critiques, et certes !... Henri de Régnier, en qui je salue parmi ceux de notre âge le plus noble et le plus admirable des poètes — oui, le plus admirable — dans ses *Poèmes anciens et romanesques*, d'or mourant et de pourpre violette, comme les toiles de Puvis de Chavannes ; F. Vielé-Griffin, qui unit dans *Joies* l'âme du plus subtil artiste à la simplicité des chansons populaires ; Stuart Merril, amoureux des gemmes et des métaux rares ; Marcel Collière, qui célèbre la *Mort de l'espoir* ; A.-F. Hérold, qui se complaît aux peintures de vitrail ; Jean Moréas, troubadour et rhapsode, et Saint-Pol-Roux, visionnaire d'images violentes et tumultueuses — et tant d'autres — n'ont-ils pas tous leur autonomie et leur caractère propre ? Être d'une école, c'est se nier toute originalité, n'être pas un poète ! Celui d'entre nous, qui s'en est allé trop tôt, hélas ! mais en laissant une œuvre d'absolue perfection, EPHRAÏM MIKHAEL, souriait doucement quand il entendait prononcer les paroles soi-disant magiques de « symbolisme » ou de « décadence ». Cependant nul n'a créé, pour dire son rêve, de plus beaux symboles et qui expriment mieux l'incurable tristesse de vivre : la *Dame en Deuil*, le *Mage*, *Florimond*, l'*Hiérodoule*, et cet aveu mélancolique : *A celle qui aima le cloître* :

> Peut-être expions-nous l'ivresse merveilleuse
> D'avoir rêvé jadis à des pays meilleurs ;
> Nous sommes les amants tristes parmi les fleurs
> Et même le bonheur ne te fait pas joyeuse.

Il n'était d'aucune école, mais il proclamait — et c'est là ce qui distingue de ceux qui les précédèrent les écrivains symbolistes et le très humble poète qui vous parle — la nécessité du mystère, et voulait par la richesse et la nouveauté des images et des analogies lointaines suggérer aux âmes de bonne volonté tous les rêves et toute la compréhension de l'invisible dont elles sont capables...

J'objectai :

— Tout le monde n'est pas d'accord là-dessus...

— Certes, dit-il, les naturalistes à ce mot de mystère haussent les épaules et déclarent avec mépris : « Tout ça, c'est des poètes ! » Soit, nous sommes des poètes ; in-cu-ra-ble-ment. Cela ne nous met point hors de la littérature, au contraire! Mais les seuls parmi les naturalistes de qui l'œuvre doive se survivre sont ceux qui ont transfiguré la vie.

Prenez *Germinal;* c'est une synthèse démesurée et tragique, et l'assemblée dans la forêt est ample comme un fragment d'épopée. Quant aux naturalistes selon la formule, je les trouve de médiocres cervelles, fort rudimentaires et semblables pour l'intelligence à la bête Catoblépas qui se dévore les pieds sans s'en apercevoir. Des poètes! mais dans ce siècle, qui donc fut plus grand que les poètes: Hugo, qui domine le monde et qui reste le Père; de Vigny, Baudelaire, Lamartine, Théodore de Banville, — et maintenant, notre sévère et vénéré maître Leconte de Lisle, et Léon Dierx, et J.-M. de Hérédia, et Stéphane Mallarmé et Catulle Mendès...

Comme je n'étais pas très habitué à ces nuances de dithyrambe, et que je souriais un peu, d'un air étonné, M. Quillard me dit:

— Vous vous étonnez que nous admirions Hugo? Mais c'est l'ancêtre qu'on ne déracinera point et nous ne sommes point complices de Jules Lemaître ni des attaques savantes et détournées d'Anatole France et de quelques autres esthètes. — Anatole France, il est vrai, est plus qu'un esthète, il a écrit des livres exquis et *Thaïs* est un conte délicieux, même quand on a lu *Hroswitha, abbesse de Gandershetm,* la *Tentation de saint Antoine* et les *Rêveries d'un païen mystique*, de Louis Ménard, avec qui *Thaïs* est bien étroitement apparentée ! Comme critique, il est plutôt peu bienveillant aux jeunes et s'est par exemple toujours tu avec soin sur Ephraïm Mikhael et Henri de Régnier, les meilleurs d'entre nous. Mais que voulez-vous ?...

— Le symbolisme n'a-t-il pas ses esthètes à lui ?

— Charles Morice ! c'est lui le roi des esthètes, le plus avisé et le plus délicat de tous. Mais chez personne peut-être ne s'est mieux montré le danger qu'il y a à être un esthète : il vaut mieux faire des livres que des théories d'art, et l'habitude de la logique nuit singulièrement à la poésie ; ainsi en vient-on à confondre le symbole et l'allégorie et à remplacer trop obstinément l'image par l'abstraction et la poésie sans images !... Tenez, voici par exemple des vers de Morice parus dernièrement dans l'*Ermitage*...

M. Quillard feuillette une revue violette intitulée l'*Ermitage*. On cause alors des « petites revues » :

— Les petites revues sont les seuls endroits de la littérature où les poètes et les prosateurs nouveaux soient vraiment chez eux. Les trois principales qui paraissent à Paris publient plus d'œuvres curieuses et sincères en un mois que toutes leurs grandes sœurs en dix ans. Voici les *Entretiens politiques et littéraires*, une feuille de combat parfois bien agressive, mais où, à côté d'Henri de Régnier et de Viellé-Griffin, Bernard Lazare donne de fort belles légendes, d'une langue fastueuse et sonore, que beaucoup de poètes pourraient envier à ce prosateur. Voici le *Mercure de France* avec Rémi de Gourmont, l'auteur de *Sixtine,* l'un des plus rares et plus raffinés écrivains que je connaisse. Alfred Vallette, Jules Renard, Aurier, Dubus, Saint-Pol-Roux, et — ne l'oublions pas — le féroce Laurent Tailhade !

— N'oublions pas non plus le vers libre !

— Oh ! ce serait faire de l'esthétique, et c'est tellement inutile ! Cependant, si vous y tenez, je crains que le vers libre ne nuise à l'illusion ; il a huit, quinze, dix-sept, trois syllabes ; il n'est point étrange alors qu'il paraisse avoir la longueur qu'il a réellement, tandis que l'alexandrin, avec ses douze syllabes immuables, donne l'impression — parfaitement mensongère — de durer beaucoup plus ou beaucoup moins : c'est là un jeu divin de miracle et de mystère. Mais, après tout, le principal est de faire de beaux poèmes, chacun dans son coin, n'importe comment !

LES INDÉPENDANTS

Je voudrais, et sans en dissimuler l'artifice, rassembler sous cette rubrique complaisante les écrivains que l'on ne saurait encadrer dans les groupes actuellement *en forme* sans faire tort, sinon à leur originalité artistique, du moins à leur louable désir d'indépendance. Nous n'examinerons d'ailleurs pas autrement la nature de cette indépendance qui pourrait bien, le plus souvent, n'être qu'occasionnelle. Peut-être certains d'entre eux, en effet, n'ont-ils pu constater sans déplaisir la décrépitude du romantisme, et n'est-ce pas la faute de quelques autres si les efforts de leur camaraderie n'ont pu discipliner des groupes réunis sous une esthétique? Toutefois, volontaire ou non, leur isolement a cet avantage de montrer chez eux des différenciations d'esprit plus nettes, plus accentuées, que celles des artistes ayant subi des solidarités de combat parfois diminuantes. C'est eux qui, à la fin de cette enquête, nous montreront les liens les plus divers entre les réalisations et les virtualités de l'art moderne. C'est eux encore qui nous donneront l'image la plus exacte de la littérature telle qu'elle est, telle qu'elle sera de plus en plus, c'est-à-dire une force sociale tellement puissante qu'elle peut se manifester impunément, et même bienfaisamment, anarchique.

M. AUGUSTE VACQUERIE

— Oh ! vous trouverez en moi un adversaire acharné de toutes les étiquettes et de toutes les classifications ! Symbolistes, psychologues, naturalistes, qu'est-ce que c'est que tout cela ? Vous savez que Victor Hugo a protesté toute sa vie contre cette épithète de romantique, et que, moi-même, je ne l'ai jamais acceptée. Malgré l'admiration très grande que j'ai pour Hugo, malgré le culte que je voue à son incomparable génie, je n'ai jamais consenti qu'on me prît pour un de ses disciples.

Car qu'y a-t-il de commun, par exemple, entre le génie de Hugo et celui de Gautier ? Prenez, dans leurs œuvres, des choses qu'on devrait pouvoir comparer : le *Rhin*, du premier, et le *Voyage en Espagne*, du second. Quel abîme entre les deux visions ! Et pourtant, l'admiration de Gautier pour Hugo tenait du délire, c'était le dieu dans lequel il aurait voulu s'absorber ! Eh bien ! si, pour deux hommes on ne peut trouver de classification commune, comment voulez-vous admettre que les écoles signifient quelque chose, et quelle peut bien en être l'utilité ?

Ce besoin de classifier et de faire des théories mène à d'étranges aberrations. Pour beaucoup de gens, même encore à l'heure qu'il est, le romantisme signifie Renaissance, Moyen-Age. C'est absolument faux ! Ni dans le théâtre, — à part les *Burgraves*, qui est un de ses derniers drames, — ni dans ses romans, à part *Notre-Dame de Paris*, ni dans son œuvre poétique, on ne peut trouver le prétexte d'une telle théorie.

Le romantisme a signifié : *Liberté !* Pas autre chose. Et nous tous, nous n'avons jamais obéi à une autre formule ! C'est ainsi que je considère Hugo comme le plus grand poète, mais que je ne partage pas du tout ses idées, que je ne n'accepte pas sa philosophie. Lui voyait Dieu partout ! l'Homme n'était qu'un mode de la divinité. Moi, au contraire, je pars de l'Homme. En philosophie, voyez-vous, je ne suis rien. Ni matérialiste, ni idéaliste, c'est-à-dire que je suis les deux en même temps ! N'avons-nous pas une âme et un corps ? Vous pouvez vous laisser aller aux rêves les plus extravagants ; parfait ! Mais ce n'est pas une raison pour ne pas surveiller vos boutonnières ! Voyez-vous, le moyen d'imiter Hugo c'est de faire autrement que lui ! Moi je veux être précis, scientifique si vous voulez...

Tenez, un exemple. Au deuxième acte de *Lucrèce Borgia*, que je considère comme son plus beau drame, Alphonse d'Este envoie Rustighello chercher le poison des Borgia enfermé dans un flacon, il lui décrit la porte, la serrure, qui est une guivre dorée, une guivre de Milan, le flacon, les coupes, etc., etc. Voilà ce que je ne ferai jamais ; moi, je ne comprends pas qu'au moment où on se dispose à empoisonner quelqu'un on s'arrête à ces détails ; je m'attacherais à peindre autre chose, les sentiments, les émotions, en un mot, l'état d'âme du personnage...

Mais cela n'empêche pas que ce ne soit intéressant et qu'on soutienne le droit qu'Hugo a eu de faire parler ainsi un personnage du seizième siècle, de cette époque où les œuvres d'art tenaient une telle place. Car, voyez-vous, moi, je suis pour la liberté ; la liberté ! il n'y a que cela ! Chacun libre. Lisez la pièce de Hugo, dans les *Feuilles d'automne : Pan*. Tout est de l'art ! tout ! Pan !

Et M. Vacquerie eut un large geste parabolique. Puis il se recueillit, et, d'une voix plus grave :

— Si vous aviez, comme moi, connu Victor Hugo dans l'exil...

Je sens que nous nous éloignons un peu du symbolisme, mais mon éloquent interlocuteur est illuminé par la grande figure de Victor Hugo qu'il me montre à Jersey, au haut d'un rocher, dans un belvéder, au-dessus de l'Océan, contemplant les flots, écoutant la grande voix du large...

— Hugo c'est la mer ! ses images ont la puissance, la grandeur, l'abondance des flots. Parbleu! on a le droit d'aimer ou de ne pas aimer la mer et de la trouver toujours trop pareille à elle-même; je connais pas mal de Parisiens qui sont dans ce dernier cas. Mais de là à la puérile insolence qu'on prête à quelques-uns des jeunes poètes d'à présent, il y a loin !

La figure de M. Vacquerie, — cette figure calme et sereine de vieil évêque de pierre, s'éclaira d'un sourire malicieux.

— Ah ! ah ! dit-il, on ne lit plus Victor Hugo! Eh bien! je me suis amusé à calculer, avec l'aide des éditeurs, ce qui sortait de chez eux par an, d'ouvrages de Hugo: Depuis sa mort, c'est-à-dire depuis six ans, il en a été vendu pour près de huit millions! Plus d'un million par an ! Et nous n'avons compté avec les éditeurs que le prix brut payé par le public ; — non le prix marqué sur les couvertures : ainsi les livres à 7 fr. 50 sont vendus 5 francs ! Non, voyez-vous ! il faut laisser dire!

Ainsi, quand je suis arrivé à Paris — c'est déjà loin, ajouta le poète en souriant, je vous parle de 1835 — c'était déjà la même chose! Hugo était passé de mode! Je venais de Rouen, j'avais le vif désir de finir mes études dans la capitale; mon père avait bien voulu, et m'avait accompagné pour me faire entrer à l'Institution Favart près Charlemagne, la pension à la mode, à cette époque. Bref, mon père, au moment de la présentation, dit au directeur :

— Oui ! mon fils désirait beaucoup venir à Paris, et il rêve ardemment de faire la connaissance de Monsieur Victor Hugo, dont il est l'admirateur enthousiaste ! (Remarquez que nous sommes en 1835 !)

Le monsieur eut un sourire condescendant pour le pauvre petit provincial que j'étais, et répondit :

— Mon Dieu ! cela ne m'étonne pas ! Il y a deux ans, nous étions tous dans son cas ! Tout le monde ici était très emballé. C'était une mode. Mais maintenant il n'en est plus question. Et s'adressant à moi : Dans quinze jours, allez ! vous penserez comme nous !

Ainsi, vous voyez, il faut laisser dire.

Je demandai :

— Connaissez-vous les « Jeunes ? »

— Non. Je n'ai presque rien lu d'eux, des bribes de ci, de là... Dernièrement, quelques vers sur les cristaux, les lustres, comment donc ?...

— *Du Silence*, peut-être ? de M. Rodenbach.

— C'est cela, c'est cela. Est-ce un symboliste ? Oui, bien sûr, il y a du talent là-dedans, mais c'est difficile à lire. Ça ne se comprend qu'après réflexion et avec beaucoup d'attention ; il faut lire et relire et chercher... Au milieu de tant de productions, car c'est effrayant tout ce qui paraît, maintenant (on ne sait plus où mettre les livres, tant les bibliothèques sont encombrées), il faudrait être clair, précis. Autrement ça ne restera pas.

— Vous avez lu les psychologues?

— Oui, je les connais un peu. — Bourget. Du talent. Mais voyez-vous, moi je ne voudrais pas rien que de la psychologie, il faut mélanger. De la psychologie et de l'action. — Barrès : j'ai lu de lui l'*Homme libre*; du talent, évidemment. Je l'ai connu quand il est arrivé à Paris. Oui, du talent. Il avait fait sur moi un article très élogieux dans une Revue de Jeunes. Mais il a versé dans le boulangisme et, depuis lors, vous comprenez... il y a un fossé entre nous.

Enfin, pour me résumer, je veux bien qu'on fasse tout, qu'on essaie tout : faites du nouveau, tout ce que vous voudrez! La liberté absolue! c'est la seule formule, encore une fois; pas d'école.

Et puis, il ne faut pas qu'on oublie que c'est à 1830 qu'on doit, en même temps que la liberté de l'art, la vérité! Quand don Carlos demanda dans *Hernani* : « Quelle heure est-il? » et qu'on lui répondit : « Minuit » et que, dans *Othello*, on osa prononcer « mouchoir » au lieu de « royal tissu », les salles de théâtre tremblèrent sous les sifflets : c'est de ces simples mots que date l'avènement de la vérité dans l'art.

Donc, si l'on peut se permettre tant de privautés à présent, c'est au romantisme qu'on le doit, c'est à Victor Hugo, c'est à nous : le naturalisme lui-même est un produit direct du romantisme. Même Zola n'est-il pas au moins aussi romantique qu'Hugo ! Cette accumulation d'images, cette abondance de descriptions, qu'est-ce que c'est, sinon du romantisme ?

Quant aux jeunes, je vous le redis, je ne les connais pas assez pour les juger, et je ne veux pas me prononcer sur une chose que je ne sais pas ! Mais, encore une fois, la liberté ! la liberté ! Relisez la pièce de Victor Hugo : *Pan*. Voyez-vous, il n'y a que cela ! Pan !

M. JULES CLARETIE

M. Jules Claretie est l'un des rares académiciens qu'on ait quelque chance de rencontrer sur le boulevard. Hier, comme j'allais justement me diriger vers la rue de Douai, j'ai croisé, devant le bureau des omnibus du boulevard des Italiens, le très aimable et très spirituel directeur de la Comédie-Française. Nous rîmes ensemble de cette rencontre, et après avoir expliqué mes projets :

— Je ne suis pas importun ? dis-je.

— Mais non ! je vais aux Français. Marchons.

Et, une fois la chaussée traversée et atteint le trottoir droit de la rue Richelieu, la conversation s'engage ainsi :

— Je suis très curieux de tout ce qui est nouveau et je suis, avec autant d'attention qu'il m'est possible, le mouvement qui emporte les générations nouvelles.

Si vous m'aviez vu, chez moi, ce matin, j'étais précisément occupé à ranger et à donner au relieur les collections de ces revues de *jeunes* que je lis et dont la diversité et l'ardeur militante me plaisent, les *Ecrits pour l'art* de M. René Ghil, les *Entretiens* de M. Bernard Lazare, la *Plume* de M. Léon Deschamps, le *Mercure de France*, les numéros d'*Art et Critique* de M. Jean Jullien, et d'autres collections encore. Il y a dans ces publications, plus encore que dans les livres des nouveaux, une telle verdeur d'idées, une telle vivacité de ton, que cela me rajeunit de voir ainsi les jeunes monter à l'assaut et sonner de l'olifant.

Nous avons fait de même. Dans le *Gaulois* illustré fondé par des jeunes qui sont, aujourd'hui, morts ou sénateurs, dans le *Diogène* dont doit se souvenir Ernest d'Hervilly, dans bien des petits journaux vaillants et juvéniles nous avons combattu le bon combat et crié nous aussi : *Place aux jeunes !* Nous étions quelque peu romantiques, avec une teinte de fantaisie, et mes premières impressions datent de l'enterrement du pauvre Murger et de la représentation des *Funérailles de l'honneur*, de M. Vacquerie, à la Porte-Saint-Martin. Une vraie bataille où nos vingt ans sonnaient la fanfare !

Oh ! nous étions sévères et notre besoin d'*évolution* se traduisait, comme aujourd'hui, par des articles militants. Je me rappelle ce que j'écrivais alors sur la comédie d'Octave Feuillet : *Montjoie*, et sur son roman de *Monsieur de Camors*. La théorie du *bleu*, émise par l'auteur de *Montjoie*, me semblait ce qu'il y avait de plus faux au monde. Or, je me suis aperçu que les drames tels que *Montjoie* ne sont pas fréquents et que les romans pareils à *Julia de Trécœur* ne sont pas nombreux.

L'idéal de la jeunesse — et je l'envie — c'est la recherche de l'absolu. L'absolu en art, en politique, en amour ! L'âge apporte nécessairement une philosophie qui ressemble, si l'on veut, à une abdication mais qui est plus rapprochée de la justice.

Du reste, je n'ai rien abdiqué de ce passé. Je suis seulement très attentif aux efforts de ceux qui arrivent. Ils ont un tort : ils me semblent bien sévères les uns pour les autres. Ce qui m'a frappé dans les intéressantes consultations que vous nous donnez, c'est l'âpreté des jugements que portent les nouveaux sur leurs voisins, leurs rivaux. C'est aussi leur parfait mépris pour tout ce qui les a précédés. Il semblerait que la littérature est une imprimerie où seuls *compteraient* les feuillets fraîchement tirés, quand au contraire elle doit être une bibliothèque où les œuvres passées sont aussi consultées que les œuvres du jour...

Nous étions devant la Bibliothèque nationale, et, en contemplant cette longue et massive façade grise percée de rares fenêtres, je demandai :

— Vous croyez à l'évolution ?

— S'il y a une évolution nouvelle, elle a ses causes dans le passé. Tout a été dit, tout a été fait. Les générations nouvelles donnent un costume et un tour nouveau à ce qui fut autrefois. J'ai beaucoup lu et je pourrais vous retrouver sans longtemps chercher la genèse des idées présentes.

Il y a, par exemple, un renouveau magique pour le moment. Le livre si suggestif de M. Huysmans, *Là-bas!* a remis la magie à l'ordre du jour. Mais les œuvres de M. Péladan, les écrits de M. de Guaita, les traités de M. Papus, qui m'intéressent, ne m'étonnent pas. J'ai connu Eliphas Lévi, qu'ils n'ont pu voir, étant trop jeunes. J'ai fréquenté des mages avant la venue de ces mages récents.

M. Mirbeau, dont le talent est si viril, vous disait, s'il m'en souvient, que l'art doit devenir social pour être à la hauteur des *desiderata* du siècle. C'est ce qu'Eugène Sue déclarait déjà, il y a cinquante ans. L'instrument chez lui, le style n'était pas à la hauteur de ses visées, mais, comme tant d'autres de sa génération, il avait le sentiment que le cœur de l'artiste doit battre à l'unisson des foules, palpitant de pitié pour les souffrants.

Évolution nouvelle ! Ce qui me frappe encore, c'est l'importance que prend la musique, la notation phonétique dans l'art d'écrire. La musique, le plus sensuel de tous les arts, triomphera, si l'on continue, de la littérature, la plus précise de toutes les manifestations cérébrales. Ceci tuera cela.

Voyez, les nouveaux sont plus préoccupés des mots, de leur tonalité, du charme musical qu'ils dégagent, que de leur précision même. Une maxime de La Rochefoucauld, un mot de Chamfort, une page même de ce merveilleux La Bruyère, évoquent-ils une idée musicale ? Oui, si l'on veut. Non, en réalité. L'idée apparaît d'abord, claire, nette, triomphante. C'est un peu le contraire dans les écrits du jour.

Encore une fois, je ne suis pas du tout réfractaire à ce qui est nouveau, jeune, ardent, vivant. Les romans de MM. Rosny, Paul Margueritte, tant d'autres que je pourrais citer, me captivent et je lis avec grand plaisir les critiques récents, même — et surtout, — quand ils sont injustes. Je les attends à plus tard. Je ne verrai pas leur évolution nouvelle, mais nos *entretiens*, à nous, puisque vous allez les réunir en un volume, seront bien curieux à relire, dans une vingtaine d'années. Avant cela, dans dix ans. Autant de petits miroirs où les implacables d'aujourd'hui seront peut-être fort étonnés de se regarder.

Nous approchions du Théâtre-Français. Je dis à M. Claretie :

— Quant au théâtre ?...

Il répondit :

— Là encore, je vois un mouvement des plus intéressants qui n'a pas encore abouti au couronnement de la révolution. Le théâtre est plus malaisé à conquérir que le livre ou le journal. Il y a là un élément avec lequel il faut compter, compter si l'on songe au bilan de la fin d'année, compter même si l'on pense au résultat artistique immédiat. Toutes les théories qu'on peut faire sur le théâtre, Gœthe les a à peu près publiées en tête de son *Faust*, dans ce remarquable dialogue entre l'*auteur* et le *directeur*, où chacun plaide pour son saint, tandis que le public, qui n'est pas toujours bon diable, juge en dernier ressort.

Mais il est, lorsqu'on veut être hardi au théâtre, un axiome qu'on devrait toujours se rappeler en se disant qu'une foule est *simpliste* et que l'œuvre parlée, l'œuvre interprétée choque où l'œuvre écrite et lue au coin du feu pourra plaire. Cet axiome est celui-ci :

Au théâtre, le spectateur n'a pas seulement sa propre pudeur, il a aussi la pudeur des autres.

C'est hypocrisie, si vous voulez. C'est ainsi. Et j'aurais trop à dire si j'entrais dans la discussion. Ce qui est certain, c'est qu'au théâtre encore le nouveau consiste à refaire, avec son propre tempérament, à redire dans son style particulier ce qui a été dit et fait. L'humanité change de costumes, non de sang et de nerfs. Ce sang peut être plus déglobulisé, ces nerfs peuvent être plus tendus et les airs qu'on joue sur des cordes quasi maladives peuvent avoir quelque chose de plus pénétrant et de plus subtil, mais l'homme est toujours identique à lui-même, à moins qu'il ne soit une brute, bonne pour un cabinet d'anthropologie, mais indigne du livre ou de la scène.

Au total, ce qui est extrêmement intéressant dans votre enquête, c'est la constatation du mépris, je dirai de l'ingratitude, que montrent les nouveaux envers le naturalisme, c'est ce mouvement ascensionnel vers l'idéal que vous avez constaté, çà et là. Idéal social, idéal mystique, peu importe. Trop mystique, à mon gré. On se perd dans le nébuleux, l'intangible. Mais à qui la faute ? Le romantisme, avec ses grandes fièvres et ses belles folies, nous avait amené le naturalisme avec ses crudités. Le naturalisme devait fatalement nous amener le mysticisme, le symbolisme tout ce que nous voyons se produire aujourd'hui. Après le vin de Chypre, le petit bleu ; après le petit bleu, le haschich. C'était mathématique. Je ne l'avais pas seulement prévu, je l'avais prédit dans la préface d'un de mes romans dont je ne vous donnerai pas le titre pour n'avoir pas l'air de me faire une réclame.

Ce que j'aime le plus au monde, c'est l'oubli de soi-même. On jette une idée dans la circulation comme on jetterait une graine au vent et elle pousse où elle veut. Ce qui est certain, c'est que vous avez eu une idée excellente en recueillant tant d'avis divers, d'opinions, d'idées justes ou paradoxales, en groupant les aspirations, les rêves d'art, les désirs de lutte de toute une génération qui, entre autres mérites, a celui d'avoir vingt ans, comme Célimène, c'est-à-dire d'avoir le droit d'être sévère, coquette et dédaigneuse. Ça lui passera quand elle sera devenue, à son tour, Arsinoé, car, pour le moment, une autre Célimène grandit : elle est au couvent encore et s'appelle Agnès. Pour moi, — en un temps où chacun s'épuise à fabriquer sa petite liqueur, capiteuse ou colorée, son élixir spécial, enfermé dans de petits flacons aux ciselures imperceptibles, à alambiquer, gouttelette à gouttelette, le flot même qui jaillit du cœur et que toute cette chimie arrête et tarit, — je me suis attaché à puiser, au clair ruisseau du génie de France, un peu d'eau pure, un peu d'eau fraîche, savoureuse et saine et, laissant les fabricants de spiritueux à leurs alambics, j'ai continué ma marche après m'être ainsi désaltéré dans le creux de ma main...

Nous étions arrivés devant la porte de l'administration de la Comédie-Française. En me serrant la main, mon interlocuteur conclut :

— Et je continuerai à boire ma gouttelette, sans me soucier des écoles et des vocables !

Je m'en allais ; mais je me sentis tiré par la manche : c'était M. Claretie qui revenait sur ses pas pour me dire, gaiement :

— Au fait — si, je pourrais inventer (puisque nous avons dit tout cela en marchant), une école nouvelle — la critique *marchée*, *l'école péripatéticienne!*

M. VICTOR CHERBULIEZ

M. Cherbuliez était absent quand je me suis présenté chez lui. Mais j'ai reçu, de l'auteur de *la Bête*, la lettre suivante :

« Monsieur et cher confrère,

» Je suis désolé que vous ayez pris inutilement la peine de venir chez moi ; mais j'ai été obligé de sortir avant midi pour aller soumettre la dernière élection académique à l'approbation de M. le président de la République.

» Du reste, ne m'interrogez pas sur l'évolution littéraire. Je ne suis que très imparfaitement renseigné. J'ai lu de quelques-uns de nos plus jeunes écrivains des vers exquis et des pages savoureuses qui m'ont paru annoncer de grandes espérances et promettre l'œuvre attendue. J'attends, j'espère, et quand l'étoile sera sortie de son nuage, j'applaudirai bien fort.

» Votre bien dévoué,

» V. CHERBULIEZ. »

M. EMILE BERGERAT

— Ce que je pense des symbolistes? me dit Caliban en se grattant l'oreille... Je ne voudrais pourtant pas être traité d'imbécile en avouant que je ne comprends pas... Après tout, ils ont le droit de nous appeler vieilles barbes et crétins, nous sommes d'une autre génération, et ç'a souvent été la mode. Moi, quand j'avais vingt ans, je me trouvais un bien plus grand poète dramatique que Shakespeare : Othello, Macbeth, Hamlet, tout ça c'était de la blague! J'avais bien mieux que ça dans la tête! Et c'était vrai! Mais quand il s'agissait d'écrire... oh! alors, il n'y avait plus rien!...

En tous les cas, ils me semblent venus dans un mauvais moment. Par ce temps de démocratie, de télégraphie, de socialisme, je ne crois pas qu'ils arrivent jamais à s'imposer d'une manière définitive; à moins qu'ils veuillent simplement réagir contre l'instruction à six sous, et la prose de MM. Ohnet, Delpit, Richebourg et Cie. Ils resteront alors à l'état de petits cénacles, de bonzeries. Ils seront des mandarins réunis chez un ami riche qui « éclairera ». Là-dedans, on se congratulera, et l'on se distribuera des ouvrages curieux, d'un style compliqué, édités seulement à dix exemplaires. Je me les figure comme des cardinaux du moyen-âge, se délectant à la lecture des génies latins ou grecs, non encore divulgués, et copiés sur des parchemins richement enluminés.

Nous parlâmes du *Pélerin Passionné*.

— Alors, M. Bergerat :

— Mais il n'y a rien là-dedans ! Je ne peux pas prendre cela au sérieux ! Ces vers libres, sans rime, ça me fait absolument l'effet de ces traductions juxtalinéaires que nous avions au collège ; d'un côté le texte latin, découpé par membres de phrases, de l'autre le français serrant le latin du plus près possible, conservant les inversions. Ça faisait des vers symboliques.

Oui, ils veulent supprimer la rime ! Quelle plaisanterie ! Qu'est-ce qui s'en est jamais plaint ? On l'a dans le sang, la rime ! A quinze ans, la nature dit à un jeune homme s'il est poète, ou s'il doit se contenter de la simple prose...

A propos du symbolisme au théâtre, et de *Chérubin*, la dernière pièce de Morice :

— Mais, mon Dieu ! ces personnages avec un caractère tout d'une pièce, c'est la tragédie d'autrefois, pas autre chose. Et puis, vous m'avouerez que, franchement, quand on a quelque chose dans le ventre, on n'a pas besoin d'aller chercher des noms classiques pour les transposer dans un autre moule. Pourquoi ne pas en créer de nouveaux ?

Et brusquement :

Savez-vous ? je pense sérieusement à un drame entre ces trois personnages : *Ophélie — Trublot — Godefroi-de-Bouillon !* hein ? Il y a peut-être un symbole là-dedans !

— Mais l'*Intruse ?*

— Je ne l'ai ni vue, ni lue ; mais il paraît que c'est très beau. Je ne connais de Mæterlinck que ce que Mirbeau en citait dans son article, mais ça m'a l'air inspiré peut-être de Shakespeare. Après tout, pour bien juger, il faudrait se placer dans le milieu où vit l'auteur, parmi ces différents idiomes wallons, flamands, luttant, se heurtant... Ça aiderait peut-être à mieux comprendre sa pensée et son but.

— De la psychologie...

— Voilà ce que je sais : la psychologie est un chapitre de la philosophie, qui contient des observations formulées dans des lois définitives, alignées comme des petits pâtés. Mais le roman psychologique, je ne le vois point. — Est-ce que ça consiste à se préoccuper de savoir si la chambre où l'on fait l'amour est bleue ou mauve, ou vieil or ? Est-ce que cela influe beaucoup sur ce qu'on y vient faire ? Je vous assure que, moi, quand je suis dans une chambre pour ça, je me fiche pas mal de la couleur du papier... surtout avant !

Allons donc ! De la psychologie, mais c'est comme des symboles ! il y en a partout ! Est-ce que Balzac n'en a pas fait, de la psychologie? Est-ce que Hugo n'en a pas fait, du symbolisme... ?

Oui, je vous crois, Barrès a du talent! et, d'abord, il m'amuse, parce qu'il a de l'esprit. Mais il évoluera; il cherche sa voie, laissez-le faire.

— Quel roman succédera donc au roman naturaliste?

— Le roman! le roman! On est déjà venu me demander mon avis là-dessus, l'autre jour, à propos de Prévost, mais je crois qu'on n'a pas très bien saisi ma pensée. Que diable voulez-vous que je fasse des écoles? Regardez si Zola, Maupassant, Huysmans, etc., se ressemblent. On s'unit d'abord pour faire la trouée, mais, après, chacun suit son tempérament. Est-ce qu'on peut être d'une école quand on se sent quelque chose dans la tête et dans le cœur? Il arrive un moment où la Nature, la vie s'impose mieux à vous! vous la notez, vous la voyez mieux à travers vous-même et vous marchez, et vous vous fichez pas mal des formules, et vous faites des chefs-d'œuvre! Regardez Mirbeau! à qui ressemble-t-il, celui-là? C'est un fou! mais j'aime ces fous-là!

— Un passionné, dis-je.

— Oui, un passionné! Et quel talent! Oui, il faut sentir ce qu'on dit, et y croire; autrement, c'est de la blague. Eh! parbleu! ça leur viendra, aux jeunes! Chez eux on ne voit pas encore apparaître la passion, on dirait que la femme ne les a pas encore émus... Elle viendra, avec ses joies et ses amertumes, puis l'enfant... puis le malheur aussi peut-être... Et ce jour-là, ils le feront, leur livre, celui qui reste, en dehors et en dépit de toute formule. Qu'est-ce que ça fiche que ça soit du naturalisme ou n'importe quoi... Ainsi regardez ce sacré Zola. C'est un lourdaud, il n'a pas d'esprit, il est Italien, mais il a du tempérament, et il l'a trouvé, son livre : *l'Assommoir !* un fameux bouquin ! et qui restera, j'en suis sûr !

Et sautant brusquement à un siècle en arrière :
— Tenez ! c'est comme Bernardin de Saint-Pierre ! c'était un cochon, un sale noceur ; eh bien, un jour, il a une vision : il s'emballe sur une sensation plus vive de la Nature et il fait ce merveilleux « roman » de *Paul et Virginie !*

Suivre son tempérament, il n'y a que cela ! Et après, si l'envie vous prend de changer de sujet et de forme, pourquoi pas ? Balzac a fait le *Lys dans la vallée*, et *Vautrin* et la *Peau de chagrin* et les *Contes drôlatiques* ; si j'ai l'idée d'un sonnet, vous ne me forcerez jamais à en faire un roman, et si je conçois un drame, j'aimerais mieux me faire... infibuler — que d'en faire un vaudeville. S'il me passe par la tête une idée de tableau, je fais de la peinture, et comme il me plaît. Mais ne nous enfermons pas dans une théorie. Ainsi j'ai été l'autre jour au Salon du Champ-de-Mars. Eh bien ! il y a un tas de petits peintres — depuis que

Carrière est en vogue — qui ne font que des petits Carrière ! C'est idiot, ma parole !

Pour en revenir aux jeunes, ils me paraissent un peu des succédanés de Mendès. Mais Mendès a la clarté, et il a la passion. Du reste, il les aime beaucoup, les jeunes, il s'intéresse énormément à leurs œuvres. Combien de fois m'a-t-il parlé d'Henri de Régnier auquel il trouve un talent extraordinaire !

Je vous résume ce que je vous disais tout à l'heure : ce seront, s'ils vivent, des mandarins, des fins lettrés, sans aucune influence sur la masse. Il est possible que devant l'abondance des néologismes pris aux langues étrangères, où à la science, ils aient voulu réagir dans l'intérêt de la langue littéraire, en remontant à la vieille langue française, du quinzième siècle. Mais en cela encore, ils n'en savent pas si long que Gautier, qui la connaissait joliment sa vieille langue française ! Et Hugo donc ! Ah ! voyez-vous, ils étaient rudement forts ces diables de grands romantiques !

M. JEAN RICHEPIN

21 mai.

Monsieur et cher confrère,

Je ne saurais absolument rien vous dire d'un combat où je suis moi-même combattant.

Il me semble que c'est après coup, longtemps après, quand elle est terminée, qu'une évolution littéraire peut donner matière à une enquête sérieuse. On la juge alors, non sur les théories, qui passent, mais sur les œuvres qui restent, s'il en reste.

Pour le moment, votre enquête ne m'a pas appris grand'chose. Elle m'a seulement évoqué le tableau d'un marécage pestilent, aux eaux de fiel, où se dressent quelques taureaux et où ruminent quelques bœufs, tandis qu'entre leurs pieds s'enflent des tas de grenouilles coassant à tue-tête : « Moi, moi, moi! »

C'est sans doute divertissant pour la galerie; mais ce n'est pas gai pour ceux qui aiment les lettres.

Et telle sera, hélas! je le crains, la triste moralité de votre livre.

Veuillez agréer, Monsieur et cher confrère, l'assurance de mes dévoués sentiments.

JEAN RICHEPIN.

M. MAURICE BOUCHOR

M. Bouchor a débuté avec MM. Richepin, Ponchon et Bourget, dans le groupe des *Vivants*, qui a été la première opposition, en dehors du naturalisme, au groupe des Parnassiens. N'est-ce pas dans ses *Chan-*

sons Joyeuses que se trouvent ces vers assez significatifs :

. . . .

> Et la réalité, toujours belle sans choix,
> Nous ouvre bien plus large et plus riche domaine
> Que les souvenirs grecs et les rêves chinois!

Il publia ensuite des poèmes modernes sur des choses de ce temps; il est devenu, dans l'*Aurore*, poète spiritualiste un peu à la façon de Lamartine. Depuis, dans *Symboles* et de plus récentes productions théâtrales, il s'est écarté de cette manifestation absolument spiritualiste sans qu'on puisse nettement définir le terrain philosophique où il s'est placé.

Il est arrivé à la grande notoriété depuis ses Mystères dramatiques représentés au théâtre des Marionnettes de la rue Vivienne.

« Mon cher confrère,

» Je regrette bien que vous vous soyez dérangé plusieurs fois pour me voir, et en pure perte. Je pensais recevoir un mot de vous en réponse à ma précédente lettre, où je vous demandais quel délai vous m'accordiez pour résoudre les questions à la mode. Vos visites réitérées m'ont fait penser que vous ne pouviez pas attendre, et, ces jours-ci, j'ai tâché de rassembler mes idées sur les choses en litige. Je dois vous avouer que je n'y suis point parvenu, ce qui doit tenir à ce que, précisément, je n'ai aucune idée sur tout cela. Je vous l'ai dit, les théories littéraires n'offrent pour moi aucun intérêt. Elles ne valent que suivant l'usage qu'on en fait. Il est toujours permis d'essayer de renouveler la langue et de modifier la métrique. Il y faut seulement beaucoup d'intelligence, d'art, de tact et de mesure, — qualités qui ne foisonnent pas.

» Je pense que les novateurs devraient, en général, se montrer d'abord capables d'exceller dans les formes en usage ; si leur maîtrise de la langue et de la métrique actuelle étaient incontestables, leurs innovations feraient réfléchir davantage.

» Sur toutes les questions de métrique et de langage que l'on a agitées ces temps-ci, il est très facile d'émettre les théories les plus diverses et de les justifier par des arguments. Je demande à ne pas prendre part à ces joutes de dialectique. Quant à juger en bloc ou séparément un grand nombre de jeunes écrivains, dont la plupart me sont peu familiers, je m'en sens tout à fait incapable. Je n'ai point qualité pour le faire, et j'aurais d'ailleurs peu de goût à distribuer à mes confrères des bons ou des mauvais points. Je pense que, parmi les poètes, jeunes ou vieux, malgré toutes les différences de tempérament et d'esthétique, chacun fait de son mieux ; du moins c'est mon cas. Je demande qu'on me laisse travailler dans mon coin, et j'accorde la même licence aux autres.

Je ne sais trop que répondre à votre question sur

l'évolution de notre littérature vers plus d'idéal ou vers plus de vérité. Ces termes, pour moi, ne sont nullement antithétiques. Il n'est pas un écrivain dont l'œuvre me donne une plus profonde impression de vérité que Dante ; ce fut, je pense, un idéaliste.

» Il y a peut-être, dans la poésie actuelle, une tendance à abuser du rêve. « Dans la veille, dit Aristote, nous avons un monde en commun ; dans le rêve, chacun a le sien. » Cela est fort intéressant ; mais un art qui, très personnel, reste compréhensible à quelques gens, et, par certains côtés, à toute une foule, me semble supérieur à une rêverie solitaire.

» En restant dans une vague généralité, l'idéalisme et le naturalisme sont deux éléments contradictoires et nécessaires de toute œuvre d'art. Tantôt l'un domine, tantôt c'est l'autre ; les réactions sont inévitables. Je n'aime guère les romans, et j'en lis le moins possible ; toutefois je pense que Zola a du génie ; et ce génie n'est nullement infirmé par les ineptes théories (pseudo-scientifiques) que le puissant écrivain a essayé de propager.

» Il est souvent question de Verlaine dans les consultations que vous avez publiées. J'aime beaucoup son œuvre, qui ne vient à l'appui d'aucune théorie, et que nul groupe de gens n'a le droit d'accaparer. Mes préférences vont aux pages les plus classiques des œuvres de sa maturité ; il me semble que dans *Sagesse*, *Amour*, *Bonheur*, là où le sentiment est le plus profond, le plus vrai, le plus émouvant, là aussi la langue est plus saine, plus française, le vers plus solide et d'un nombre plus saisissable. Je citerai, par exemple, les magnifiques vers qui terminent *Sagesse* :

C'est la fête du blé, c'est la fête du pain...

» Cela n'empêche pas d'être fort sensible aux délices de l'impair et à l'impressionnisme délicat de Verlaine. En tout cas, je préfère de beaucoup les livres que j'ai cités à la *Bonne chanson* et aux *Fêtes galantes*, œuvres exquises mais d'une portée bien moindre, d'un accent moins fort et d'un ton moins individuel. Il est vrai que, dans les derniers livres de Verlaine, le vers est souvent très dégingandé, la langue molle et imprécise ; mais ce qu'ils contiennent de moins bon, c'est encore bien savoureux, et il y règne parfois une absurdité délicieuse.

» Comme je vous l'ai dit précédemment, je n'ai pas l'intention de juger le groupe symboliste, — composé, sans doute, de gens qui bientôt tireront chacun de leur côté, et dont les uns auront du talent, tandis que les autres n'en auront pas. Mais pour avoir la joie d'écrire un nom qui m'est cher, et qui, je pense, n'a pas figuré encore dans votre enquête, je déclare que je donnerais toutes les productions, à moi connues, de nos symbolistes, pour n'importe laquelle des chroniques rimées de Raoul Ponchon. Je n'offenserai pas la modestie de mon ami par des éloges déplacés : je dirai seulement qu'il est original sans se battre les flancs pour l'être, et que je ne connais pas un poète du groupe symboliste qui, présentement, soit dans le même cas.

» Voilà, mon cher confrère, tout ce que je peux vous dire en réponse à vos questions. J'avoue que ma consultation offre un maigre intérêt ; faites-en ce qu'il vous plaira.

» Cordialement à vous.

» MAURICE BOUCHOR. »

M. RAOUL PONCHON

Pendant de longues années Ponchon, le seul élève parisien du Banville des *Odes Funambulesques*, se contenta de crayonner sur le marbre des cafés, dans des marges de journaux, et sur des dos d'enveloppes, les vers les plus fantasques, les plus cocasses, les plus artistes, les plus gais qui furent jamais. Il consentit enfin à réunir quelques-uns de ces vers qu'il allait donner à imprimer, sous ce titre : *La muse au cabaret*, où devaient se célébrer, naturellement, les gloires de la mangeaille et de la volupté. Il paraît qu'il l'a perdu !

Ces vers, que Ponchon écrivait autrefois pour son

plaisir, il consent aujourd'hui à les publier pour le nôtre. Son nom eût évidemment manqué à cette Enquête. Voici la lettre qu'il m'a écrite, en réponse à ma prière réitérée ; on l'y reconnaîtra tout de suite :

« Mon cher Huret,

» Vous feriez bien mieux d'aller voir des filles plutôt que de me raser avec votre interview.

» D'abord, tout ce que je pourrais vous dire, vous le savez déjà. C'est que mes amis seuls et moi avons du génie. Et encore, mes amis ?...

» Cordialement vôtre,

» RAOUL PONCHON. »

M. GABRIEL VICAIRE

Poète de terroir, il a mis tous les raffinements de la poésie moderne à l'expression des êtres et des choses de la vie intime et provinciale. Auteur des *Emaux Bressans* dont Coppée m'a fait un si complet éloge. Dans la *Légende de Saint-Nicolas*, qui suivit, il a amplifié jusqu'au mysticisme ses dons de sincérité et d'émotion. Il passe aux yeux de beaucoup pour le représentant le plus parfait d'une poésie qui, sans rompre la tradition parnassienne, voudrait y ajouter la vibration plus intense et plus directe de sentiments et d'émotions vécus.

J'ai trouvé le poète au milieu d'un beau désordre de livres feuilletés, corrigeant les épreuves d'un prochain recueil de poèmes.

— Mais, monsieur, depuis que votre Enquête est ouverte, tout a été dit ! Les questions de technique du vers ont été magistralement traitées par Mendès en particulier et je ne vois pas grand'chose à ajouter à son interview.

Les symbolistes ! mais je les aime tous beaucoup, d'abord parce qu'ils sont mes amis, et ensuite parce qu'ils ont beaucoup de talent, mais avouons que leurs... proclamations sont de pures fumisteries de collégiens ! Un jour ou l'autre, bien sûr, ils laisseront tout cela pour faire de beaux livres. Cependant, il est certain qu'ils ont apporté dans la poésie la préoccupation musicale. Moréas, par exemple, a des pages charmantes d'un rythme exquis ; seulement, ah ! pas beaucoup d'idées...

Mais, en somme, voyez-vous, toutes ces questions d'école et de hiérarchie littéraire sont insignifiantes. Au fond, moi, je ne demande que deux choses, mais je les veux complètes : du talent, ça va sans dire, et de la sincérité ! C'est ainsi que j'admire tant Verlaine, par exemple ; je le connais, il est sincère celui-là ! Oui, je sais bien, chez lui l'homme est double : paillard à ses heures... et mystique souvent ; mais toujours lui-même, jamais homme de lettres. Ses derniers vers sont d'une simplicité de sentiment adorable. On l'en blague un peu ; mais ça ne fait rien, c'est bien, allez... Moi, je crois qu'on y reviendra tout à fait, à la simplicité, et je ne crois pas du tout à l'avenir d'un style compliqué, bizarre, fabriqué à coups de dictionnaire !

Il y a une chose qui m'attire beaucoup, c'est la poésie populaire ; je ne veux pas parler des chansons de café-concert (quoique j'admire aussi le talent réel de Bruant, par exemple), mais je veux parler de cette grande poésie des campagnes, des paysans, un peu mélancolique et douce, quelquefois même très brutale, mais toujours naïve et simple : Là, il n'y a pas de complication de style, le vers varie suivant l'impression à rendre, la rime n'est quelquefois qu'une simple assonance... En Angleterre, en Allemagne, on a beaucoup étudié cette poésie. Henri Heine en a tiré de très beaux effets ; en France, on l'a, semble-t-il, un peu dédaignée. Mais on y reviendra.

— N'est-ce pas là un peu, dis-je, l'esthétique de votre œuvre ?

— Oui, un peu. Je crois, en effet, avoir trouvé dans un retour à la tradition nationale, surtout dans l'étude de la poésie populaire *française*, une source presque intarissable de rajeunissement poétique, quelque chose en tout cas de plus sûr que les fantaisies, d'ailleurs parfois fort curieuses, des symbolistes. Mais je tiens à bien affirmer que, si comme artiste j'ai mes idées à moi très arrêtées, je me sens capable d'admirer même les œuvres qui s'écartent le plus de ma conception de l'art, pourvu (toujours!) qu'elles révèlent l'originalité et la bonne foi!

— Quels sont ceux de vos confrères qui marchent dans cette voie?

— Mais il n'en manque pas, Dieu merci! Notez: Charles Le Goffic, Jacques Madeleine, Maurice Bouchor, Raoul Gineste, Emile Blémont et l'excellent poète breton Quellien.

Nous causâmes un peu du roman:

— Moi, me dit-il, je n'ai jamais fait de romans; mais j'ai presque lu tous les principaux romanciers. J'aime beaucoup Zola, j'aime quelquefois Bourget, j'ai lu avec beaucoup de plaisir Huysmans, voire même Péladan! C'est amusant, c'est curieux, que que voulez-vous de plus? Voilà des tempéraments différents; chacun suit sa voie, c'est pour le mieux. Mais avant tout, encore une fois, je ne veux pas d'ostracisme, ni d'embrigadement. Les jeunes aiment assez démolir les anciens; mais qu'est-ce que ça fait? Croyez-vous, par exemple, que le père Hugo soit rapetissé par les allures victorieuses de mon ami Moréas?

Et, en me reconduisant, il conclut en souriant:

— Bah! travaillons toujours, tâchons d'avoir du talent, soyons sincères et laissons les enfants s'amuser.

M. JEAN DOLENT

J'ai consulté, sur l'objet de mon enquête, un écrivain que beaucoup placent parmi les meilleurs de ce temps, l'auteur, entre autres ouvrages, de ce roman tout cérébral, *L'Insoumis*, et de ce livre qui indique si nettement les désirs suprêmes de toute une catégorie d'artistes : *Amoureux d'art.* Voici la courte réponse que j'ai reçue de Jean Dolent :

« Belleville, 30 mai 91.

» Confrère,

» Dispensez-moi de répondre...

» Vivre sans bruit console de vivre sans gloire.

» Je vous serre la main.

» JEAN DOLENT. »

On sent bien que ce silence n'est pas celui de l'insuffisance. On devine que la demi-obscurité qui voile encore le nom de Jean Dolent ne peut tarder à se dissiper. S'il a voulu nous donner des regrets, il a réussi à souhait. Mais comment, encore qu'elle ne fasse pas notre compte, ne pas hautement apprécier la noblesse de cette attitude, et, jusque dans ce qu'elle recèle d'un peu amer, l'exquise fierté de cette modestie ?

MADAME JULIETTE ADAM

La directrice de la *Nouvelle Revue*, l'auteur de *Grecque* et de *Païenne*, a bien voulu me donner pour cette enquête la consultation suivante :

« Le roman, comme toute manifestation de l'esprit humain, parcourt le cycle des évolutions déterminées de cet esprit. Plus il englobe de faits d'ordres différents, plus il peint de tableaux de mœurs, plus la gamme des observations qu'il contient monte haut vers le divin et descend bas dans l'échelle des êtres, plus il domine le temps et s'immortalise.

» L'œuvre suprême, le roman type est pour moi l'Odyssée qui embrasse l'histoire d'un peuple, l'état de sa civilisation et de sa science, la description de ses actes journaliers, les mobiles qui font agir les individus dans le sens du caractère de leur race. L'Odyssée parcourt si complètement la série des conditions de la vie qu'on y voit les dieux, la puissance surnaturelle, se personnaliser au point de participer aux passions d'un groupe d'hommes privilégiés.

» Plus un roman s'écarte de la généralisation, plus il observe, décrit et dépeint un milieu restreint, plus il s'éloigne du type de l'Odyssée, plus il se cantonne dans le détail infinitésimal, plus tôt alors il partage le sort des faits minuscules et se noie dans l'océan de l'oubli.

» Mais s'il correspond aux doutes, aux croyances de son temps, s'il fixe les connaissances et les expériences du milieu dans lequel il éclot, s'il accumule des documents profitables aux lecteurs de l'avenir, enfin, s'il a une valeur pour l'histoire, alors il émerge au-dessus des productions dont le cercle est borné. Le temps ne peut faucher ce qui occupe un trop grand espace.

» Flaubert a entrevu tout cela; mais il a dispersé, émietté son aperception. S'il avait réuni en un seul livre l'étude approfondie des caractères de madame Bovary, les curiosités et les attraits de la légende et de l'histoire de Salammbô, la très haute philosophie de la tentation de saint Antoine, l'état complet de la science de son temps fixé dans Bouvard et Pécuchet, s'il y avait ajouté ce dont il me parla plusieurs fois, l'exaltation de l'héroïsme humain à propos de Léonidas, il eût laissé l'une des œuvres, peut-être l'œuvre la plus géniale de notre époque.

» La religion affirmée ou niée, qui joue un si grand rôle sur l'esprit des recherches de la science, en joue un égal sur l'esprit des observations qui sont la matière du roman. Lorsque la religion domine, le roman est mystique; lorsqu'elle commence à être discutée, le roman est imaginatif, l'homme cherchant sur terre la compensation de ce qu'il se laisse ravir au ciel;

lorsque la religion est niée, la raison triomphante se tourne sur soi, s'analyse, scrute l'être animal et intellectuel et le roman s'appelle, on ne sait pourquoi, psychologie, puisque ce ne sont pas les qualités psychiques qu'il décrit, mais la bête instinctive et pensante.

» En Europe, la religion qui dans l'antiquité absorbait les sciences sacrées et magiques, les a, par ignorance, délaissées au temps des croisades. La science profane s'est fondée en dehors de la religion comme à la fin du paganisme; mais aujourd'hui cette science que la puissance de l'impondérable et de l'inexpliqué arrête au seuil du mystère, ne pourra bientôt plus progresser que par la religion. C'est pourquoi le roman s'essaie déjà au symbolisme, pourquoi de matérialiste, de terre à terre, d'analyste, il deviendra imaginatif, puis mystique et enfin vraiment psychique.»

M. EDMOND PICARD

Le mouvement littéraire français a, depuis une vingtaine d'années, une intense répercussion en Belgique où les successifs mouvements de notre littérature ont eu des collaborateurs à la fois très nombreux et très remarquables. Au lieu d'interroger les littérateurs belges de grande notoriété, comme MM. Lemonnier, Rodenbach, Verhaeren, Van Lerberghe, etc., j'ai cru mieux faire en m'adressant à l'homme qui représente le dilettantisme littéraire en Belgique, et connaître, par son impression, la totalité des opinions de ses compatriotes.

M Edmond Picard est, en effet, en même temps qu'un très grand avocat, le Mécène éclairé qui a su grouper autour de sa personnalité sympathique tous les écrivains et tous les artistes belges.

Auteur du *Juré*, un roman édité en grand luxe, magnifiquement illustré par Odilon Redon, et tiré à cent exemplaires seulement; collaborateur de beaucoup de revues de jeunes, fondateur de publications littéraires et artistiques. « Si Edmond Picard n'était pas là, me disait Maeterlinck, je crois qu'en Belgique nous n'aurions jamais eu le courage de rien faire !... »

« Vous me faites l'honneur, Monsieur, de croire que mon modeste avis pourra être de quelque utilité dans l'ingénieuse information que vous poursuivez à l'*Echo de Paris* sous le titre : Enquête sur l'évolution littéraire. Je n'en puis pourtant juger qu'en étranger, qu'en Belge, en Bruxellois, de fort loin par conséquent, et sous l'impression de préjugés et d'erreurs d'autant plus probables que si je suis fervent amateur d'art, et quelque peu écrivain à en croire mes amis, je suis avant tout, de famille et de profession, avocat. Mais vous avez peut-être raison de supposer qu'alors même qu'une appréciation formulée dans de telles conditions sera fragile, elle n'en restera pas moins curieuse comme chose exotique. Je me risque donc, enhardi par votre flatteur encouragement.

» Vous me posez les questions suivantes :

» 1° Où en est le naturalisme ?

» 2° Le mouvement symboliste a atteint la Belgique ; quelle en est la portée, quel en est l'avenir ?

» 3° Les personnalités littéraires belges ?

» En guise de veillée des armes, je viens de lire les procès-verbaux de votre *Enquête*, déjà publiés. Ils me laissent une impression étrange. De vie d'abord, car vous avez réussi à mettre admirablement en scène les hommes qui composent cette élite littéraire dont les noms nous sont familiers, à nous Belges lointains : *Salve, Gallia, Regina !* D'effroi, ensuite, à cause de l'âpreté des jugements de tous les personnages les uns à l'égard des autres. Vraiment, votre *Enquête* est révélatrice d'une situation que vous ne cherchiez pas à mettre en lumière. Vous vous demandiez : Où en est le Naturalisme ? où en est le symbolisme ? — et voici que vous nous révélez où en est la fraternité littéraire à Paris. Que d'animosités, grands dieux ! que de rancunes, d'amères querelles ! quel acharnement dans les rivalités et de mauvais vouloir réciproque ! Il m'a frappé, ce propos que vous a tenu Zola : « Sur-
» tout, réunissez cette enquête en volume. Je tiens à
» avoir cela dans ma bibliothèque ; quand ce ne serait
» que pour conserver le souvenir de cette bande de

» requins qui, ne pouvant pas nous manger, se man-
» gent entre eux. » Ce que quelques-uns vous ont dit
de nous, est modéré en comparaison des aménités
dont ils se gratifient, et fait pour nous calmer : « Ils
» ont inventé le roman slave et le drame norvégien,
» sans compter le parler belge, qui est le fond même
» de leur âme littéraire. »

» Certes vous nous aimez moins que nous ne vous
aimons. On écoute ici beaucoup la France littéraire.
Jadis c'était avec la préoccupation de l'imiter. Nous
étions si peu, elle nous semblait si belle! Désormais
cette attention se contente d'admirer, car de plus en
plus nous nous efforçons à faire sortir et à maintenir
notre originalité. Dans la question du Naturalisme et
du Symbolisme cette tendance se marque comme
ailleurs. Vous l'allez voir, si *mon parler belge* ne
trahit pas ma bonne intention.

» Je parlerai d'après la généralité de ce que j'entends dire autour de moi. L'évolution littéraire ne nous apparaît point comme la destitution radicale d'une forme ancienne par une forme nouvelle, mais comme la substitution, dans le goût du public, des artistes ou des esthètes, d'une préférence à une autre. C'est un peu la modification des majorités dans les milieux parlementaires. Pas de suppression des partis, mais un changement dans leurs proportions et leur équilibre.

» Pour ne considérer que ce siècle, le Romantisme

a eu le dessus longtemps ; puis ce fut le tour du Naturalisme ; maintenant l'engoûment semble aller à une formule encore mal définie, dont on groupe les forces embryonnaires sous l'étiquette Symbolisme. Mais ni le Naturalisme, ni le Romantisme, ni toutes les autres formes littéraires dont on retrouve l'époque brillante en remontant l'histoire, ne sont abolis. Diminués ou diminuant, oui ; destitués de l'importance prépondérante et, d'après moi, démesurée qu'ils ont eue au temps de leur éruption, oui ; mais supprimés, jamais ! réduits à des proportions normales, mis à leur rang, nettoyés de leurs exagérations, classés (d'où vient classique) et prêts à servir (ceci est l'essentiel) à tout homme de génie, voire de talent, à qui il plaira, n'importe quand, les reprendre pour en faire les règles directrices d'une grande œuvre.

» Je ne puis donc comprendre ces affirmations de la plupart de vos interviewés : LE NATURALISME EST FINI, BIEN FINI ! qu'en ce sens : Le Naturalisme n'est plus le préféré ; il a fait son temps comme école dominante ; il a eu tout l'espace qu'il fallait pour son épanouissement ; l'esprit changeant du public en a été saturé, en est las et demande autre chose ; qu'on fasse son bilan ; qu'on balance son actif et son passif ; qu'on fixe ses caractéristiques, et qu'à son tour, ainsi ventilé, il devienne classique, ne pouvant plus désormais servir, sans paraître odieux, aux médiocres pasticheurs, mais toujours prêt pour les artistes supérieurs, même pour ceux qui, chefs actuels de son école, auront les muscles assez forts et le souffle assez puissant pour gravir au sommet de quelque chef-d'œuvre.

» Donc un autre numéro au programme. Toutes les rumeurs, toutes les tentatives, les bousculades, les altercations présentes ne sont que l'expression de ce besoin. L'évolution littéraire, après avoir tourné sur place (avec quelle magistrale puissance!) depuis quarante ans, avance de nouveau.

» Où va-t-elle? Devant, pareils aux curieux enveloppant de leur nuée la musique d'un régiment en route pour une destination inconnue, courant et gambadant, en une variété infinie, les novateurs, les essayeurs : décadents, déliquescents, symbolistes, ésotériques, verbolâtres, magistes, instrumentistes, impressionnistes, néo-réalistes... Oh! quelle armée de Xercès! Et chacun brandit son fanion, criant : A moi! par ici! Voici l'art neuf! Au gui l'art neuf!

» Ce qui est singulier, c'est cette colère concentrée, cette sourde fureur avec lesquelles les adeptes d'une école parlent de l'école voisine. Quoi! vous avez cette chance, grâce à l'extraordinaire fécondité de votre âme française, d'avoir le clavier complet, d'une admirable variété. Et voici que chaque secte jalouse ses voisines et les vilipende. Et quand le morceau littéraire que joue le destin emploie les basses notes plutôt que les hautes, les hautes s'irritent et réciproquement. Réjouissez-vous plutôt de compagnie d'avoir toutes les cordes. Ah! comme on vous envie!

» C'est de cette confusion que sortira, peu à peu formé, avec son chef et ses cadres, un mouvement ayant l'unité et la puissance du Romantisme et du Naturalisme : l'Ecole nouvelle! encore mystérieuse. Jusqu'ici c'est l'école de peloton, chaque sergent, avec ses hommes, dans un coin du champ des manœuvres.

» Dès à présent pourtant, quelques linéaments transpercent dans cette gestation qui n'est pas à terme.

» D'abord la haine des formules académiques et normaliennes qui avaient essayé d'imposer un Code de l'art littéraire. Un effréné et salutaire besoin d'originalité ; un mépris de l'imitation ; l'obligation stricte imposée à chacun d'être soi-même sous peine de n'être compté pour rien. De là cet éparpillement en sectes innombrables, ces tentatives souvent bizarres, ces coups de sonde dans l'imprévu, déconcertant et désespérant les orthodoxes. De là aussi, pour n'en pas citer d'autre exemple, cette rupture avec les règles de la versification classique, cette mise en pièces des principes scolastiques sur la rime, la césure, la métrique, la symétrie, et l'éclosion de cette poésie qui ne cherche que l'harmonie, le rythme, le charme de l'idée mise en équation avec une forme heureuse.

» Ensuite, le besoin d'enrichir la langue, désormais insuffisante pour exprimer les raffinées nuances de la vie contemporaine, de notre âme aryenne arrivée à un paroxysme de complication. Parmi les étranges et infiniment multiples transformations en lesquelles se fondent tous les décors de notre civilisation, qu'est-ce qui se transforme plus étrangement que notre pensée humaine, que notre cervelle humaine et sa production de sentiments et d'idées? Tout y craque, tout y casse, et du fumant remaniement des débris sort un agencement, sur nouveaux frais, prodigieux en ses imprévus et ses détails. Un pullulement! Un fourmillement! Comme nous sommes loin de la pensée calme et mesurée des hommes qui ont décrété la langue claire, simple et forte du dix-huitième siècle! Efforts donc pour nous rendre les expressions pittoresques de Ronsard et de Rabelais. Efforts pour créer des mots nouveaux, ingénieux, sonores ou tendres, expressifs toujours. Que de trouvailles en ce genre réalisées par cet admirable Jules Laforgue dont se sont si peu souvenus la plupart des témoins de votre Enquête!

» Enfin (pour ne pas trop prolonger) il y a une évidente tendance à dépasser les bornes visibles de la réalité dans laquelle le Naturalisme prétendait si étroitement se confiner. Ici surtout apparaît une face de la question à laquelle pourrait s'appliquer, sans trop d'inexactitude, ce mot vague : Symbolisme. On veut un art qui fasse penser, *qui soit suggestif*. Ceci répond à ce phénomène, interne, mais si réellement réel en notre âme : le prolongement des réalités par le rêve. Nous ne voyons rien tel que c'est. Il faut un étrange effort d'abstraction, et jamais réussi, pour dépouiller les choses de ce qu'y ajoute notre incompressible imagination; en ces jours présents surtout, où l'humanité aryenne semble ne plus vouloir penser qu'en images et allégories, ajoutant à toute réalité un dédoublement mystique, une flottante auréole de mystère. Cette inclination de nos cerveaux, séduisante et expressive faiblesse, les artistes nouveaux veulent y faire droit : l'art, disent-ils, doit l'exprimer, puisqu'elle est en nous et nous charme. L'art qui la néglige est un art mutilé. La nature existe pour nous non pas telle qu'elle est, mais telle qu'elle nous apparaît, telle que nous la sentons, que nous la recréons, que nous l'habillons de nos fantaisies, cruelles ou douces, fantastiques surtout. L'artiste doit le dire. Il doit, dans les âmes moins actives que la sienne, moins fécondes, susciter par la dextérité de ses rêves d'autres rêves. Son rôle est de mettre en effervescence, au plus profond des autres, l'organe où s'épanouit, en sa divine jouissance, LA SENSATION ARTISTIQUE. Il ne saurait le faire pleinement s'il se borne à la morne et sèche réalité !

» Une versification plus simple, une langue plus riche, et l'immatériel auréolant constamment la réalité, voilà quelles seront, d'après moi, les dominantes de l'art prochain, qui, émondant les exagérations et les bizarreries de l'heure de transition présente, régira pour un temps l'empire littéraire. Cela se nommera Symbolisme, ou... comme il vous plaira. Et peut-être, par lassitude du roman dont on est exténué, s'appliquera-t-on à l'histoire; car scientifiquement et psychologiquement et littéralement l'histoire est à refaire savez-vous?

» Il me reste à répondre à votre troisième question : les personnalités littéraires belges. Elles sont actuellement très nombreuses, presque tous des jeunes. Tenez compte que le patriotisme (qui n'a pas son grain de chauvinisme !) m'illusionne, et prenez pour ce qu'elle vaut cette déclaration : que je ne crois pas, toutes proportions gardées, qu'il y ait n'importe où un mouvement d'art aussi intense, aussi sincère, aussi indépendant que dans notre petite Belgique. Et nos littérateurs ne se dévorent pas entre eux! Des jeunes, dis-je ; oui, vers les voies non ouvertes, tâtonnant, frappant les parois pour trouver les issues. Sans parti-pris, cherchant non pas qui ils imiteront, mais comment ils se découvriront et se conquerront eux-mêmes, très attentifs au mouvement français, mais redoutant le vieux et cruel reproche de le pasticher. Il y a des groupes, chez nous, mais guère d'écoles. Les plus disparates fraient, n'ayant de commun que le même besoin de faire de l'art... chacun à sa manière, fraternellement. S'il y eut jadis quelques querelles, ah! comme elles sont apaisées!

» Des noms? A quoi bon! Que vous diraient nos

noms, tantôt, pour vous, baroquement flamands, tantôt wallons? Je voudrais n'omettre aucun de ces modestes vaillants et alors... ce serait long. De vous-mêmes vous êtes parvenus à entendre ceux de Camille Lemonnier, de Georges Rodenbach, de Maurice Maeterlinck. Je pourrais y ajouter Émile Verhaeren, Albert Giraud, Georges Eeckhoud, Iwan Gilkin, Georges Knopff, Van Lerbergh, Grégoire Leroy, Fernand Séverin, Raymond Nyst, et d'autres, et d'autres! Mais je préfère attendre que les autres arrivent jusqu'à vous, au petit bonheur.

» EDMOND PICARD. »

Bruxelles, 20 avril 1890.

M. GUSTAVE KAHN

Il passe pour être, avec Jules Laforgue, l'initiateur du vers libre, du vers d'un nombre indéterminé de syllabes, qui est, de toutes les innovations de la poésie symbolique, la plus audacieuse. C'est l'auteur des *Palais nomades*, un volume où il exprime les idées et les sentiments humains par d'uniques métaphores *qui ne se suivent pas*. Le seul titre du volume en indique, d'ailleurs, l'esprit et la méthode de facture. M. Kahn fonda la *Vogue* et le *Symboliste*, dirigea un peu plus tard la *Revue indépendante*, où il fit une campagne critique des plus originales et des plus brillantes. Théoricien subtil et fécond, il est, à l'heure présente, l'une des têtes des jeunes générations littéraires.

La consultation que j'ai tirée de lui se divise en deux parties : une lettre qu'il m'a écrite de Bruxelles, et une conversation ; la première toute théorique, la seconde toute pleine de jugements sur les écrivains de ce temps.

Comme M. Gustave Kahn se tient depuis plusieurs années à l'écart des milieux littéraires, qu'il a rompu avec toutes ses anciennes relations, j'ai pensé que ses ex-camarades seraient heureux de savoir en quel sens ses opinions ont pu évoluer à leur égard.

Voici, d'abord, sa lettre :

Monsieur,

Avant de chercher à définir le symbolisme actuel, il faudrait délimiter le point d'unité qui rassemble tant de gens divers sous la même étiquette, malgré des prétentions opposées et des vouloirs différents. Ce point d'unité est une haine commune du naturalisme, et non tant des anciens naturalistes que de leurs élèves les plus récents qui ne sont que néant.

De même que des jeunes gens lassés du lyrisme vague des derniers romantiques inventèrent le document humain, de même les jeunes gens de cette génération, las d'inventaires et de reportages, se sont mis à la suite des lyriques. Le mot symbole est très ancien, la symbolique englobe à la fois des œuvres de mystiques et des œuvres de théogonie.

Plus récemment le sens du mot symbole appliqué à la littérature se précisa ; on voulut entendre par littérature symbolique une vaste fresque historique avec personnages décoratifs ; le premier qui s'y risqua en France fut Edgar Quinet, puis vint Gustave Flaubert avec la *Tentation de saint Antoine*, etc., etc.

Plusieurs Parnassiens ont tenté de faire du symbole par l'évocation historique, ensuite on a fait de l'allégorie, soit l'art de gonfler un sujet quelconque d'idées qui n'y sont pas et qu'on n'y a pas mises.

Pour moi personnellement, l'art symbolique serait d'inscrire en un cycle d'œuvres « autant que possible toutes les modifications et variations intellectuelles d'un poète, épris d'un but déterminé par lui. »

Ses premiers livres doivent donner sous forme déjà symbolique sa recherche de la vérité d'art. Ses livres de maturité doivent donner sa connaissance de la vérité, — ses derniers livres l'hypothèse de vérité nouvelle qu'il laisse à ses successeurs.

Le symbole de la vie humaine, soit la traduction essentielle de la vie humaine, serait ainsi donné en ses trois formes élevées, la recherche, la connaissance du vrai et du beau, la divination d'un nouveau beau et d'un nouveau vrai ou plutôt d'une évolution plus neuve du beau et du vrai.

Voici ce qu'est pour moi en but général l'art symboliste.

Les moyens de cet œuvre d'art appartenant à la littérature sont le poème, le livre de prose et le drame. Pour moi, le poème c'est l'évocation tout entière d'une idée poétique en vers libres.

Qu'est-ce qu'un vers? — C'est un arrêt simultané de la pensée et de la forme de la pensée. — Qu'est-ce qu'une strophe? C'est le développement par une phrase en vers d'un point complet de l'idée. — Qu'est-ce qu'un poème? C'est la mise en situation par ses facettes prismatiques, qui sont les strophes, de l'idée tout entière qu'on a voulu évoquer.

Un livre de vers, c'est-à-dire le poème le plus long et le plus complet qu'on puisse se figurer, doit donc présenter un tout homogène éclairant de toutes ses facettes de strophes un courant de sensations poétiques conçu dans une unité.

Le vers libre, au lieu d'être comme l'ancien vers, des lignes de prose coupées par des rimes régulières, doit exister en lui-même par des allitérations de voyelles et de consonnes parentes. La strophe est engendrée par son premier vers ou son vers le plus important en son évolution verbale. L'évolution de l'idée génératrice de la strophe crée le poème particulier ou chapitre en vers d'un poème en vers.

L'ensemble de tous ces chapitres ou facettes constitue le livre. Cette idée, comme vous le voyez, ressemble un peu, quoique beaucoup plus complète, à celle de M. Henri de Régnier ; j'aurai toujours eu le mérite de la lui apprendre comme en font foi les publications de la *Vogue* (1886), mes articles de critiques et poèmes de la *Revue indépendante* (1888) et mes *Palais nomades* (1887), le premier livre construit en vertu de cette technique qui m'est personnelle.

Dans ce poème des *Palais nomades*, comme dans deux livres très proches, les *Chansons d'amant*, et le *Livre d'images*, j'adopte le principe d'expliquer le fond même de l'idée poétique par de relativement longs poèmes et d'en donner la concrétion avec toute facilité pour l'intelligence du lecteur, en de brèves et simples chansons ; c'est en même temps dans ces poèmes et critiques que j'ai émis l'idée non plus de suivre pas à pas les sensations des personnages principaux du livre, mais de me borner à clicher en leur suite et leurs contrastes les principaux moments de leurs crises d'âme, de leurs lueurs d'âme ; et cette idée je la revendique quoiqu'elle vous ait été contée par M. Stéphane Mallarmé, car si M. Stéphane Mallarmé comme poète est pour moi un ancêtre, je lui suis antérieur comme créateur et esthéticien du poème libre.

Pour moi, le livre de vers est un drame se passant

dans une conscience avec un personnage principal, se multipliant en une foule de personnages qui ne sont que facettes de ses idées avec l'évocation du reflet sur sa conscience des personnages qu'il évoque comme interlocuteurs, tandis que dans un drame pur on ne doit présenter que des personnages entièrement figurés et définis.

Il va sans dire que le livre de vers, au lieu d'être un drame, peut être une comédie; il va sans dire aussi que ces livres de vers doivent se compléter par des livres de prose. Mais pour l'esthétique du livre symboliste en prose je me réserve de n'en parler qu'après l'apparition de ma première tentative en ce genre; vous admettrez la même réserve pour l'œuvre de théâtre que je projette.

Est-ce à dire qu'il faille s'interdire toute incursion dans d'anciens rythmes? Certes non — les musiciens écrivent bien des pièces dans le style ancien; puis les vieux rythmes peuvent être précieux pour la farce comme ces vieux dieux qu'on mène encore au carnaval dans les pièces bouffes.

Ajoutons aussi qu'à côté des poèmes architecturés on peut faire parfois, quand les proportions et l'âme du sujet l'exigent, des poèmes qui seraient au grand poème symbolique ce que les rapsodies tziganes sont à la musique symphonique; mais, dans ces petits poèmes, devra-t-on prodiguer les vraies curiosités rythmiques, les strophes neuves qui, ainsi essayées et éprouvées, pourront trouver leur place parmi les strophes choisies pour les œuvres définitives.

Ces œuvres définitives je les crois devoir entièrement s'inscrire en strophes neuves, car s'il est vrai qu'on peut englober l'ancienne métrique comme une série de cas particuliers de la nouvelle, il vaut mieux pratiquement éviter les mélanges; enguirlander de vers libres des strophes d'alexandrins, c'est s'exposer à parler bègue.

Vous voulez bien me demander mon avis sur des contemporains, et s'ils ont produit des œuvres types de la formule?

De la mienne, assurément pas; de la leur je ne le crois pas. D'ailleurs je ne tiens nullement à m'occuper de personnalités, sauf pour de légitimes revendications.

A votre dernière question : « Verlaine et Mallarmé sont-ils les pères du mouvement nouveau? » je vous répondrai nettement: « Au plus des oncles » Verlaine est certes un grand poète élégiaque et catholique, fréquent en beaux vers rares.

Mais l'unité du mouvement symboliste étant une réaction contre le réalisme, il faut bien admettre ceci : que les jeunes poètes furent de bonne heure disposés à lire autre chose que M. de Goncourt et à regarder autre chose que Courbet. Donc ils ont lu ou ont dû lire, de choix et aux moments de délassement, les vieux poèmes d'antiquité des races, les légendes, les cycles du moyen âge, le Dante. Ils connaissent Gœthe, Heine, Hoffmann et autres Allemands. Ils ont subi fortement l'influence de Poë, ils connaissent les écrivains mystiques et les peintres primitifs, ils ont des clartés de Walter-Crane, Burne Jones, Watts et autres préraphaëlites tant peintres que poètes.

Ils ont trouvé dans le romantisme français de belles exceptions à l'influence d'Hugo ; ils ont subi par le hasard des temps une forte immersion de la musique légendaire et symbolique de Wagner, qui, plus ou moins comprise, les a fort préoccupés. C'est cet ensemble d'influences qui est le générateur du mouvement actuel, et cet ensemble d'œuvres anciennes qui compose la bibliothèque idéale.

Pour conclure, Monsieur, je crois que le symbolisme, non de par l'accord de ses représentants divers, mais de par leur lutte, remplacera le Parnasse, parce qu'il est l'Action : les meilleurs Parnassiens (ils sont rares) revisent leurs œuvres complètes et entrent très honorablement dans le passé.

Je crois que le symbolisme vaincra par le livre de prose, parce qu'on en fera certainement, et de diverses origines, de supérieurs en intérêt artistique, social, et d'écriture aux livres naturalistes.

Je crois que le symbolisme vaincra au théâtre
.. rce qu'on aura certainement la nausée des pièces
réalisme panaché de thèses et des mises en pièces
romans de M. Zola.

Mais je crois aussi qu'à n'importe quel jour, si un réaliste ou un élève imprévu des Parnassiens apportait une œuvre où il y ait du talent, il le faudrait préférer à de pâles imitateurs des plus récents symbolistes (remarquez que j'ai dit SI et APPORTAIT).

GUSTAVE KAHN.

Voici enfin les notes que j'ai prises à la taverne de la rue d'Amsterdam où nous déjeunâmes dimanche dernier, lui, le peintre Lemmen, Edouard Dubus, poète symboliste émule des Vivier et Sapeck, et moi.

M. Gustave Kahn : une petite tête sur un tout petit corps ; de petits yeux très vifs sous un front très intelligent, le nez recourbé du sémite encadré des pommettes saillantes.

On n'en était qu'au premier service :

— Voyons, s'écriait M. Kahn en s'adressant à moi, il n'y a jamais d'évolution lente, c'est le vol-à-la-tire continu, le mouchoir change de poche, tout simplement ! De tous ceux qui vous en ont parlé, aucun ne fait de symbolisme (un mot créé par Krutzer, d'ailleurs). Mallarmé lui-même ne fait que de l'allégorie ; cet ancien poète est trop vieux pour que j'en dise du mal ; admettons, comme le dit Francis Viellé-Griffin, que c'est un bon traducteur. Et puis, oh ! je trouve que comme théoricien, il est vraiment intéressant ; il a lancé ma théorie du vers libre...

— Et les jeunes ? interrogeai-je. Moréas...

— Moréas n'a pas de talent, mais encore il en a plus que les autres... Il n'a jamais rien fait de bon ; il a son jargon à lui, il faut voir ce qui en sortira ; sa théorie de l'union de l'âme moderne et des adverbes ne manque pas de pittoresque...

Dubus, entre deux bouchées, se tordait dans les convulsions du rire ; il laissait choir son monocle, se tapait sur les cuisses, tous les plis du visage tendus vers le front.

Kahn continuait :

— Moréas va de temps en temps dans les bibliothèques durant un mois ou deux renouveler ses vocables, faire sa cueillette, puis il plaque des mots, passemente des vers, et le tour est joué...

On entamait le deuxième service, et l'ale coulait des pots d'étain.

— Quant à Charles Morice, c'est différent ; l'agriculture manque de bras... c'est la râpure de la dernière valise de Mallarmé ; il n'a aucun talent.

— Henri de Régnier ? dis-je.

— Celui-là n'a *aucune espèce de talent*, vous m'entendez bien ? *aucune espèce ;* il opère dans le décor d'or des chevaliers d'embrun et *d'emprunt* qui vont le long des grèves, etc., etc. Il a le droit d'aller prendre sa chaise chez Mallarmé.

— Pourtant, observai-je, un peu partout on a jusqu'ici été unanime sur sa grande valeur de poète.

— Excepté Brunetière, l'opinion de la plupart des

lettrés, Hérédia, Mallarmé, Sully-Prudhomme, comme les autres, consiste à prendre l'inférieur pour l'opposer au plus fort... Mais voyons... de Régnier... c'est l'antithèse de toute littérature !... Il n'a même pas le mérite de reprendre l'archaïsme, ce n'est pourtant pas grand'chose, l'archaïsme !

On servait les légumes. Nous avions laissé la bière, et nous buvions d'une bouteille respectable.

— Alors quels ?... demandai-je à M. Gustave Kahn.

— Verlaine, jusqu'à *Amour*, Verlaine et Laforgue, et Rimbaud, un très grand poète qu'on oublie et que Lautréamont remplace d'une façon très insuffisante. Et, tenez, le nom de Rimbaud évoque le nom de Charles Cros dont personne ne s'occupe et qui a tenu très honorablement sa place dans la littérature contemporaine.

Un peu capricant, la conversation roula ainsi jusqu'au café.

— Naturalisme ? dis-je machinalement.

— C'est un vilain métier, répondit Kahn. Je trouve ce qu'ils font ignoble, ces gens-là ; c'est une théorie morte, n'en parlons plus. Mais enfin, leur vrai maître à tous, de par ses défauts et ses qualités, c'est Zola : Je lui trouve, d'ailleurs, une valeur vraiment supérieure. Le naturalisme franc et pur, celui d'Alexis, par exemple, si peu intéressant qu'il soit, c'est encore une espèce de... naturalisme ; mais ce qui est falot, oh ! bien falot, cela, ce sont les tartines-sandwich de naturalisme compliquées de violons chantant sous des fenêtres au clair de lune!...

— De qui parlez-vous donc?

— De M. J.-H. Rosny, tout simplement. Oh! ses *Corneilles!*

— Maupassant?

— C'est un ancien négociant qui a autant de talent que les autres; il lit beaucoup la *Vie Parisienne;* on le voit à la campagne avec des vêtements larges et écrivant des histoires normandes, il connaît l'huissier et le notaire...

— Daudet?

— Madame Daudet. Julius Stinde, qui imite Dickens avec le même zèle que Daudet, est pourtant moins connu.

— Psychologues?

— Il y a quelquefois chez eux des curiosités intéressantes: chez Bourget principalement. Bourget, c'est un lettré qui a été trop exalté comme critique et trop méconnu comme romancier; oui, il a fait des petites choses intéressantes. Mais quand il veut prendre ses grands coups d'aile, il a tort, il n'est pas fait pour cela. Tout Bourget se trouve, d'ailleurs, dans la *Princesse de Cadignan* de Balzac. Au fond, voyez-vous, tous ces gens-là qui disent bien haut, dans des préfaces et dans des études: « Je vais écrire *Adolphe* dans la notation moderne », ce sont des professeurs, mais des lettrés non pas.

— Barrès ?

— Oh! Barrès, un garçon intéressant, celui-là, habile et pratique. Son dernier livre n'est pas en progrès. L'*Homme libre* était mieux, c'était franc, c'était « très causé du fond d'un fauteuil. » Oui, c'était amusant pour ses camarades, parce qu'on voyait Barrès fumer son cigare le dos sur la peluche du crapaud.

On était au wisky, et nous parlâmes des critiques.

— Jules Lemaître, s'écriait Kahn. Un valseur qui voudrait être danseur...

— Oh! très bien! dit Dubus.

— Anatole France: c'est un bouddhiste qui enfouit des rêves néo-grecs dans le Parnasse contemporain et met à la portée des dames la bibliothèque que pouvait posséder saint Antoine au moment de sa tentation.

Dubus se roulait.

— Oh! notez cela, me conseilla-t-il.

— C'est lui qui a découvert le symbolisme? dis-je.

— Il n'a rien découvert du tout. Il s'est borné à se conformer aux éléments les plus grossiers du mouvement.

— Il y a donc un mouvement symboliste?

— Oui, c'est la publication simultanée d'écrivains très différents dans les mêmes revues où il est passé quelques poètes à côté de prosateurs; et peut-être, parmi les poètes qui ont l'étiquette symboliste, il en est de beaucoup moins inférieurs aux prosateurs.

Dans tous les cas, je considère le plus mauvais poète symboliste de beaucoup supérieur à n'importe lequel des écrivains enrégimentés sous le naturalisme.

Je voulus savoir ce que M. Gustave Kahn pensait de l'avenir du positivisme en littérature.

— A ce point de vue, me répondit-il, toute la science actuelle conclut à la fin du positivisme. Le positivisme, déjà remplacé par le vronskisme et par toute autre théorie intellectuelle, ne tient plus que dans quelques cervelles de lettrés. Tout le mouvement scientifique consiste à remplacer les petites expérimentations positivistes par une intuition théorique très documentée d'expériences. Donc, les savants nouveaux, gens de trente à quarante ans, tels Charles Henry, et même plus anciens, voyez Brown-Séquard, ont totalement détruit le positivisme en leur conscience. Il est, d'ailleurs, à remarquer, que les savants positivistes ne font qu'expérimenter selon les indications des intuitifs...

— Les Mages ?

— Aucune espèce de sérieux. Gens très contaminants pour ceux qui les approchent. Il y a un mage sérieux, un seul, c'est Edouard Dubus.

— Parfaitement! dit Dubus en s'esclaffant. J'ai expliqué dans le *Figaro* le phénomène de la Maison hantée.

— Ils se distinguent, d'ailleurs, continue Gustave Kahn, par une immense quantité d'illettrations...

M. Kahn partait pour Bruxelles à six heures vingt ; il était six heures. Son ami, le peintre Lemmen, l'appelait.

— Encore un mot, dis-je en me levant de table, vous qui vivez constamment à Bruxelles, qu'est-ce qu'on entend par les Jeunes-Belges ?

— Les Jeunes-Belges, dit Kahn en bouclant sa valise qu'on venait d'apporter, ce sont des écrivains très consciencieux, très érudits, et tout à fait en dehors des malentendus belgico-français qui sont créés et entretenus par des gens comme M. Rodenbach. S'il y a un endroit où il se fait un peu de cordialité artistique, c'est parmi eux : ils s'appellent Yvan Gilkin, Valère Gille, Albert Giraud, Eckhoud, Van Lerberghe, Verhaeren, Séverin, etc.

M. Kahn nous fit ses adieux. J'avais la tête cassée par le wisky. Heureusement j'avais pris des notes et Dubus m'avait aidé.

THÉORICIENS ET PHILOSOPHES

Je vais terminer cette enquête par l'avis de quelques hommes — théoriciens et philosophes — qui pourront donner une sorte de conclusion à mes investigations, puisque c'est leur rôle de formuler des idées générales. Par eux sera rattachée l'évolution littéraire que nous venons d'étudier au mouvement général de la pensée contemporaine.

M. PIERRE LAFFITTE

C'est le pape du positivisme. Il a succédé à Auguste Comte, et répand, depuis trente ans, la doctrine du Maître par le livre et par la chaire. Comme on sait, le positivisme comprenant toutes les manifestations de l'Idée, il a une théorie d'art formulée dans son ensemble il y a une cinquantaine d'années, qu'il était intéressant de mettre en face des tendances de ces derniers temps.

M. Pierre Laffitte a d'ailleurs, cette année-ci même, fait à la Sorbonne un cours d'esthétique dramatique. On remarquera que sa théorie artistique positiviste est à l'opposite presque absolu des écrivains qui se réclament de la philosophie positive.

— Je viens de lire, me dit-il, la collection des comptes-rendus de votre enquête, mais je suis trop ignorant vraiment de toute la littérature contemporaine pour vous donner un avis raisonnable là-dessus. J'ai lu à peine quelques romans modernes, j'ai vu jouer quelques drames, c'est tout.

Je suis seulement frappé de ceci : l'importance énorme qu'attachent nos littérateurs aux dénominations d'écoles ; et combien sont peu rationnelles ces étiquettes de naturalistes, de psychologues, de symbolistes que chacun répète à plaisir.

Ils me font l'effet de gens qui découvriraient la Méditerranée. Est-ce que, de tout temps, on n'a pas été naturaliste ? est-ce que, de tout temps, on n'a pas recherché les mobiles de la nature humaine ? La *Princesse de Clèves*, n'est-ce pas de la psychologie ? Ajax et Achille ne sont-ils pas des êtres vivants ?

Non, voyez-vous, on veut être original, et on n'est qu'excentrique ; on se figure, en inventant des mots, qu'on invente des idées... ce n'est pas la même chose. Evidemment, des gens comme Flaubert, Zola,

Daudet, ont une grande puissance esthétique; et on ne peut pas dire que le niveau de la classe littéraire ait baissé, mais ce qu'on peut dire, par exemple, c'est que sa destination a décliné.

Les uns se laissent aller à peindre les penchants humains presqu'au point où l'intervention du médecin devient utile, avec cette prétention de faire de la science; cela semble prouver l'avantage d'une sorte d'idéalisation de la nature humaine, que la science, elle, ne donne pas. Les autres prennent à la science les éléments d'une découverte embryonnaire et partent de là pour généraliser et conclure... Tenez, c'est le cas de M. Zola, avec sa théorie de l'hérédité; il ne s'est pas rendu compte que cette théorie est une rétrogradation de la science. L'atavisme!... Evidemment, nos auteurs nous transmettent des dispositions, et cela on le sait depuis toujours, mais ce qu'ils nous transmettent surtout, c'est une nature fondamentale, comme à tous les hommes, des tendances spontanées, toujours les mêmes. Commencez par déterminer les lois des rapports qui existent entre notre nature et le milieu cosmologique! Ce sont toutes ces théories qui ont créé les balançoires des crimes passionnels et de l'irresponsabilité. Est-ce que de tout temps les crimes n'ont pas été commis par les passions? « Ah! vous avez l'envie irrésistible de me tuer? dirai-je au criminel... Eh bien! moi, j'ai l'envie irrésistible de vous guillotiner... Et puisque vous le voulez, nous ne serons ni l'un ni l'autre responsables de nos envies... » Mais c'est évident ! Entre un homme criminel et un homme qui ne l'est pas, ce n'est qu'une question de degré. L'instinct destructeur, par exemple, nous l'avons tous en germe. Quand nous disons du mal des autres, c'est cet instinct qui parle. Ce qui est intéressant à connaître avant de bâtir aucune théorie et de tirer aucune conséquence, c'est justement le degré où nous sommes influencés...

Mais voilà ! on ne sait pas, on s'emballe sur une lueur et on fait des romans sur l'atavisme. Et puis il y a des jurys, le Jury de la Seine surtout, le plus bête de l'Europe parce que c'est lui qui lit le plus, qui se trouve à point nommé pour appliquer, dans l'ordre social, les théories qu'il a lues dans lesdits romans. C'est de la démence.

Remarquez, continue M. Laffitte, que je trouve très louable en soi ce souci scientifique du littérateur. Dans l'avenir, évidemment, on pourra tirer parti de cette préoccupation ; mais ce que je blâme c'est l'application prématurée, c'est le choix non légitimé de théories sans base ou dans l'enfance, qu'on répand comme des certitudes. A part cela, M. Zola est un grand esprit. Il conservera cette originalité d'avoir intronisé dans la littérature l'élément prolétaire. Mais, ici encore, il est incomplet : il ne voit dans le prolétaire que le côté inférieur sa nature, qui existe évidemment, qui domine même, c'est entendu. Mais George Sand, qui a fait le contraire, a aussi raison que lui. Son Pierre Huguenin, le compagnon du tour de France, qui pense à cultiver son esprit dans ses heures de loisir, est aussi vrai que l'ouvrier de Zola qui ne pense qu'à boire...

Je demande à M. Laffitte où vont ses préférences littéraires.

— Je suis partisan, avant tout, de notre grande littérature classique : le poème et le drame. Car, comme architectonique, le roman est une forme inférieure de l'art. Racine, Corneille, Molière, Voltaire, voilà mes dieux...

— Et le romantisme ? dis-je.

— Les romantiques étaient des gens qui écrivaient la plupart du temps quand ils n'avaient rien à dire... Je viens de relire Lamartine. Eh bien, il restera de lui un charmant petit volume, et ce sera tout. Tant de fatras, là-dedans, tant de vague ! Comme dans Hugo... Je lui reconnais pourtant un mérite, à lui, un grand. C'est d'avoir, après Chateaubriand et d'autres, d'ailleurs, animé toute la nature, d'avoir fait parler les choses. En cela il se rattache à la théorie d'Auguste Comte, celle de l'*art fétichique* qui l'a fait accuser de rétrogradation par son élève Littré... Mais le reste de son œuvre ! Mais ses hommes en baudruche ! Mais sa réhabilitation de Bonaparte ! sa démolition de Richelieu ! Oh ! cela, voyez-vous, ces deux choses-là, resteront comme l'une des hontes de la France... Voyez comme Alfred de Vigny aussi parle de Richelieu! C'est curieux! De même Walter Scott, l'un des plus grands génies depuis Homère, pourtant, n'a pas compris Cromwell...

— Votre théorie sur l'avenir de l'art ?...

— Ce qu'il faut, c'est l'introduction dans la poésie de l'*utopie*... L'utopie, c'est la haute poésie, c'est la conception idéale de la société d'après la connaissance exacte de cette société.

Des hommes partant avec une culture supérieure, avec une pondération d'idées plus parfaite, doivent avoir nécessairement des visions plus élevées, plus harmonieuses des choses. Et les poètes de l'avenir, trempés aux sources de la haute raison positive, de la science humanitaire, obéiront à leur destinée qui est de toujours reculer les bornes de l'Idéal.

Mais l'art suprême n'a pas encore de destination claire et précise, parce que la société n'en a pas elle-même, dans sa situation présente.

Dès qu'une philosophie sera devenue prépondérante, quand le positivisme aura fait pénétrer dans de nobles esprits ses grandes notions de science, de méthode, d'harmonie générale, animés de cela ils auront des conceptions esthétiques tout à fait neuves. Mais, en attendant, faute d'une conception homogène des choses, on erre dans des tentatives de toute nature, sans méthode et sans but; de là cette impuissance de tant de belles organisations et de tant de fortes natures esthétiques...

M. CHARLES HENRY

C'est notamment l'auteur d'une esthétique scientifique qui prétend rattacher à notre organisme physiologique les conditions et les lois de la beauté. Il passe pour avoir influencé en littérature les décadents-symbolistes les plus extrêmes et les plus conscients, comme Jules Laforgue et Gustave Kahn, et, en peinture, des impressionnistes de la division du ton, notamment MM. Seurat et Signac.

Mathématicien et érudit, il a su rendre pratiques plusieurs de ses découvertes, qui, en même temps qu'elles méritaient l'approbation des corps savants, de l'Académie des sciences entre autres, ont abouti à des réalisations industrielles. Elles s'inspiraient d'une méthode générale scientifique qui n'est pas encore entièrement formulée, et qui lui a valu de retenir l'attention même de ses adversaires.

Trente ans, long et mince, dégingandé, il pourrait réaliser physiquement le type de ces êtres *ultra modernes*, résumant en eux tous les effets de la longue culture intellectuelle des races ; à voir ces mains effilées, délicates, aptes aux subtiles besognes, on imagine aisément que le fluide nerveux qui les fait mouvoir de cette extraordinaire façon est d'une essence plus raffinée que celui du commun des mortels ; sa complexion générale exprime la confiance du savant dans la puissance illimitée des machines, — il dédaigne d'avoir des muscles...

En résumé, il apparaît très rationnellement comme l'historiographe de nos sensations les plus raffinées, qu'il pèse, mesure, et où il découvre des mondes ; un des Esseintes qui serait raisonnable et savant.

Je lui demande :

— Dans quel sens pensez-vous que l'évolution littéraire pourra s'exercer?

— Je ne crois pas à l'avenir du psychologisme ou du naturalisme, ni, en général, de toute école réaliste. Je crois au contraire à l'avènement plus ou moins prochain d'un art très idéaliste, mystique même, fondé sur des techniques absolument nouvelles. Je le crois parce que nous assistons à un développement et à une diffusion de plus en plus grandes des méthodes scientifiques et des efforts industriels ; l'avenir économique des nations y est engagé et les questions sociales nous y forcent, car, en somme, le problème de la vie progressive des peuples se résume ainsi : « *fabriquer beaucoup, à bon marché et en très peu de temps.* » L'Europe est condamnée à ne pas se laisser devancer et même anéantir par l'Amérique qui a depuis longtemps combiné son éducation nationale et toute son organisation pour atteindre ce but.

Donc, oui, je crois à l'avenir d'un art qui serait le contre-pied de toute méthode logique ou historique ordinaire, précisément parce que les cerveaux, fatigués d'efforts purement rationnels, auront besoin de se retremper dans des états d'âme absolument opposés. Voyez, d'ailleurs, la faveur singulière des doctrines occultistes, spirites, etc., qui, elles, sont en contre-sens, puisqu'elles ne peuvent satisfaire ni le raisonnement, ni l'imagination.

— Le symbolisme vous paraît-il être l'une des manifestations de cette tendance nouvelle ?

— Oui, je serais disposé à y voir une intuition peut-être mieux précisée d'un art nouveau.

Mais l'intuition de cet art est de tous les temps. Il y a dans la *Vita nuova*, de Dante, et dans les mystiques espagnols, des pages admirables qui resteront classiques à ce point de vue.

Plusieurs ont compris, parmi les symbolistes actuels, mais plus ou moins vaguement, qu'outre les liens logiques des idées, il pouvait y avoir entre les images des associations inséparables fondées sur des lois purement subjectives. Par exemple qu'entre l'audition de certains sons, la vision de certaines couleurs et le sentiment de certains états d'âme, il pouvait y avoir des liaisons intimes, inexplicables par des concordances objectives, et dont la raison est dans les échos analogues que peuvent éveiller ces sons, ces couleurs, ces états d'âme, sur notre organisation.

Pour être précis : il y a des liaisons entre la vision de la direction de bas en haut et la vision de la couleur rouge, entre la vision de la direction de gauche à droite et la couleur jaune. Une surface rouge paraîtra plus haute, une surface jaune paraîtra plus large, quoiqu'égales entre elles. Depuis longtemps on associe le haut avec les sons aigus, et le bas avec les sons graves, à tort, d'ailleurs, car il y a là l'indice d'un renversement dénotant dans l'âge moderne une évolution bien sensible d'autre part dans la tendance des diapasons vers l'aigu.

— N'y a-t-il pas une analogie entre vos théories et celles de M. René Ghil ?

— Les procédés littéraires de M. Ghil n'ont certainement aucun rapport, de près ou de loin, avec la science. Ce sont des fantaisies individuelles, logiquement construites et qui ont toutes les raisons d'être incompréhensibles. Voyez, au contraire, dans Rimbaud : à côté de folies gigantesques, des intuitions de génie qui vont au cœur de tout être cultivé. Une technique littéraire un peu précise supposerait l'accomplissement d'une psycho-physiologie raffinée dont nous sommes loin. Il y aura toujours, d'ailleurs, à la constitution d'une telle science, des difficultés tenant à l'influence de l'hérédité, de l'histoire spéciale de l'individu, et déterminant des perturbations déjouant toute espèce de loi.

De sorte que, au fond, un art vraiment émotionnel avec de telle technique sera forcément un art plus ou moins personnel, plus ou moins de cénacle, et seulement accessible à des êtres ayant vécu la même vie morale : résultat d'ailleurs vers lequel nous acheminent toutes les exigences de la civilisation moderne et les transformations sociales. Plus nous allons, en effet, plus nous tendons vers l'uniformité ; voyez, en Angleterre, tout le monde porte déjà le chapeau à haute forme, le cocher est un gentleman qui ne se distingue en rien de ses clients, sauf peut-être par un peu plus de tenue ; les porteuses de pain y ont aussi des chapeaux à brides !

Les progrès de l'organisation sociale auront pour effet de simplifier et d'améliorer notre psychologie individuelle. Il est évident, n'est-ce pas, que les drames, par exemple, qui reposent en général sur des malentendus et des quiproquos, n'auront plus aucun sens dans un temps donné ; la féerie remplacera, avantageusement, d'ailleurs, ces acrobaties psychologiques. Les histoires d'amour, qu'on nous rabâche encore, n'ont un sens qu'à cause de notre état social qui met un très petit nombre de femmes en contact avec un très petit nombre d'hommes et qui a besoin d'entourer de protection et de garanties particulières l'acte d'amour. Il est évident que tout cela deviendra incompréhensible le jour où la société se trouvera organisée autrement, les enfants à la charge de l'Etat, par exemple, c'est-à-dire la femme prenant intégralement possession d'elle-même, et devenant libre de choisir et d'aimer en genre et en nombre tous les hommes qu'il lui plaira.

Donc, vous le voyez, la marche nécessaire des progrès industriels et économiques nous mène à une simplification en toutes choses...

— Mais la langue ? dis-je...

— La langue, de même, sera soumise à cette évolution. On en a des exemples frappants ; il est sûr que l'on arrivera à un certain état stable de la langue qui tiendra à une certaine immobilité dans l'évolution des facteurs psychologiques. Je considère l'évolution des langues comme due à la contrariété qui se produit entre les sons naturels des voyelles et les tons de la voix qui expriment le sentiment suggéré par le mot...

— Je ne saisis pas bien, dis-je à M. Charles Henry.

— Exemple : la suggestion d'une sensation excitante par une idée dont le mot se compose de voyelles basses comme *u* et *ou* déterminera fatalement la transformation du vocable en des voyelles plus hautes ; c'est ainsi qu'a pu se faire la transformation de *pater* en *père* ; *a* est un si bémol du troisième octave, *e* est un si naturel du quatrième octave, d'après Helmholtz. L'idée qu'on se faisait de la paternité n'a-t-elle pas évolué? Mais il serait trop long même d'essayer ici à résoudre un problème de cette complication. Pour arriver à quelques notions précises dans cet ordre d'idées, je prépare en ce moment un appareil pour analyser les modifications des bruits et des sons émis suivant l'expression du sentiment; je vous le montrerai un de ces jours.

— En résumé, comment la littérature de l'avenir vous apparaît-elle ?

— Je vois dans l'avenir des gens courbaturés par le calcul intégral, les problèmes de distribution, etc., qui chercheront le repos dans une hydrothérapie physique et morale; oui, l'extraordinaire contention de ces cerveaux exigera pour leur repos des bains de sentiments moraux très élevés, cosmiques, universels, des idylles d'où toute réalité et toutes contingences seront bannies...

M. RENAN

J'ai trouvé M. Renan au milieu d'un nombre considérable de gros tomes ouverts, de revues où se détachaient sur les couvertures et sur les dos le mot: *Religions*.

— Oui, me dit-il, je termine mon histoire des origines du peuple hébreu; je voudrais l'avoir finie pour la fin de cette année, et j'ai hâte de partir en Bretagne pour y travailler à mon aise, sans être distrait par rien...

M. Renan me laissa exposer le but de ma visite, détailler mes questions avec méthode, et me répondit :

— Mon Dieu, monsieur, je n'ai vraiment rien à dire là-dessus, je suis si ignorant, si ignorant de ces choses ! Je viens de vous le dire, je n'ai qu'une hâte... Si j'étais appelé par mes devoirs à parler de la littérature contemporaine, il me faudrait six mois au minimum pour me faire une opinion approximative. Ah ! quand j'aurai fini, peut-être consacrerai-je une ou deux années à regarder autour de moi, je chercherai à m'intéresser aux choses actuelles... Oui, tenez, j'aimerais beaucoup, par exemple, lire des romans... je n'en connais aucun, je m'amuserais volontiers à cela... Mais, en réalité, maintenant je ne saurais quoi vous répondre...

Et, comme je faisais d'incroyables efforts de dialectique pour rattacher généralement les modes littéraires aux évolutions de l'esprit philosophique, M. Renan me dit, les deux mains posées à plat sur ses genoux :

— Les modes littéraires... c'est puéril, c'est enfantin. Ce n'est pas intéressant, non, vraiment. Dans deux ans, il ne sera plus question de tout cela...

Et il ajouta :

— La littérature elle-même, voyez-vous, c'est une préoccupation médiocre...

Mais se ravisant tout d'un coup :

— Pardon, pardon, je retire ce que je viens de dire là, c'est exagéré. Racine a fait de bien belles choses, et Voltaire ! Oh ! les lettres de Voltaire, voyez-vous, c'est divin, quels trésors n'y a-t-il pas là-dedans ! C'est admirable. Oh ! et puis nous avons dans notre temps de grands poètes, Leconte de Lisle, Sully-Prudhomme... Quel homme charmant ! Quel rare esprit, quelle élévation... C'est vraiment un grand esprit... un très beau poète...

— N'avez-vous rien lu d'Emile Zola ? demandai-je.

— J'ai lu un de ses livres, comment appelez-vous cela ?...

— *La Faute de l'abbé Mouret*, dis-je avec une nuance de certitude.

— Juste. Eh bien ! c'est très bien, c'est très bien. C'est trop long... trop long, oui, un peu long... Oh ! c'est un homme d'une valeur incontestable. Mais il y a une telle abondance de descriptions là-dedans... il emploie bien... cent pages pour décrire le Paradou, comme il l'appelle, ce jardin, vous savez ? Oh ! il y a de très jolies choses. Mais enfin, dix pages ç'aurait été très suffisant, cent pages n'est-ce pas ?... Et puis, il y a des répétitions en grand nombre, ce n'est pas écrit, ce n'est pas travaillé, oh non !... c'est fait trop vite, on voit cela. Il aurait fallu encore un an de travail pour le mettre au point, et il aurait élagué, beaucoup élagué... Mais enfin c'est un homme de valeur, assurément.

Il me fallait bien, pourtant, prononcer pour la dernière fois les mots fondamentaux de cette enquête, et je réussis à dire dans un dernier effort : symbolistes, psychologues, naturalistes.

A quoi M. Renan répondit :

— Ce sont des enfants qui se sucent le pouce.

APPENDICE

APPENDICE

Voir page 65.

J'ai rencontré M. Stéphane Mallarmé, qui s'est étonné de n'avoir pas vu figurer les noms de MM. Viellé-Griffin, Gustave Kahn et Jules Laforgue dans le compte rendu de mon entretien avec lui :

Ce sont, m'a-t-il dit, trois des principaux poètes qui ont contribué au mouvement symbolique et que je vous avais désignés à dessein.

Je dois avouer que ces trois noms étaient, en effet, restés dans mon encrier, et je suis très heureux de saisir l'occasion qui se présente à moi de les remettre à la place qui leur appartient.

Voir page 72.

PREMIÈRE LETTRE DE M. JEAN MORÉAS

Paris, 19 mai 1891.

Monsieur,

Je complète (puisque j'y suis si gracieusement invité) les conversations que nous eûmes en l'occurrence de votre Enquête. Et d'abord, que celui-ci ou celui-là, très ignorant de littérature, n'attende de moi réponse à ses propos inconsidérés, car à quoi bon ?

Mais je vais éclaircir certains points de ma doctrine afin que ceux parmi nos lettrés, exempts de vaines rancunes, puissent, mieux renseignés, seconder mon labeur honnête.

Le caractère primordial de la littérature française n'est-il pas, monsieur, en ses meilleurs moments, tout gréco-latin ? Voyez les épopées et les chansons d'amour du douzième siècle; voyez l'école de Ronsard, les tragédies de Racine et les Contes de La Fontaine ; voyez les Eglogues de mon compatriote André Chénier.

Puis un jour le Romantisme se manifeste, presque simultané, dans les diverses littératures européennes. Quels sont les éléments qui le constituent? Une fausse interprétation du génie de Shakespeare; une fausse intelligence de la poésie populaire, un déplorable malentendu de la couleur locale; un pittoresque abusif. Ajoutez-y, monsieur, la sensiblerie fardant le sentiment et la manie de conter pour le plaisir de conter sans démêler la signification analogique des actes humains. Et c'est en France, certes, que l'accident romantique eut les plus funestes conséquences, l'esprit et la langue y étant foncièrement réfractaires à cet art. Les romantiques français, ne pouvant rompre avec le principe latin, le dépravèrent ; croyant enrichir la langue, ils l'ont gavée de termes techniques tandis que le tour de la phrase, mille fois plus précieux que le mot, se dénouait dans la *manière* et le *picturisme*. Ceux qui me hantent de familiarité savent quel est mon respect pour certaines personnalités romantiques : mais il ne s'agit point ici, monsieur, de valeur personnelle quand même, mais bien plutôt du sens d'une phase littéraire.

Cette déviation de caractère, cette tare originelle s'aggrave chez la descendance du Romantisme, j'entends les Naturalistes et les Parnassiens. Le Concept déchoit, la langue s'acoquine. M. Emile Zola fait du pittoresque à la grosse ; les frères de Goncourt affectent un pimpant javanais de rapin. Flaubert s'efforce vers la pureté du style, mais avec quelles défaillances ! Quant aux Parnassiens, ils ont aimé la Poésie, mais un peu à la manière de ces rimeurs du quinzième siècle finissant fanatiques du *paronoméon* qui consiste à n'employer dans un vers que les mots dont la lettre initiale est la même. Et lorsqu'ils nous parlent aujourd'hui du fameux « tremplin de la rime », ils nous font songer à ce pauvre Charles Fontaine criant à Du Bellay : « La difficulté des rimes équivoques te les fait rejeter. » Des deux initiateurs du Parnasse, je dirai : de Théodore de Banville, qu'il écrivit dans un style souvent proche de la saine tradition de douces odelettes dignes de la Renaissance ; et de M. Leconte de Lisle qu'il est l'abbé Delille de notre époque. Cette opinion, monsieur, choquera sans doute, mais attendez : un avenir imminent va me donner raison. M. Leconte de Lisle est l'homme le moins fait pour entendre la Grèce ; son Homère s'accompagne moins nécessairement de la lyre que du « bobre madécasse. »

Et maintenant, puisqu'on m'y force, je répondrai à certaines personnes qui, à bout d'arguments, ont la sottise d'agiter mon origine hellénique : que je m'estime, en mon art, deux fois Français, étant né Grec. Car, à la vérité, le brandon de Poésie que la France, — qui m'apprit à chanter, — porte aujourd'hui avec tant d'éclat, elle le tient de Rome laquelle le tenait de la Grèce immortelle, — qui me donna naissance.

C'est, en effet, l'esprit roman qui préside à la genèse poétique en France ; c'est sa lignée que nous retrouvons (malgré telles apparences) dans Ronsard comme dans Racine. En lui est le germe des seules légitimes nouveautés ; hors lui, il n'y a que bâtardise. C'est pourquoi j'appelle ROMANE la rénovation que je tente.

Ainsi, pour l'intégrité de mon idéal, je dois rompre avec mes amis Paul Verlaine et Stéphane Mallarmé, de qui je sais priser mieux qu'un autre le rare mérite. Car le symbolisme de la première heure souffre de la fatalité des transitions : il est pris du pied droit dans le sépulcre romantique.

Remonter aux sources vives de la langue afin de rendre à la poésie française ce caractère primordial dont j'ai parlé ; évoquer l'âme moderne dans son apparat héréditaire, c'est ce que mon instinct tente dans le *Pèlerin Passionné*. Démontrer au public qu'il n'est ni décadent, ni névrosé, ni anti-patriote, ni sceptique ; que le Satanisme et les « bonnes pourritures bien gratinées » n'existent que dans le cerveau sordide d'un Hollandais, Joris-Karl Huysmans : c'est la nécessité dont s'avise, d'une adhésion déjà féconde, toute une indemne jeunesse.

Je veux, Monsieur, finir cette lettre par un public hommage de ma reconnaissance à M. Anatole France qui, par une critique hardie et loyale, a bien voulu rendre justice à mes efforts, attestant ainsi la race des *Noces Corinthiennes* et de *Leuconoë*.

Veuillez agréer, monsieur, l'assurance de mes sentiments sympathiques.

Jean Moréas.

DEUXIÈME LETTRE DE M. JEAN MORÉAS

Jeudi, 11 Juin 91.

Mon cher Huret.

Voulez-vous être aimable encore une fois?

Supprimez, je vous prie, le nom de Barrès là où il se trouve avec les noms de Morice et Régnier. (C'est tout à la fin de l'interview, je crois.)

Voulez-vous ajouter aussi cette phrase entre mes propos sur Tailhade et Vignier :

Sur Barrès :

— Je l'aime beaucoup. Il a retrouvé la charmante manière de conter des vieux humouristes.

Merci et excusez-moi du mal que je vous donne.

Votre
Jean Moréas.

Voir page 41.

LETTRE DE M. PAUL ADAM

Vous avez rendu, mon cher confrère, un service immense à la jeunesse contemporaine, en publiant votre Enquête littéraire. J'aime à croire que les intelligences nubiles, après avoir lu votre livre, se détourneront désormais du métier des Arts ; car l'acrimonie manifestée par les Maîtres contre leurs successeurs possibles et l'âpre débinage mutuel des ambitieux nouveaux prouvent décidément que la littérature, comme toute autre institution actuelle, ressemble au carreau du Temple où s'acharne l'esprit des négoces concurrents. On a même pu constater que le système protectionniste y prévaut et que les détenteurs de gloire s'efforcent, par les plus perfides artifices, d'interdire aux productions d'autrui l'entrée de ce domaine au rendement fertile.

C'est avec une joie extrême qu'on a pu voir les poètes de la tradition, éternels apprentis de lettres, se formaliser de ne pas obtenir chacun la première place dans la littérature, restée éternellement pour eux une classe de versification.

Mais si l'on pensait que cette manie puérile était particulière aux bardes toujours méconnus, M. Zola, prosateur positif, a pris soin de détromper le monde.

Lui aussi, et perpétuellement, M. Zola veut garder la première place avec les privilèges du banc d'honneur et de l'exemption. L'idée seule que d'autres pourraient bien produire des compositions passables lui met la fièvre au pouls, et le fiel à la plume.

Voilà finie une de mes belles illusions.

M. Brunetière et lui me représentaient les deux consciences artistes les plus saines du temps. Sans qu'il m'advînt d'adopter intégralement les opinions du romancier ou celles du critique, leurs déductions me parurent toujours homogènes, leurs esprits droits et cent fois invariables. Et c'était, à mon sens, un grand apaisement de les voir tels parmi la cohue bruyante des plumitifs qui transforment l'art en ministère et y sollicitent leur place, par l'intrigue, la flatterie, les visites, les dîners, les dédicaces et les exploits d'alcôve.

Or, M. Zola s'évertuait jadis à révéler dans ses rudes écrits la coquetterie malsaine du succès, et combien peu il doit guider nos admirations! Cela nous séduisit. Aujourd'hui le conseiller municipal de Médan, chevalier de la Légion d'honneur, pense de façon différente; et par là, il nous apitoie.

Car enfin, si on le pouvait prendre à part, sincère et bénévole, force lui serait bien d'avouer que c'est trop commode polémique de nier l'œuvre entier d'un groupe littéraire en critiquant avec rancune l'auteur de quelques sonnets excellents à coup sûr et de quelques pastiches heureux des vieux poètes. Feindre de le tenir pour la seule figure importante du groupe parce que le reportage favorisa cet expert joueur de lyre, voilà qui est malicieux. Au fond M. Zola connaît trop bien les habitudes de notre critique pour ne pas avoir deviné que, si elle mena quelque tapage autour d'un nom, elle jouait là une habile manœuvre d'adversaires, heureux de réduire à la parcimonie d'un seul l'effort d'une série notable de penseurs envahissants. La porte à enfoncer était grande ouverte. C'est sot d'en avoir profité à si grand fracas.

Car M. Zola nous accabla fort.

Très fier de sa grosse vente, il insinue constamment qu'elle prouve l'infaillibilité de son génie et de son jugement. La raison est misérable. Il devrait se souvenir que MM. Ohnet et Daudet, par exemple, vendent à peu près autant: et cela ne suffit cependant point à leur acquérir l'estime des artistes qui ne dînent pas chez eux. Il lui faudrait bien en outre réfléchir que le jour où son libraire vend 100.000 volumes de *Nana*, 99.900 acheteurs s'imposent la dépense de 2 fr. 75 afin de lire surtout les quatre passages érotiques y contenus. Les cent lecteurs restants, dont je me pique d'être, admirent seuls sa virtuosité d'artiste. Par conséquent, si M. Zola n'avait jamais eu l'idée de traiter la passion génésique, il eût gardé de cent à mille lecteurs convaincus et légitimes, ce qui n'eût rien retranché à sa valeur d'écrivain et l'eût gardé des raisonnements piteux. Il a donc mauvaise grâce de reprocher la vente restreinte de ceux qui s'adressent expressément à une petite élite.

Par un autre procédé bizarre de sa critique, M. Zola aime affirmer que ses adversaires ne présentent pas d'œuvre à leur actif. Cette accusation semble d'une gratuité un peu naïve. Supposons un instant, en effet, que le symbolisme ait précédé le naturalisme et qu'il eût plu à M. Jean Moréas, puisque M. Zola le salue maître d'École, de dire perpétuellement que le naturalisme ne possédait pas d'œuvre à son actif malgré les *Assommoir*, les *Curée*, les *En ménage*, les *Lucie Pellegrin*, les *Madame Mœuriot*, etc... M. Zola eut, en quelques lignes de belle virulence, accusé M. Jean Moréas de mauvaise foi. Pourquoi nier dès lors le titre d'œuvre aux *Moralités légendaires* de Laforgue, à l'*Anceus* de M. Griffin, aux *Poèmes Romanesques* de M. de Régnier, aux *Hantises*, aux *Lauriers sont coupés* de M. Dujardin, aux contes de M. Bernard Lazare et aux livres de tels et tels à qui il ne manque, pour gagner la gloire de M. Barrès, que de faire antichambre chez les vieilles amies du critique à la mode.

Peut-être M. Zola répondra-t-il n'avoir rien lu de ces écrits-là. Bien que cette défaite prenne de l'usage, elle implique au moins une assez folle légèreté. Il appartient à l'ignorant de se taire, non de se vanter de son ignorance et de s'en faire un mérite.

En définitive, ce candidat à l'Académie renie depuis quelque temps les idées loyales et vigoureuses qui nous l'avaient jadis rendu si cher. Pour conserver sa place dans l'admiration publique, il emploie, à se débattre, les plus vulgaires procédés du reportage, flagorneur envers les puissants et dur aux hommes armés de leur seule indépendance. Cela ne suffira point pour nous faire nier les cinq ou six feuillets de haute littérature qu'on rencontre chaque hiver dans sa redite annuelle, mais qu'il nous soit permis de nous étonner à le voir si différent de soi.

Que des personnes attachées à des journaux et qui en vivent grassement se liguent pour empêcher les écrivains nouveaux de mordre à leur tartine, — rien de plus humain. M. Zola n'est pas, que je sache, attaché à aucune gazette. Pourquoi donc cette mauvaise tenue ?

Il importerait cependant de terminer le conflit.

En somme, tout cela n'est que triste verbiage. Les artistes d'une époque pensent, peinent, produisent afin de créer un rythme de pensée générale qui se développe, s'enrichit et s'accroît pour trouver sa forme, un jour, dans le génie qui caractérisera cette époque. Nous nous agitons afin de produire à notre tour l'atmosphère mentale nécessaire pour qu'il nous naisse un homme digne de continuer la série : « Moïse, Eschyle, Virgile, Dante, Rabelais, Shakespeare, Goethe, Flaubert et Laforgue. »

Il nous touche moins de savoir si M. Ajalbert l'emporte sur M. de Maupassant, M. Margueritte sur M. Bourget, et M. Péladan sur M. de Montépin. A peine pouvons-nous dire que certains marquent plus spécialement la direction générale de la mentalité et qu'il est, dans le monde de la pensée, des créateurs plus spéciaux comme Hennique et Rosny, Zola et Alexis, Loti et Mirbeau, Goncourt et Hervieu.

Mais l'œuvre de distribuer ces noms sur les feuilles d'un palmarès serait excessivement grotesque.

Au lieu de nous abîmer mutuellement et publiquement pour la joie du philistin qui se gausse, il serait sans doute sage et noble d'entreprendre avec quelque sérieux un examen contradictoire sur la question qui nous divise.

Que M. Zola, que la critique, s'accordent avec nous pour choisir un sujet commun de discussion littéraire, une œuvre symboliste définitive, en prose.

Afin d'écarter le soupçon de réclame, prenons un auteur mort de privations et d'ascétisme dans la pure foi à l'Art ; Jules Laforgue, si vous le voulez bien, Messieurs, et ses *Moralités légendaires*.

Vous aurez la complaisance de lire avec quelque attention aussi impartialement que possible. Pour une fois vous laisserez à part votre souci constant de prévoir ce que penseront du verdict la dame chez qui l'on dîne le samedi et le monsieur chez qui l'on cause le dimanche. Puis, dans les feuilles où vous prîtes l'habitude de légiférer, vous coucherez votre sentiment, sous cette condition loyale que là même ou vous aurez opiné il nous sera loisible de répondre. Même vous vous inquièterez de pourvoir à ce que le directeur de la feuille, étonné de nous voir lui offrir autre chose qu'une réclame payante pour le purgatif Untel ou la dernière entreprise sur les Métaux ne vous éconduise avec cette politesse d'usage : « Je regrette infiniment ; mais mon public est trop bête pour s'intéresser à cela. »

Si la critique accepte cette sorte de discussion, nous pourrons enfin croire que ce n'est pas la peur de révéler son ignorance qui l'empêche de se prononcer.

Agréez, mon cher confrère, les meilleurs de mes hommages.

PAUL ADAM.

Voir page 181.

J'ai reçu de M. Huysmans la lettre suivante que je crois devoir publier intégralement, malgré des appréciations trop bienveillantes, et qui, dans son entier, constitue une rectification qu'il importe de noter :

Paris, 6 avril 1891.

Mon cher confrère,

Votre interview est très vivant, très exact et je vous suis reconnaissant de tout le côté sympathique qu'il décèle pour moi.

Il y a cependant deux phrases qui mériteraient bien, je crois, d'être rectifiées.

L'une, détraquée par une erreur de typographie, me fait prendre le Pirée pour un homme et dire « le clou de Jean-Baptiste Girofle », alors qu'il s'agit de la « plante de Saint-Jean-Baptiste, le clou de girofle. »

L'autre est relative à mon chat qui, tel que vous l'amenez dans le récit de notre conversation, semble m'avoir servi de point de comparaison avec Moréas et déclaré par moi supérieur à l'écrivain, parce qu'il est castré!!

Or, ce que j'ai dit du chat n'avait aucun rapport ni avec Moréas, ni avec le symbolisme ; c'était en dehors de toute espèce de littérature.

A part cela, je le répète, votre interview est parfait et je vous en remercie.

Bien à vous, mon cher confrère.

J.-K. HUYSMANS.

Voir page 207.

J'ai reçu, depuis ma conversation avec Octave Mirbeau, une lettre de lui d'où je me permets de détacher le paragraphe suivant, parce qu'il complète notre entretien :

Oui, mon cher ami, l'art doit être socialiste, s'il veut être grand. Car, qu'est-ce que cela nous fait les petites histoires d'amour de M. Marcel Prévost, et ses petites combinaisons ? Ce n'est plus rien, c'est de la marchandise, comme des balles de coton, des caques de harengs ; encore ces marchandises-là sont utiles, et celles de M. Marcel Prévost ne sont utiles à rien, puisqu'elles n'évoquent aucune beauté, aucune pensée, aucune lueur...

Voir page 219.

LETTRE DE M. JOSEPH CARAGUEL.

Mon cher Huret

Je profiterai de vos scrupules professionnels pour revenir sur une déclaration que faussa le souci de la rendre concise. Ma caractérisation du médanisme n'est plus applicable à MM. Hennique et Céard, dont les œuvres de maturité diffèrent sensiblement de leurs premières tentatives ; et elle ne l'est qu'en partie à M. Alexis, cet écrivain reproduisant la normale sécheresse de notre race, avec la même naïveté que le vieux Furetière. Elle ne décrit donc, avec une suffisante rigueur, que l'ignominie intellectuelle de l'auteur de Sac au dos et de Là-bas.

Maintenant, permettez-moi de m'accuser d'un tort moins excusable. Nous aurions tous dû — particulièrement ceux qui, l'ayant vu de près, avions pu l'admirer jusque dans ses virtualités — dire l'influence prépondérante qu'eut Emile Hennequin sur l'évolution des lettres contemporaines. Ce précoce et puissant esprit fut, en même temps que le poète intense et le critique supérieur, connus et salués de tous les lettrés, un rare divinateur d'hommes et un propagandiste d'idées aussi sagace qu'audacieux. Que de talents il découvrit, à leur germe même ! que de théories, depuis victorieuses, il osa le premier répandre, sans seulement les adultérer de la courtisane apparence des paradoxes ! Et j'allais oublier son charme intime, sa prédication orale, qui nous faisaient si douces et profitables les heures dont son amitié nous gratifiait. Ces constatations, toutes glorifiantes du cher ami mort, nous n'avons pu manquer de les faire que dans l'enivrement de la combativité. Aussi bien, qu'importe, sinon à nos cœurs, cette négligence de notre justice ! Le théoricien si largement original de l'Esthopsychologie, l'analyste, qui, à chacune de ses études, atteignit au chef-d'œuvre, n'est-il pas assuré de vivre aussi longtemps que les maîtres dont il pénétra le génie et que la méthode, si féconde en ressources, dont il dota et amplifia la critique !

Joseph Caraguel.

Voir page 271.

LETTRE DE M. AJALBERT

Cher Monsieur

Je lis notre conversation ! J'ai beaucoup bavardé sans guères répondre pourtant à votre consultation *in extremis* sur la littérature d'aujourd'hui — qui n'est pas si malade en somme, et compte un nombre de beaux et fiers talents ! Les citer ? Je ne veux pas paraître dresser un palmarès de mes amitiés et de mes admirations. Je me contenterai d'ajouter que je trouve qu'il y a plus de symboles dans l'*Homme à la cervelle d'or* de Daudet, ou dans les *frères Zemganno* de Goncourt que dans les vers de bien des symbolistes ; et, qu'avec ou sans symbole, *Sapho*, et d'autres œuvres du maître, ne me semblent pas déshonorer la littérature française autant que le déclarent les féroces de chez Vannier.

Cette omission réparée, il faut que je m'accuse d'une autre. Il n'est pas permis à ceux de notre génération de parler aussi longtemps que j'ai fait, sans nommer J.-H. Rosny, sans affirmer de hautes sympathies devant le labeur énorme, la grave intelligence, la ferme intégrité littéraire de J. H. Rosny. Lui a donné du *nouveau*, et, robuste de foi dans l'avenir, par des œuvres maîtresses comme le *Bilatéral*, les *Xipéhuz*, le *Plateau de Tornadres*, la *Légende sceptique*, *Daniel Valgraive*, en aiguillant le roman vers la science et le socialisme, il pourrait bien avoir prévu la littérature de demain...

Si je parle de Rosny seul, c'est que des nôtres il est le premier par le talent — et le moins gâté de tous par une critique, assez aimable aux œuvres de transition, implacable aux œuvres hardiment en avant, comme celles de J.-H. Rosny, dont nous devons répéter le nom d'autant plus que l'injustice est plus grande. Je vous serais donc reconnaissant tout à fait de publier cette addition à mon interview.

Veuillez agréer mes salutations les plus distinguées.

JEAN AJALBERT.

Voir page 285.

INCIDENT LECONTE DE LISLE-ANATOLE FRANCE

A M. J. Huret, rédacteur de l'Echo de Paris.

Paris, le 29 avril 1891.

Monsieur,

Vous avez publié, dans l'*Echo de Paris* du 28 de ce mois, un interview dans lequel M. Leconte de Lisle me traite avec une animosité si vive, que je serais tenté d'y découvrir les vestiges d'une vieille amitié. Je n'aurais pas pris garde à ces violences d'un poète épique, si la tournure n'en était singulièrement équivoque et, par endroits, tout à fait inintelligible à la plupart des lecteurs. En effet, M. Leconte de Lisle se plaint de ce que je l'ai « odieusement offensé », exprimant par là que mes articles sur quelques-uns de ses ouvrages n'ont point répondu à l'idée qu'il s'était formée lui-même de son mérite. Et ces termes « d'odieuse offense » lui semblent à peine suffisants pour exprimer le tort que j'eus de ne pas l'admirer assez, tout en l'admirant beaucoup. Les hommes de lettres ont dû comprendre ce langage et deviner tout de suite pourquoi le poète me voulait tant de mal. Mais le public, étranger à nos mœurs littéraires, a pu croire raisonnablement qu'on me reprochait des torts d'un tout autre ordre, plus graves à ses yeux, et que, certes, je n'eus jamais.

Dans son zèle à combattre ceux qui, aimant la poésie, ne l'aiment point toute en lui, M. Leconte de Lisle a déclaré « qu'il estime peu mon caractère ». C'est assurément du caractère de ma littérature qu'il veut parler. Car il est hors d'état de rien blâmer dans ma vie privée, et je lui défends bien de le faire.

Si, hors mes articles, il croit avoir à se plaindre de moi, qu'il le dise et parle avec franchise et clarté. Je saurai lui répondre. En attendant, respectueux et désarmé devant un homme de son âge et de son talent, je n'accepte qu'avec regret l'obligation où il m'a mis de relever publiquement la légèreté pitoyable de ses propos.

Veuillez agréer, monsieur le rédacteur, etc.

ANATOLE FRANCE.

Avant de reproduire cette lettre, j'avais pensé qu'il était de mon devoir strict de la communiquer à l'illustre maître qu'elle vise.

Voici la lettre que M. Leconte de Lisle m'a adressée à la suite de cette communication :

A Monsieur Jules Huret, rédacteur à l'Echo de Paris.

Monsieur,

Voici ma réponse à la lettre que M. France vous a adressée et que vous avez eu l'obligeance de me communiquer.

La vie privée de M. France ne me préoccupe ni ne m'intéresse en aucune façon.

D'autre part, malgré mon âge et toute la distance qui nous sépare, je suis prêt à lui accorder l'honneur d'une rencontre.

Deux de mes amis attendront ses témoins chez moi, 64, boulevard Saint-Michel, dimanche 3 mai, à deux heures de l'après-midi.

Agréez, je vous prie, monsieur, l'assurance de mes meilleurs sentiments.

LECONTE DE LISLE.

A Monsieur Jules Huret, rédacteur de l'Echo de Paris.

Monsieur,

Je trouve dans l'*Echo de Paris* une lettre que vous adresse M. Leconte de Lisle et par laquelle il annonce que deux de ses amis attendront mes témoins chez lui, dans l'après-midi de dimanche. Mes témoins ne devaient point venir et ils ne viendront point. Je n'ai jamais eu l'intention de lui en envoyer.

Je l'ai encore moins après ce qu'il vous a écrit. Car, dans sa lettre, il me donne la seule satisfaction que j'avais le droit et le devoir d'attendre. Il y déclare qu'il ne s'occupe point de ma vie privée. Il ne le fait pas sans doute de très bonne grâce, mais, pour lui avoir coûté, la satisfaction qu'il me donne ne m'en est que plus précieuse. Il la devait à la vérité ; c'est moi qui l'en remercie.

Je n'ai jamais manqué au respect qui lui est dû. S'il oublie généreusement en ma faveur qu'il est né en 1820 il est de mon devoir de ne pas l'oublier. Faut-il donc que je lui apprenne qu'il est une de ces gloires auxquelles on ne touche pas ?

Veuillez agréer, monsieur le rédacteur, l'assurance de ma considération distinguée.

ANATOLE FRANCE.

Voir page 328.

Il m'a paru de quelque utilité de rapprocher des allusions de M. Laurent Tailhade relatives à M. Alphonse Daudet, la lettre suivante écrite en 1889 par M. de Goncourt au Directeur du *Gaulois* :

6 novembre 1889.

Monsieur le directeur,

Dans l'article paru ce matin dans le *Gaulois*, et ayant pour titre : « l'Académie des frères de Goncourt », une erreur a été commise par M. Mario Fenouil. Alphonse Daudet a été, en effet, nommé par moi mon exécuteur testamentaire ; mais cette charge, dont il a bien voulu prendre l'ennui et l'occupation, est une marque toute gratuite d'amitié qu'il me donne, car il sait pertinemment, d'après mon testament, qu'il a eu entre les mains, que je ne lui laisse absolument rien.

Agréez, monsieur le directeur, l'assurance de ma parfaite considération.

EDMOND DE GONCOURT.

Voir page 333.

LETTRE DE M. JEAN RAMEAU

13, rue de l'Arc-de-Triomphe.

Monsieur,

Ce m'est toujours une grande joie de lire du Laurent Tailhade. J'estime d'abord que cet homme mûr est le seul qui ait quelque talent, parmi les innocents ratés qui se sont laissé dénommer « décadents » sentant fort bien, certes, qu'une épithète, quelle qu'elle fût, les honorait encore beaucoup.

Ensuite, M. Laurent Tailhade est un de mes vieux camarades. J'ai, de lui, des dédicaces flatteuses où il me témoigne « de son estime et de sa sympathie artistique ». Quoi qu'il m'éreinte abondamment depuis quelques années — comme il éreintera ses amis actuels, s'ils s'avisent de sortir de l'ombre — je le laisse dire tout à son aise et je m'amuse énormément à sa prosodie.

Mais où il a tort, c'est quand il fait profession de mépriser le monde et le basbleuisme ; M. Tailhade se laissait volontiers appeler « le poète mondain » quand j'arrivai à Paris. La dernière fois que je le vis, ce fut, si je ne me trompe, chez une comtesse de la rue Saint-Honoré, et l'on raconte qu'une autre comtesse qui demeure dans les environs de la gare Saint-Lazare, et très suspecte de basbleuisme, hélas! le comptait parmi ses fidèles.

Maintenant, que les poésies déclamées par M. Tailhade aient eu quelques succès dans ce milieu, je n'oserais l'affirmer. Mais ce n'est pas une raison pour mépriser les malheureux poètes dont les vers ont eu un sort différent.

Veuillez agréer, monsieur, l'assurance de mes sentiments bien distingués.

JEAN RAMEAU.

Voir page 236.

LETTRE DE M. GUSTAVE GEFFROY

J'ai reçu de M. Gustave Geffroy, un mot, dans lequel il est dit :

Voulez-vous mettre à sa place le nom d'Alphonse Daudet, prononcé par moi avec les noms des initiateurs du roman de ce temps? Daudet, est, dans ma vie, un haut talent que j'admire et une grande amitié dont je suis...

FIN

INDEX DES NOMS CITÉS

A

Achillini (l'), 330.
Adam (Mme Juliette). 380.
Adam (Paul), 41, 52, 92, 191, 192, 194, 214, 273, 429.
Ajalbert (Jean), 246, 253, 271, 317, 433, 438.
Alexis (Paul), 43, 188, 250, 255, 329, 402, 433, 436.
Angelico (l'), 132.
Aristophane, 226.
Aristote, 143, 372.
Arpentigny (d'), 53.
Auber, 252.
Aubigné (Agrippa d'), 81.
Aurier (G. L.), 130, 140, 153, 213, 345.

B

Bacon, 188.
Baculard d'Arnaud, 198.
Balf (du), 393.
Baju (Anatole), 329.
Balzac, 37, 50, 53, 81, 130, 170, 178, 188, 197, 204, 225, 232, 240, 253, 298, 357, 403.

Banville (Théodore de), 107, 280, 298, 323, 343, 374, 427.
Baour-Lormian, 79, 321.
Barbey d'Aurevilly, 37, 141, 181, 210, 253.
Barlet, 39.
Barrès (Maurice), 6, 10, 12, 13, 14, 16, 34, 42, 44, 52, 73, 83, 86, 87, 96, 103, 104, 128, 141, 175, 180, 199, 214, 234, 240, 266, 272, 286, 312, 319, 331, 332, 353, 366, 404, 429, 432.
Bashkirtseff (Marie), 16.
Bataille (Charles), 288.
Batilliat (Marcel), 114.
Baudelaire, 80, 128, 131, 135, 136, 191, 204, 273, 279, 290, 307, 343.
Beaubourg (Maurice), 21, 34.
Beaume (Georges), 260.
Beethoven, 38.
Bellay (du), 427.
Bergerat (Émile), 363.
Bernard (Claude), 36.
Bernardin de Saint-Pierre, 367.
Bertrand (Aloysius), 307.
Berr (Mary), 114.
Bisson (Alexandre), 268.
Blaize (Jean), 260.

Blanche (Jacques), 23, 29.
Blavatska (Mme), 99.
Blémont (Émile), 378.
Blondel (Antony), 259, 260.
Bœhm (Jacob), 142.
Boileau, 75, 78, 88, 139, 251, 294, 330.
Bois (Jules), 42, 47.
Bonaparte, 411.
Bonnamour (Georges), 21.
Bonnetain (Paul), 41, 230, 241, 253, 256, 259, 265.
Borel (Petrus), 288.
Born (Bertram de), 152.
Bossuet, 237, 331.
Botticelli, 99.
Bouchor (Maurice), 259, 316, 322, 338, 369, 378.
Boulanger (général), 23, 191.
Bourges (Elémir), 32, 244, 259.
Bourget (Paul), 3, 5, 12, 18, 21, 44, 104, 175, 183, 193, 194, 199, 215, 235, 257, 266, 285, 312, 317, 318, 332, 353, 369, 378, 403, 433.
Bourson (Alexandre), 114.
Boutroux, 20.
Boys (Jean du), 288.
Bracquemond, 236.
Brinn'-Gaubast, 133.
Brown-Sequard, 405.
Bruant, 377.
Brunetière (Ferdinand), 315, 401, 430.
Burne-Jones, 128, 399.
Busnach (William), 224.

C

Caraguel (Joseph), 90, 100, 103, 219, 239, 253, 282, 436.
Carlyle, 129.
Carnot, 235, 362.
Carrière, 108, 236, 367.
Case (Jules), 259.
Castro (Eugenio de), 115.
Cazalis, 311.
Céard (Henry), 43, 193, 255, 436.
Cervantes, 50, 330.
Chamfort, 358.
Champfleury, 223, 224.
Chateaubriand, 37, 131, 167, 229, 311, 411, 426.

Chénier (André), 69, 75, 78, 237, 303, 304, 426.
Cherbuliez (Victor), 362.
Chéret, 237.
Chevassu (Francis), 22.
Cladel (Léon), 62.
Claretie (Jules), 354.
Clerc (Georges), 338.
Clozel (J.), 114.
Collière (Marcel), 340, 341.
Comte (Auguste), 407, 411.
Condillac, 200.
Constant (Benjamin), 1, 225, 311.
Constans, 190.
Copernic, 143.
Coppée (François), 8, 152, 271, 298, 301, 310, 311, 312, 320, 323, 375.
Corbel (Henri), 114.
Corbière (Tristan), 140, 275.
Corneille, 69, 75, 78, 237, 281, 336, 338, 411.
Cotte (Blanche), 289.
Courbet, 398.
Couturat (Gaston et Jules), 114.
Cromwell, 412.
Cros (Charles), 289, 307, 336, 402.
Cros (Edmond), 114.
Cuss (Nicolas de), 143.

D

Dan, 53, 154, 226, 309, 310, 329, 372, 399, 415, 433.
Darien, 253.
Darwin, 26, 98.
Darzens (Rodolphe), 128, 339.
Daudet (Alphonse), 4, 11, 82, 90, 167, 169, 170, 190, 225, 232, 253, 257, 259, 264, 311, 318, 328, 403, 431, 438, 442, 444.
Daudet (Mme), 403.
Delacroix, 236.
Delaroche (Achille), 83, 292.
Delavigne (Casimir), 74.
Delille, 110, 427.
Delpit (Albert), 192, 363.
Denise (Louis), 133.
Dequillebecq (Léon), 114.
Desbarolles, 53.
Descaves (Lucien), 141, 181, 205, 230, 242, 246, 248, 252, 256, 259, 265.

INDEX DES NOMS CITÉS

Deschamps (Eustache), 196.
Deschamps (Léon), 355.
Deschanel (Émile), 331.
Desjardins (Paul), 104.
Devoluy (Pierre), 114.
Diane (Comtesse), 327.
Dickens, 90, 403.
Diderot, 188. 197, 237.
Dierx (Léon), 62, 257, 289, 298, 313.
Dolent (Jean), 379.
Donnay, 338.
Donne, 151.
Dorchain. 322.
Dostoiewski, 29.
Dow (Gérard), 132.
Dubus (Édouard), 133, 315, 400.
Duc-Quercy, 119.
Dujardin (Edouard), 92, 276, 432.
Dumas fils, 53, 90, 268.
Duranty, 188, 189.
Dürer (Albert), 50, 177.
Duret, 99.

E

Eeckhoud (Georges), 392, 406.
Elliot, 227.
Emerson, 125.
Epictète, 160.
Eschyle, 105, 122, 125, 162, 433.

F

Fabié, 317, 322.
Fénelon, 79.
Fénéon (Félix), 72, 92, 276.
Feuillet (Octave), 17, 43, 44, 355, 396.
Fèvre (Henry), 253.
Fillon (Auguste), 192.
Flammarion, 53, 99.
Flaubert, 2, 64, 135, 136, 141, 167, 170, 178, 181, 188, 190, 213, 223, 225, 226, 227, 231, 232, 240, 253, 255, 264, 318, 381, 391, 408, 427, 433.
Forain, 177, 184.
Fouquier (Henry), 90.
France (Anatole), 2, 12, 21, 39, 71, 81, 104, 139, 143, 180, 228, 234, 251, 285, 294, 311, 312, 314, 335, 343, 404, 428, 439, 440, 441, 442.

Franck (César), 107.
Fromentin, 248.
Furetière, 197, 331, 436.

G

Galilée, 143.
Gall, 42.
Gandillot, 151, 268.
Gaud (Auguste), 114.
Gautier (Théophile), 131, 224. 318, 368.
Geffroy (Gustave), 236, 240, 246, 253, 444.
Geoffroy Saint-Hilaire, 204.
Germain (Auguste), 29.
Ghil (René), 82, 96, 108, 329, 355, 416.
Gide (André), 21.
Gilkin (Iwan), 392, 406.
Gille (Ph.), 192.
Gille (Valère), 406.
Gilles de Retz, 182.
Gineste (Raoul), 378.
Giraud (Albert), 392, 406.
Glatigny (Albert), 297, 298.
Godet (Robert), 260.
Gœthe, 50, 53, 124, 153, 311, 359, 399, 433.
Goncourt (les), 2, 4, 5, 11, 17, 33, 64, 131, 141, 160, 166, 170, 178, 181, 183, 188, 190, 191, 225, 231, 232, 237, 240, 245, 252, 253, 257, 259, 261, 264, 271, 311, 318, 328, 329, 398, 427, 433, 438, 442.
Goudeau (Émile), 336.
Gourmont (Remy de), 133, 134, 153, 184, 212, 253, 343.
Grenet-Dancourt, 268.
Gualta (Stanislas de), 39, 40, 357.
Guerne (Vicomte de), 285, 338.
Guesde, 172.
Guiches (Gustave), 230, 243, 246, 254.
Guilbert (Yvette), 328.

H

Halévy (Ludovic), 215.
Haraucourt (Edmond), 259, 285, 316, 334.
Hegel, 67, 161.
Heine (Henri), 6, 20, 377, 399.

Hello, 183.
Helmholtz, 112, 418.
Helvétius, 200.
Hennequin (Emile), 103, 275, 437.
Hennique, 5, 32, 43, 52, 168, 205, 252, 255, 259, 265, 433, 436.
Henry (Charles), 405, 413.
Héraclite, 143.
Hérédia (José-Maria de), 6, 92, 285, 298, 301, 320, 335, 340, 343, 402.
Hermant (Abel), 253, 261.
Hérold (Ferdinand), 309, 311.
Hervieu (Paul), 21, 29, 214, 215, 265, 433.
Hervilly (Ernest d'), 355.
Hinzelin (Emile), 21.
Homère, 122, 226, 316, 380, 416, 427.
Hoffmann, 399.
Hugo, 50, 53, 56, 77, 78, 79, 81, 83, 95, 101, 104, 131, 132, 160, 167, 172, 178, 197, 215, 253, 278, 283, 288, 294, 295, 296, 306, 309, 316, 335, 336, 343, 348, 349, 350, 351, 352, 353, 354, 363, 378, 399, 411.
Huysmans, 5, 32, 43, 100, 136, 140, 141, 143, 157, 168, 174, 176, 240, 246, 250, 251, 253, 255, 256, 259, 265, 357, 366, 378, 428, 435, 437.

J

Jacolliot, 99.
Jésus, 155, 158.
Jhouney (Albert), 50, 53.
Jullien (Jean), 106, 266, 335.

K

Kahn (Gustave), 44, 92, 102, 111, 257, 273, 392, 413, 425.
Kant, 67, 129.
Knopff (Georges), 114, 392.
Krudner (Mme de), 311.
Krutzer, 400.
Krysinska (Marie), 69.

L

Labruyère, 79, 151, 162, 358.
Lacuria (abbé), 39.
Lacurne de Sainte-Palaye, 180.
Lafenestre, 289.

Lafitte (Pierre), 407.
La Fontaine, 69, 75, 139, 237, 304, 426.
Laforgue (Jules), 51, 102, 128, 136, 163, 184, 213, 252, 275, 307, 389, 392, 402, 413, 425, 432, 433, 434.
Lamartine, 78, 106, 131, 132, 314, 343.
Lantoine (Albert), 114.
La Rochefoucauld, 358.
Lautréamont, 402.
Lavedan (Henry), 259.
Lazare (Bernard), 45, 92, 140, 309, 344, 355, 432.
Lebrun, 320.
Leconte de Lisle, 6, 50, 215, 257, 278, 285, 296, 298, 302, 306, 308, 310, 316, 320, 323, 332, 335, 343, 421, 427, 439, 441.
Lecoq, 299.
Le Goffic (Charles), 378.
Lemaître (Jules), 6, 10, 44, 90, 104, 139, 251, 283, 343, 404.
Lemmen, 400.
Lemonnier (Camille), 41, 382, 392.
Lepelletier, 289.
Lermina (Jules), 40.
Leroux (Hugues), 328.
Leroy (Grégoire), 128, 392.
Lévy (Eliphas), 99.
Leclercq (J.), 133, 357.
Lippi (Filippino), 99.
Littré, 104, 411.
Lombard (Jean), 259, 260.
Lombardi (V. Em. C.), 115.
Lorin (Georges), 336.
Loris (Guillaume de), 152.
Lorrain (Jean), 32, 141, 181, 214, 257.
Loti, 6, 90, 433.
Loyola (Ignace de), 22, 101, 331.
Lulle (Raymond), 160.
Luther, 143.
Lyly, 151, 152.

M

Machiavel, 143.
Madeleine (Jacques), 378.
Maeterlinck (Maurice), 116, 141, 154, 183, 215, 216, 235, 253, 268, 365, 383, 392.
Magnard (Francis), 212, 243.
Maistre (de), 6.

INDEX DES NOMS CITÉS

Maizeroy (René), 333.
Malherbe, 54, 75, 78, 295, 331.
Mallarmé (Stéphane), 33, 55, 66, 82, 89, 90, 91, 93, 95, 101, 102, 107, 109, 110, 111, 115, 128, 132, 135, 139, 143, 173, 181, 194, 214, 215, 234, 252, 257, 258, 266, 272, 283, 299, 307, 311, 315, 326, 343, 396, 398, 400, 401, 402, 425, 428.
Margueritte (Paul), 32, 141, 168, 181, 230, 243, 246, 252, 258, 265, 358, 433.
Marin (Chevalier), 152, 330.
Marsoulan, 98.
Marot (Clément), 75.
Martin (Alexis), 289.
Massenet, 115.
Maupassant (Guy de), 5, 43, 90, 100, 168, 224, 255, 257, 366, 403, 433.
Maurel (André), 21.
Maurras (Charles), 22.
Mayssonnier (D.), 114.
Meilhac, 215, 268.
Memling, 99.
Ménard (Louis), 20, 344.
Mendès (Catulle), 6, 7, 32, 53, 55, 62, 128, 137, 143, 215, 216, 257, 286, 311, 315, 320, 323, 340, 343, 368, 376.
Mérimée, 83.
Merrill (Stuart), 114, 133, 154, 293, 341.
Méténier, 328
Meung (Jean de), 152.
Michelet (Emile), 103, 338.
Michelet (Jules), 225.
Mikaël (Ephraïm), 128, 163, 300, 340, 342, 344.
Mirbeau (Octave), 32, 102, 110, 128, 139, 143, 168, 207, 239, 246, 253, 259, 265, 357, 365, 366, 433, 436.
Moïse, 433.
Molière, 19, 237, 330, 360, 361, 411.
Monet (Claude), 236.
Montaigne, 143.
Montépin (Xavier de), 433.
Montorgueil (Georges), 192.
Moréas (Jean), 8, 9, 12, 19, 24, 44, 64, 70, 71, 72, 87, 88, 89, 91, 95, 96, 101, 102, 106, 109, 110, 111, 128, 133, 139, 140, 152, 172, 176, 180, 192, 235, 247, 251, 252, 268, 272, 273, 274, 275, 293, 300, 301, 309, 323, 326, 329, 331, 332, 341, 364, 376, 378, 400, 401, 426, 429, 432, 435.
Moreau (Gustave), 99.
Morhardt, 107.
Morice (Charles), 64, 83, 102, 103, 106, 111, 133, 140, 152, 172, 214, 259, 268, 319, 321, 344, 364, 401, 429.
Morice (William), 129.
Mourey (Gabriel), 46, 51.
Murger (Henry), 288, 355.
Musset, 51, 83, 152, 295, 332.

N

Nerval (Gérard de), 28, 140, 273.
Nouveau (Germain), 140.
Nyst (Raymond), 392.

O

Ohnet (Georges), 43, 363, 431.

P

Page (Paul), 115.
Pailleron (Edouard), 268.
Papus, 39, 40, 46, 52, 101, 357.
Paracelse, 143.
Paraclet, 157.
Pascal, 237, 245, 251, 319.
Pasteur, 99.
Péladan (Joséphin), 36, 46, 47, 52, 101, 247, 266, 273, 333, 357, 378, 433.
Pelletier (Jacques), 303.
Philibert (Jean), 114.
Picard (Edmond), 382.
Pic de la Mirandole, 143.
Pigeon (Amédée), 260.
Pissaro, 236.
Platon, 149.
Plessys (Maurice du), 82.
Poë (Edgar), 34, 53, 128, 319, 399.
Poictevin (Francis), 141.
Pomar (duchesse de), 99.
Ponchon (Raoul), 369, 373, 374.
Poubelle, 40.
Prévost (Marcel), 25, 26, 29, 366, 436.

Puvis de Chavannes, 99, 108, 128, 143, 214, 307, 341.
Pythagore, 40.

Q

Quellien, 378.
Quillard (Pierre), 92, 106, 128, 146, 285, 300, 309, 338, 340.
Quillot (Maurice), 21, 22.
Quinet (Edgar), 394.

R

Rabelais, 50, 143, 201, 226, 274, 330, 338, 389, 433.
Racine, 54, 69, 75, 78, 88, 237, 304, 331, 411, 421, 426.
Raffaëlli, 177, 237.
Rameau (Jean), 333, 443.
Rancé, 99.
Randon (Gabriel), 154.
Ratisbonne, 289.
Raynaud (Ernest), 83.
Redon (Odilon), 177, 383.
Redonnel (Paul), 145.
Régnier (Henri de), 45, 65, 83, 89, 90, 106, 128, 133, 154, 214, 238, 240, 257, 259, 272, 281, 300, 309, 322, 340, 341, 344, 396, 401, 402, 429, 432.
Régnier (Mathurin), 301.
Remacle (Adrien), 103.
Rembrandt, 177.
Renan, 12, 49, 104, 231, 264, 419.
Renard (Jules), 140, 246, 253, 339, 345.
Renaud (Jacques), 115.
Renoir, 236.
Rétif de la Bretonne, 197.
Retté, 133.
Richebourg, 68, 363.
Richelieu, 411, 412.
Richepin, 89, 260, 316, 322, 368, 369.
Rimbaud (Arthur), 69, 102, 402, 416.
Rivarol, 327.
Rod (Edouard), 6, 10, 14, 97, 103, 104, 194.
Rodenbach, 259, 301, 352, 382, 392, 406.

Rodin, 143, 237.
Roland (Amédée), 288.
Rollinat (Maurice), 240.
Ronsard, 54, 69, 75, 78, 81, 273, 290, 295, 303, 304, 309, 316, 331, 337, 389, 426, 428.
Rops (Félicien), 99.
Rosetti, 128.
Rosny (J.-H.), 168, 181, 230, 239, 243, 246, 252, 253, 256, 259, 260, 264, 266, 358, 403, 433, 438.
Rotrou, 75.
Rousseau (J.-J.), 237, 282.
Rutebœuf, 152, 332.
Ruysbroeck, 141, 183.

S

Saint-Paul (Albert), 83.
Saint-Pol-Roux-le-Magnifique, 128, 133, 140, 184, 212, 341, 345.
Saint-Simon, 197, 237, 260.
Sainte-Beuve, 1, 83, 223, 225.
Sainte-Croix (Camille de), 24, 141, 260, 276.
Saint-Yves (marquis de), 39, 53.
Samain, 133.
Sand (George), 25, 411.
Sapeck, 400.
Sarcey, 90, 151, 213, 214.
Sardou, 53, 90.
Sauvy (François), 260.
Schopenhauer, 67, 129.
Scott (Walter), 412.
Scudéri, 152.
Senancourt, 311.
Seurat, 413.
Séverin (Fernand), 392, 406.
Séverine (Mme), 98.
Shakespeare, 19, 37, 50, 53, 122, 125, 129, 151, 152, 226, 330, 331, 332, 353, 363, 365, 426, 433.
Shelley, 50.
Signac, 413.
Silvestre (Armand), 6, 287, 298, 311, 323, 327.
Souchon (Paul), 114.
Soumet (Alexandre), 74.
Sophocle, 162.
Soury (Jules), 20.
Spencer (Herbert), 97.

INDEX DES NOMS CITÉS

Spinosa, 26.
Stendhal, 28, 43, 81, 104, 183, 188, 189, 200, 225, 264.
Sterne, 12.
Stinde (Julius), 403.
Süe (Eugène), 357.
Suétone, 330.
Sully-Prudhomme, 89, 293, 311, 319, 340, 402, 421.
Swedenborg, 53.
Swinburn, 128.

T

Tailhade (Laurent), 54, 82, 96, 102, 104, 111, 153, 215, 272, 326, 345, 429, 442, 443, 444.
Tailhède (Raymond de la), 82.
Taine, 28, 105, 143, 225.
Talleyrand, 152.
Tertullien, 150.
Thébault (Eugène), 115.
Theuriet (André), 289.
Tolstoï, 227, 328.
Tyard (Ponthius de), 303.

V

Vacquerie (Auguste), 348, 355.
Vallès (Jules), 194, 205, 253.
Vallette (Alfred), 133, 140, 153, 253, 345.
Van Lerberghe, 128, 382, 392, 406.
Varvara (Mario), 115.
Venancourt (Daniel de), 339.
Verhaeren (Émile), 382, 392, 406.
Verlaine (Paul), 7, 51, 55, 56, 62, 65, 78, 80, 89, 90, 95, 96, 101, 107, 109, 128, 136, 173, 181, 184, 194, 214, 215, 234, 252, 257, 266, 268, 272, 275, 289, 297, 299, 315, 324, 326, 329, 332, 372, 373, 376, 398, 402, 428.
Verne (Jules), 99.
Véronèse, 132.
Vicaire (Gabriel), 317, 338, 375.

Viellé-Griffin, 44, 92, 128, 154, 257, 272, 280, 308, 309, 341, 344, 400, 425, 432.
Vignier (Charles), 82, 96, 103, 326, 329, 429.
Vigny (de), 65, 78, 106, 131, 132, 309, 313, 412.
Villiers de l'Isle-Adam, 37, 50, 89, 95, 103, 107, 128, 135, 139, 143, 181, 195, 213, 253, 254, 299.
Villon, 69, 87, 196, 298.
Vincent (Franck), 115.
Vinci (Léonard de), 50, 53, 132, 143.
Virgile, 316, 433.
Vivier, 400.
Vogüé (de), 6.
Voltaire, 197, 237, 411, 421.

W

Walter (André), 21, 128.
Walter-Crane, 399.
Walter-Scott, 412.
Wagner, 50, 105, 143, 205, 299, 306, 307, 399.
Watts, 399.
Willette, 237.
Wolff (Albert), 40, 90.
Wyzeva (Teodor de), 13, 103, 276.

X

Xau, 190.

Z

Zeller, 20.
Zola, 2, 3, 4, 11, 17, 18, 43, 53, 63, 64, 70, 82, 89, 100, 103, 121, 131, 135, 136, 142, 143, 149, 160, 167, 169, 175, 176, 178, 184, 188, 190, 192, 211, 213, 214, 215, 223, 225, 230, 231, 238, 240, 242, 243, 244, 249, 250, 253, 257, 261, 264, 266, 311, 318, 327, 328, 343, 353, 366, 367, 376, 378, 384, 395, 402, 408, 409, 426, 427, 430, 431, 432, 433, 434.

TABLE DES MATIÈRES

Avant-propos. VII
Les Psychologues 1
    M. Anatole France. 2
    M. Jules Lemaître. 10
    M. Edouard Rod. 14
    M. Maurice Barrès. 16
    M. Camille de Sainte-Croix. 24
    M. Paul Hervieu 29
Les Mages. 35
    M. Joséphin Péladan. 36
    M. Paul Adam 41
    M. Jules Bois. 47
    M. Papus. 52
Symbolistes et Décadents 55
    M. Stéphane Mallarmé 55
    M. Paul Verlaine. 65
    M. Jean Moréas. 72
    M. Charles Morice 83
    M. Henri de Régnier 90
    M. Charles Vignier 96
    M. Adrien Remacle 103

M. Réné Ghil.	108
M. Maurice Mæterlinck.	116
M. G.-Albert Aurier.	130
M. Rémy de Gourmont.	134
M. Saint-Pol-Roux-le-Magnifique	142
Les Naturalistes	165
M. Edmond de Goncourt	166
M. Emile Zola.	169
M. J.-K. Huysmans.	176
M. Guy de Maupassant	185
M. Paul Alexis.	188
M. Henry Céard.	196
M. Léon Hennique.	205
Les Néo-Réalistes	207
M. Octave Mirbeau.	207
M. Joseph Caraguel.	219
M. J.-H. Rosny.	230
M. Gustave Geffroy.	236
M. Paul Bonnetain.	241
M. Lucien Descaves.	248
M. Gustave Guiches.	254
M. Paul Margueritte.	258
M. Abel Hermant.	261
M. Jean Jullien.	266
M. Jean Ajalbert.	271
Les Parnassiens	277
M. Leconte de Lisle.	278
M. Catulle Mendès	286
M. José-Maria de Hérédia.	301
M. François Coppée.	312
M. Sully-Prud'homme.	319
M. Armand Silvestre.	323
M. Laurent Tailhade.	326
M. Edmond Haraucourt.	334
M. Pierre Quillard	340
Les Indépendants	347
M. Auguste Vacquerie.	348
M. Jules Claretie.	354

TABLE DES MATIÈRES

M. Victor Cherbuliez.................... 362
M. Emile Bergerat..................... 363
M. Jean Richepin...................... 368
M. Maurice Bouchor.................... 369
M. Raoul Ponchon..................... 374
M. Gabriel Vicaire..................... 375
M. Jean Dolent....................... 379
Mme Juliette Adam.................... 380
M. Edmond Picard..................... 382
M. Gustave Kahn...................... 392

THÉORICIENS ET PHILOSOPHES............ 407
M. Pierre Laffitte..................... 407
M. Charles Henry..................... 413
M. Renan........................... 419

APPENDICE........................... 425 à 442
(Lettres de MM. Stéphane Mallarmé, Moréas, Paul Adam, Huysmans, Mirbeau, Caraguel, Ajalbert, Leconte de Lisle, Anatole France, Edmond de Goncourt et Jean Rameau.)

INDEX DES NOMS CITÉS................. 445

18 Sept 60

www.ingramcontent.com/pod-product-compliance
Lightning Source LLC
Chambersburg PA
CBHW051620230426
43669CB00013B/2126